監訳者の言葉　はじめに

13歳の時、故郷デトロイトの映画祭で伊丹十三の「たんぽぽ」を観ました。サムライや忍者のイメージしかなかった僕にとって全く新しい「日本体験」でした。東京の大都会で夢に向かって自分の店を良くしようと努力する物語。ビジネスに対する情熱、料理に対する愛情が深く印象に残りました。僕の家族もレストランを経営しています。そのせいかもしれませんが、自分のためだけのメッセージを受け取ったような気持ちでした。

「日本はこんなに面白いのか！」心の中にいつか行ってみたいという種が蒔かれました。

それから15年後、東京で自分の会社を起こしました。インターネット広告代理店です。1998年という時代が味方して、たくさんのお客さまに恵まれました。数え切れないほどのウェブサイトを作成しました。

初めてのビジネスで、毎日は問題の嵐でした。仕事を完成するだけで忙しかったのに、従業員やお金の管理、ウェブの新技術についていくこと、エスカレートする顧客の要求……。答えがないまま、本当にヘトヘトで睡眠時間すら削られる日々。

つまり、起業家になったのです（その意味は、あなたが本文を読んでいればお分かりですよね）。

日本の現代史に詳しいあなたならお察しのとおり、２０００年にインターネットバブルが弾けて、ウェブプロジェクトのほぼ全てが中止となりました。そして僕のクライアントと売上がきれいにゼロになりました――。

会社をたたむ混乱が過ぎ去ったあと、僕は「このような思いは二度としない」と自分自身に誓いました。

アメリカに戻り、カリフォルニア大学バークレー校でＭＢＡを取得して日本に帰ってきました。ＩＴコンサルティングの仕事を数年したあと、自分自身の中小企業コンサルティングのビジネスを始めました。二度目の起業です。それなりに順調でしたが、シカゴでレストランビジネスを経営する兄からＥＯＳのことを聞かされました。なんでも、アメリカの中小企業経営者の間では知らない人はいないほど広まっている経営メソッドらしい。すぐに、それこそが僕が必要としているものかも知れない、と直感しました。

兄にこの本の原著である『TRACTION Get a Grip on Your Business』を送ってもらい、貪り読みました。直感は当たっていました。「僕のクライアントである中小企業にはまさにこれが必要だ！」ＥＯＳを体系的に学び始め、２０１８年にはオーストラリアで3日間の「Boot Camp」（ブートキャンプ／合宿形式でＥＯＳのツールやスキル、哲学を身につけるイベント）にも参加しました。

今ではＥＯＳ専業のインプリメンターとして活動し、日本・東南アジア・オーストラリアのクライアントと仕事をしています。

2020年現在では、世界で一万社の中小企業がこの本で紹介されているツールで実際に経営をよくしています。起業家特有の嵐のような毎日から抜け出し、経営者本来の仕事に集中できています。日本の企業でもEOSのツールは必ず役に立つと信じています。

もしここで書いた僕の起業家らしいエピソードに共感してくれたなら、この本はあなたのための本です。起業家ライフを最大に楽しみましょう。

ミッション・ピープル・システム株式会社　代表取締役　カール・パイザー（Karl Pisor）

『トラクション』に対する賞賛の言葉

「複数の中堅企業の経営者を務めてきたが、1→10更に10→100に成長させるには、社員が腹落ちするビジョンの下、チームによる経営、オープンな企業文化、そして規律と結果責任への強いコミットメントが大事であることを暗黙知として学んできた。『トラクション』には、私が体得してきた暗黙知を含めて、企業成長のために不可欠な6つの具体的なノウハウ（EOS）が余すことなく明らかにされている。この本の内容を忠実に実行すれば、伸び悩んでいる会社でも必ず成長できる」

――**池松邦彦**（元株式会社アルプス技研社長、元NOCアウトソーシング&コンサルティング株式会社社長）

「データ分析、課題発見、プロセス化などが得意な日本企業は多いと感じます。そこに〝トラクション〟（行動に移すこと）が加われば、多くの日本企業が更なる成長を遂げられると思います。劇的にビジネス環境が変化を遂げている中で、まさにタイムリーな必読書だと言えます」

――**大西基文**（ネクストチャプター創業者兼CEO、クロックス・ジャパン元代表、ジョンソンエンドジョンソン元バイスプレジデント）

「〝楽しい‼〟どんどん読み進める。が、途中で思考が回転し始めた。自身の会社に当てはめて、ビジョン、コア・バリューを考えはじめ、10年目標をイメージして……思考が邪魔して読み進めなくなる。
うちの社員で当てはめてみて、席に座っている所を思い浮かべたり、ミーティングしている場面を思い描いたり……この本を読んでいるとその状況が目の前にあるかのように思い描ける。一刻も早くこのシステムを取り入れてやってみたい、そんな衝動に駆られてしまった。自分が思い描く、素敵な会社を創るのに必要な〝何か〟がこの本にはある。

経営者の皆様は、手に取って読んでみるべきだ。私はそれを願っている」

――地曳淳（横浜プラントデザイン株式会社、代表取締役）

「創業70年の同族経営の弊社において、長年に渡り強いリーダシップを持つ経営者の下、会社の舵は取られていた。しかし、ＥＯＳを導入後は社員が組織としての在り方、目標を明確に捉え、会社の舵を取るべく人材に成長することを疑う余地はない。この『トラクション』は私と同じ境遇の2代目、3代目経営者に是非手に取って頂きたい」

――白石晴生（株式会社ランドサーベイ、代表取締役）

「読書は時として、勇気を与えてくれる。本書は、この先、何が起こるかわからない不透明な時代にビジネスをする者にとって〝よし、やってみよう！〟と奮起させる希望の本。企業が成長を続けるためには、具体的にどうすればいいのかと悩んでいる経営者に役立つ本。さっそく実践してみよう！」

――塚越隆行（株式会社ビルド、代表取締役）

「トラクションは「地面を掴むことで生み出される推進力」を意味します。

弊社は数多くの日本のスタートアップ企業へ投資し支援をしておりますが、この本に書かれている本質は、日本のスタートアップ企業に伝えられていない部分も多くあり、とても参考になると思います。」

――那珂通雅（ボードウォーク・キャピタル株式会社、代表取締役社長）

「この本に書かれていることは我社にとって羅針盤であり、大海原で旅するための航海図である。これ無しに旅をしていた時代を考えるとゾッとする。この1年で2倍の成長を遂げられたのは、この仕組みがあったから。この航海の先に私達のゴールがあることを、経営陣で疑うものは今では誰もいない」

――中野三四郎（株式会社トライエッジ、代表取締役CEO）

「私は3年前に台湾で起業し、従業員数は8名になりました。更なる成長と組織作りが必要なタイミングでEOSに出会いました。スタートアップには綺麗事ではなく、最短で利益を生み増やす手法が必要です。EOSの考えは、フレームに従って今日から始められることで目から鱗な内容ばかりでした。そして何よりも〝実行〟が大事だということ、それを仕組みとして進められるEOSに期待しています」

――安田和秀（一樂鶴股份有限公司、董事長総經理）

「コンセプトとツールが魔法のように効いたおかげで、五年間で会社を三〇〇％も成長させた。この機会を見逃してはいけない」

――クレイグ・エルリッヒ（パルス220、CEO）

「この本のコンセプトは私の人生を変えてくれた！　チームが細かいところまで効率的に対処してくれるので、今では日々の業務を任せられるようになった。非常に厳しい市場で競合他社が苦戦するなか、我が社はこの四年間ずっと成長し続けている」

――ロナルド・A・ブランク（フランクリン・カンパニーズ、社長）

「一万三千人以上の起業家をコーチングしてトレーニングしてきた私は、起業家が直面する難題を知っている。これはあらゆるビジネスオーナーと経営チームにとっての必読書だ。『トラクション』は、会社経営に必要な強力で実用的でシンプルなシステムを提供してくれる」

——**ダン・サリヴァン（ストラテジック・コーチ、創業者、社長）**

「この本に紹介されている規律を実践する前、私と共同経営者は、勘と経験を頼りに会社を経営していた。『トラクション』のツールを導入した今、会社は成長が速まり、収益性が向上し、優秀な人たちと一緒に楽しく働いている。我が社の平均成長率は二〇％超で企業価値が高いと評価された。かくして私たちは会社を公開企業に売却し、わずか一年半後に再買収することができた」

——**ロブ・デューブ（イメージ・ワン、社長）**

「ジーノのツールは効果がある。我が社が一貫性を保ち、ビジョンに集中できるのは彼のツールのおかげだ。『トラクション』の原理は、堅実な経営チームを構築し、計画を具体化させ、組織を次のレベルへと導くための規律を作るのに役に立った」

——**サム・サイモン（アトラス・オイル・カンパニー。社長兼CEO）**

「これまでに読んだ経営に関する本のなかで、『トラクション』のやり方は最も強力で有益だ。非の打ち所がない。ぜひ読んでほしい」

——**ヴィンス・ポセント（『The Age of Speed（スピードの時代）』（未邦訳）の著者）**

「『トラクション』の内容は、私のビジネスと人生を劇的に改善してくれた。私は前よりも人生を楽しく過ごし、この三年間で我が社の売り上げと利益は五〇％もアップした。この方法を実践すれば、私たちは順調に前進し、創造性を発揮し、クライアントにより良いサービスを提供できるようになる」

——**ボブ・シェネフェルト（RCSインターナショナル、CEO）**

「この本の内容は我が社に革命をもたらした。私たちは高い収益を上げ、機敏で柔軟性があり、結果重視の文化を持っている。ジーノのツールを使って、会社に大きな違いが生まれた」

——**アルバート・M・ベリス（マッキンリー、CEO）**

「『トラクション』は、ビジネスで高い成果を上げげつつ充実したクオリティ・オブ・ライフを実現したいビジネスオーナー／マネージャーにとっての必読書だ。この本のコンセプトのおかげで、私は経営者として結果を出し続けることに注力しながらも、家族を最大限に思いやることができている。『トラクション』が他のビジネス書と違うのは、会社を経営するためのリアルで実践的でわかりやすいシステムを提供してくれる点だ。我が社では組織文化の大変革が起きた」

——**ダン・イスラエル（アスファルト・スペシャリスト、社長）**

「この本はあなたと従業員の人生を変えるかもしれない。このツールは実用的かつ効果的で、あらゆる組織、起業家、リーダーにとって必須だ。全国展開している自分の不動産鑑定会社でこれらのツールを使ったところ、創業十四年目の今年になって一五〇％の成長率を達成した」

——**ダートン・ケース（起業家機構（EO）、プレジデント）**

「『トラクション』のコンセプトは、平凡だった私たちの会社を卓越した会社へと導いてくれた。どんな状況でも対処できるツールや、悪い事態を回避するツールまで手に入れることができた。今では、正しい人が正しい席に着いて正しい仕事をしている。この本のおかげで、会社としてもチームとしても前進していると自信を持てるようになった」

――ロブ・タンブリン（ザ・ベネフィット・カンパニー、社長）

「起業家、リーダー、マネージャーの人は、ぜひともこの本を読んでほしい。私は三十五年前に築いた会社を、息子や娘婿と共に早く成長させたいと考えていた。この本に紹介されているツールは、それを実現するのに必要なものだった。『トラクション』の規律を当てはめたところ、この三年間で売り上げが五〇％も伸び、はるかに儲かるようになった」

――ロバート・シェクター、公認生命保険士、認定投資コンサルタント（シェクター・ウエルス・ストラテジー、会長）

「この本であなたが学ぶツールは、この三年間、私が仕事と生活とのバランスを保って人生をエンジョイしながらも、会社を二倍に成長させることができたのと同じツールだ。この本はあなたの人生を変えるだろう」

――バーニー・ローニッシュ（ローニッシュ建設グループ、社長）

「これらのツールは、我が社『ズープ！』にとってかけがえのないリソースとなった。我が社は繁盛し、店舗数は五店舗からもうすぐ五十店舗にまで増え、さまざまな賞も受賞した。トラクション《実行力》と結果責任はもとより、これらのコンセプトのおかげで私たちは強くて健全で巧みな経営チームを作り、会社のビジョンと、各メンバーがそのビジョンの実現にどれだけ貢献しているかを明確にすることができた。チームの役割とフランチャイズ加盟店の役割を明確化するのにも役立っている」

——エリック・エルシャー（ズープ！　フレッシュ・スープ・カンパニー、創業者兼CEO）

「『トラクション』のコンセプトを実行する前から、我が社は成長著しく、経営も順調で収益性も高かった。このコンセプトを導入してから一年後の今、私たちの会社はさらにパワーアップした。今では責任や課題解決のフレームワークが明確になり、不況のさなかでも爆発的な成長を遂げている。飛躍するためのフレームワークを提供してくれてありがとう！」

——ボブ・ヴェルダン（コンピュータライズド・ファシリティ・インテグレーション、社長）

「うちの会社のために尽力してくれた皆さんに感謝の言葉を。このコンセプトを実践し始めた頃、私は幸せではなく、健康を害し、ストレス過多で、もうやめようと思っていた。ビジネスを楽しいと思わなくなっていたのだ。私が会社を支配するのではなく、会社が私を支配していた。当時、うちの会社には十人の従業員がいたが、五人に減らして、現状に甘んじようと思っていた。会社を成長させると、ストレスと不満が増えるからね。あなたと組んで一年半が経ったが、その間に従業員が十二人になって二年間で売り上げはほぼ二倍に増えた。何よりも嬉しいのは、私が再び幸せを実感できるようになり、自由な時間も増えたことだ。今では一年の半分をナッシュビルで二人の子どもとその家族たち、二人の孫娘と過ごしている。収入増加＋労働時間の短縮＋幸せな従業員＝幸せなビジネスオーナーだ。感謝しても感謝しきれないよ」

——カート・ホイップル（C・カーティス・ファイナンシャル、経営者）

世界で最も偉大な起業家の一人である父、フロイド・ウィックマンに。
あなたの教えと助言がなければこの本は存在しなかっただろう。
これはあなたへの賛辞のあかしだ。

それから妻のキャシー、娘のアレクシス、息子のジーノにも。
きみたち一人ひとりを誇りに思うと共に、心から愛しているよ。

◇◇目次◇◇

はじめに

日々の問題や関心事を心の外へ追いやって、少しだけ私の話に耳を傾けてほしい。組織経営はかくあるべきだという信念も忘れてほしい。上空から見下ろすような鳥瞰的《ちょうかんてき》な視点で、組織全体を眺めてほしい。何が見えるだろうか？

あなたが本書を読んでいるのは、自分の組織を堅実で安定的に経営したいからだ。すでにある程度の成功を収め、次のレベルを目指そうとしている。だが、挑戦にはいくつもの障害が伴うだろう。もはや根性と力技だけでは生き残れない。

その理由は、今直面している問題は「どうすれば真のリーダーへと成長できるか？」という新しい問題だからだ。

本書を読んで、核となる原則を当てはめれば、ビジネスについての不満はすべて消えるかもしれない、と言ったらどうする？　管理職も現場も含めたあらゆる社員が会社のビジョンを共有し、綿密にコミュニケーションを取り、問題を解決し、結果責任を果たせるようになるかもしれないと言ったら？　より円滑に運営できるようになるだけでなく、ふさわしい規模にまで拡大できるかもしれないと言ったら？

これは本当のことだ。あなたはこれらを実現できるだろう。まさかと思うかもしれないが、こうした変化を起こすのに必要なものを、あなたはすでにすべて持っている。このシステムが機能すれば、すべて実現するだろう、過去何年もの間、さまざまな業界の多種多様な企業がそうだったように。

本書は万能の解決策をうたうマネジメント本でもなければ、一時的に流行する戦略でもない。本書には理論はない。そこにあるのは、実世界での経験、実践的な知恵、不変の真実だけだ。さらに重要なことに、この方法は効果がある。現場経験を通して私が開発した実践的で綿密なメソッドは、ビジネスを強くし、再び活性化するのに役立つだろう。

ほとんどの起業家と同じように、あなたは次の五つのよくある問題のいずれか、またはすべてに悩まされているのではないだろうか。

一．コントロール不足——自分の時間、市場、または会社を十分にコントロールできない。会社をコントロールするどころか、会社にコントロールされている。

二．人——従業員、顧客、販売業者、または共同経営者に不満を抱いている。彼らは話を聞かない、あなたの話を理解していない、あるいは行動を最後までやり遂げることができない。つまり、全員が力を合わせていない。

三．利益——端的に言うと、十分な利益が出ていない。

四．天井——成長が止まっている。何をしようとも、天井を突き破って次のレベルに進めない気がする。あなたは途方に暮れて、次にどうすればいいかわからない。

五．すべてがうまくいかない——さまざまな戦略や手っ取り早い解決策を試したが、長期的にどれもうまくいっておらず、部下は新しい試みに無関心になってしまった。あなたは空回りしており、再び動き出すための実行力を必要としている。

確かに、ごく一部の起業家や会社経営者は、こうした問題に悩まされていない。彼らは、多くの組織や部署、チームをスムーズに機能させ、核となる規律を使って組織を効率的に運営している。彼らは生まれながらの経営の才があり、自分が特別なことをしていることに気づいてもいない。だが、ほとんどの人はそんな幸運には恵まれていない。

私がビジネスリーダーに教えることは単純なことだが、複雑なものを単純化させたものではない。成功している経営者は基本的なツールを使っているが、同じものを導入することで大勢の人が抱える五つの問題を取り除く手助けをしているのだ。その結果、ビジネスリーダーたちは前よりも主導権を握り、満足感を覚え、ストレスも減る。組織の利益は上がり、目標がより明確になり、優秀な従業員が集まる。

あなたとあなたの会社は同一ではない。会社は本質的に一つの存在物だ。確かにそれを築いたのはあなたかもしれないが、成功するにはその会社を自立的で有機的な組織へと変えなければならない。ただ製品やサービスを提供したり、成功を決意したりするだけでは、次のレベルに到達できない。従業員、プロセス、実行、マネジメント、コミュニケーションを最適化するシステムとスキルとツールが必要だ。絶えず効果的で、指針となる強力な原理が必要なのだ。

本書には、起業家のための経営システム（ＥＯＳ）を構成するすべてのツールと要素が含まれている。ＥＯＳは会社の六つの側面に働きかける、全体的で自立的なシステムである。あなたがＥＯＳの個々の要素をマスターすれば、それらの要素を強力なフレームワークへと統合できるだろう。トラクション《実行力》が身につけば、会社のビジョンは実現に向かうだろう。

この経営システムは突然のひらめきで思いついたものではない。二十年以上かけて、実世界のなかで改良を加えてきたものだ。何度も現場で実践し、一つ一つの教訓を得ながら完成させたものだ。この道のりは、偉大な経営者や起業家を「大きな成功に導くものは何か」を探し求める旅でもあった。

私は、家族が経営していた会社を売却したことをきっかけに、「起業家機構」（ＥＯ）に参加し、数多くのすばらしいメンターから学びを受けた。私は多くの経験、挑戦、課題に恵まれた。この十一年間だけでも、百二十社以上のリーダーたちを相手に一日セッションを一千三百回以上行っている。これらを合わせると、計画、講義、コーチング、ファシリテーション、リーダーシップに関する問題を解決するために私がみずから費やした時間は、合計で一万時間以上になる。ＥＯＳはこうしたハードワークの成果なのだ。

私の典型的な顧客は、小規模企業や中規模企業（年商一億円～五十億円で、従業員数は十～二百五十人程度）を経営する成長志向の起業家で、変化に前向きで、弱みをさらけ出すことを厭わない（オープンマインドなため、弱点を認め、現実を直視する準備ができている）。あなたも同じなら、成功への準備は整っている。新しいテクニックを次から次へと習得する必要はない。その代わりに、成功している企業はいかにしてストレスフリーに会社を経営しているのかを学び、そしてビジネスに対するやる気、集中力、情熱を取り戻すだけだ。この旅に加われば、会社をうまくコントロールし、天井を突き破り、よりバランスの取れた生活、成果、楽しさ、利益を手にできるだろう。

今この瞬間にも、「ＥＯＳプロセス」を実践している人々は順調に企業を経営している。平均すると、私のクライアントの年商は一年につき一八％アップしている。さらに、理論だけを語る多くの著者と違って、私は現場に出かけて、経営チームと共に現場で汗をかき、これらのツールを応用し、テストし、有効性を実証している。あなたと同様に私も起業家であり、二十一歳からずっと経営に携わってきた。これは机上の経営理論ではない。ＥＯＳは毎日実践されているのだ。

何を実現させたいかは慎重に考えよう。このシステムは望みを実現させてしまうからだ。ＥＯＳを導入したあとは、必要に応じて人材、戦略、システム、プロセスを前よりもすみやかに変更できるようになる。不必要な煩雑さを減らし、気を散らすものを見つけて取り除き、問題を見つけて解決し、経営チームと従業員が一つのビジョンに向かって邁進し続けるのをサポートしてくれるだろう。

ＥＯＳの「６つのモジュール」は、会社の最も重要な六つの側面の根本に直接働きかけて強化する。真の問題が解決されるため、枝葉の症状的問題はすべてなくなるだろう。私のクライアントたちと同じように、この旅の途中であなたも「何だ、簡単じゃないか」と思うかもしれない。そう。実際に簡単だ。あなたがＭＢＡの授業で流行りそうな方法論を探しているのであれば、期待外れだ。ＥＯＳは、多種多様な組織でテストされた、実践的かつ普遍的で、時代に影響されない原則からなる。ＥＯＳがきわめて画期的なのは、これらのベストプラクティスが完全なシステムに統合されていて、このシステムを会社の組織構造や運営に応用すれば、会社は今後何十年も存続できるようになることだ。

私は起業家である読者に多大な敬意を抱いている。あなたはリスクを冒し、経済を動かし、技術革新の最先端をキープし、自分の夢をかなえるためにすべてを犠牲にする。結果的に雇用を創出し、他の人たちにそれぞれの夢をかなえる機会を与える。あなたの成功を後押しすることは私の情熱であり、目的でもある。最後に、ＥＯＳを導入したあとの会社がどうなっているかを想像して、この旅を始めよう。

本題に入る前に、『トラクション』の増補版の「はじめに」に、この最終段落を追加できることを光栄に思う。同書の第一版（未邦訳）の成功と、その出版後さらに五年間の実社会で積んだ経験を手に、私はこの本の内容を更新して、読者がこれらのツールをもっと完璧に導入できるよう新たに一章を加えた。多くのページには囲み記事が掲載されているが、これらには新たな教訓や、過去五年間の新たな発見などが含まれている。この本に私が追加した最新の内容は五十か所以上にのぼる。『トラクション』の第二版を、ぜひとも楽しんでほしい。我がコミュニティにいる何千人ものリーダーたちを無料でサポートするために、網羅的なオンラインプラットフォームを用意したので、行き詰まった人は、気兼ねなく私たちまで連絡してほしい。

第1章

起業家のための経営システム(EOS)

――6つのモジュールを強化する

成功するシステムはどれも、核となる基本的な要素によって構成されている。同じことは企業にも言える。「ＥＯＳモデル」では、あらゆる組織には「６つのモジュール」があると考える。あるクライアントは「かつて私は百種類もの事柄について頭を悩ませていた。経営には６つのモジュールがあると知り、それらに注力してみた。ＥＯＳのおかげで会社経営がシンプルになった」と述べている。

おそらくあなたは、何百種類もの事柄に頭を悩まされているだろう。会社とその構成要素を広い視野から検証して、心配事を取り除こうではないか。組織を構成する６つのモジュールを紹介しよう。

◆ビジョン

成功を収めている経営者は、強力な「ビジョン」を持ち、さらにそのビジョンを周囲に伝える方法も知っている。会社がどこを目指すのか、どうやってそこにたどり着くのかをはっきりとイメージし、それを組織の全員に示す。簡単なようで、簡単ではない。

従業員は皆、同じ方向に向かってボートを漕いでいるだろうか？　おそらく右方向へ漕ぐ者もいれば、左方向へ漕ぐ者もいるし、まったく漕がない者もいるだろう。一人ひとりに会社のビジョンは何かと訊ねれば、さまざまな答えが返ってくるだろう。

ビジョンが明瞭であればあるほど、それが実現する可能性は高くなる。みんなのエネルギーを一つに集中させれば、驚くような成果を上げられるだろう。アル・ライズは、著書『フォーカス！　利益を出しつづける会社にする究極の方法』（海と月社）のなかでこう述べている――太陽は何十億ワットものエネルギーを地球にもたらすが、あなたが一時間太陽を浴びても、最悪でも軽い火傷を負うだけだ。数ワットのエネルギーを一点に集中させれば、ダイヤモンドを切り刻めるほど強いレーザー光線となる。

ビジョンの章では、「ビジョン・トラクションシート」と呼ばれるツールを使って、従業員に一つの目標に目を向けさせ、レーザー光線のように集中させる方法を学ぶ。このツールを使いビジョンをシンプルに整理すれば、戦略を簡略化し、組織としてのあり方、どこを目指すかをはっきりと定義できる。そうすれば注力すべき分野（スイートスポット）が明らかになり、自社が最も抜きん出た分野にフォーカスし続けやすくなるだろう。そして、マーケティング戦略を明確化し、「10年目標」、「3年イメージ」、「1年計画」を具体化し、ビジョンを効果的に伝え、全社員がそれを共有できるようになるだろう。

◆人

成功しているリーダーは、卓越した人々に囲まれている。誰かの助けなしで偉大な企業を築くことはできない。ＥＯＳでは「Ａクラス人材」、「プラチナ人材」「タレント社員」、「スーパースター」などといった専門用語は使わず、「正しい人」と「正しい席」という、偉大なチームに不可欠な二つの要素を実践的に理解してもらう。

率直に言ってほしい。従業員は皆仕事に適しているだろうか？　実際には、役に立つどころか、足を引っ張る従業員もいるだろう。第4章で紹介するツール「ピープル・アナライザー」では、「コア・バリュー《共有すべき価値観》」を共有する人を特定する方法を教えてくれるため、正しい人を見つけやすくなるだろう。さらに、組織における人材採用、解雇、評価、報酬、表彰する際の手順も簡略化できるようになる。

このプロセスを使って会社の構造はこれでいいのかと自問し、「アカウンタビリティ・チャート」を使って、組織内での役割や責任を明確に定め、組織を正しく構成し直そう。

組織構造が整ったら、正しい人を正しい席に配置することに注力する。「GWC」は優秀な人材を採用するのに不可欠な三つの絶対条件を定めるツールだ。これを用いれば人材にまつわるグレーゾーンはなくなる。三つの絶対条件とは、その仕事を理解していること、やる気があること、そして遂行する能力があることを指す。ピープル・アナライザーにGWCを取り入れれば、誰が正しい人で、どの人が正しい席にいるかを判断できるようになる。

◆データ

卓越したリーダーは、いくつかの判断基準を持ち、会社経営に役立てている。データという要素を使えば、どの数値に焦点を合わせるべきかがはっきりする。それにより性格、エゴ、個人的な問題、感情、漠然としたものを管理する苦労から解放されるだろう。

ビジネスにおける私のメンター、サム・カップは数社の企業を経営し、売上高は合わせて三億ドルにものぼる。そのなかには、車両管理のグローバル企業QEKグローバル・ソリューションズも含まれるが、彼は同社を一億ドル企業へと育て上げたあとに売却した。私が今までに出会ったなかで最も優れたビジネスパーソンの一人だ。私は幸運にも若い頃に彼から指導を受け、持てる知識をすべて教えてもらった。一番有益だったのは、「スコアカード」を使って会社経営を行う方法だ。

スコアカードとは、組織にとって重要な五〜十五の数値が含まれた週次レポートのことだ。スコアカードは、毎週ビジネスの脈拍をフォローし、今後の展開を予測し、組織が目標から逸れたらすぐに教えてくれる。

毎週、定期的にチェックするため、決算時に財務諸表に悪い数字が並んでから反応するのとは違い、問題に事前に気づいて対処できるようになる。

スコアカードを作成して導入する方法を学んだら、今度は従業員に権限を委譲する。データ管理を次の階層に引き継ぐのだ。全員が管理しやすくて重要な数字の責任を負い、定期的にその数字を意識することになる。

◆課題

課題とは、ビジョンを実現するために克服すべき障害のことだ。個人の成功が課題解決の能力の大きさにかかっているのと同じで、企業にも課題を解決する能力が求められる。

これまで紹介したEOSの三つのモジュール（ビジョン・人・データ）を強化すると、会社の見通しがよくなる。これらの要素をきちんと実行すれば、死角のないオープンな組織ができ、結果的に成長の妨げとなっていた課題が公になるだろう。

幸いにも、ビジネスの歴史を紐解けば、課題はほんの数種類しか存在しないことがわかる。同じ課題が繰り返し浮上してくるのだ。いずれあなたはそれらの課題を見つけて打ち負かすエキスパートになるだろう。課題を見つけたら率直に話し合ってみる。課題をすべて解決できれば、ビジョンは実現する。

あなたは長い間同じ問題に悩まされてうんざりしているかも知れない。でも裏を返せばそれはチャンスだ。ほとんどの企業は日々の慌ただしい業務のなかで、課題をきちんと解決するのに必要な時間を割いていない。皮肉なことだが十分に時間をさいて課題を解決すれば、将来的に何倍もの時間を節約できるにもかかわらず。

課題の章では、組織の全階層で活用できる「課題リスト」の使い方を学ぶ。これであらゆる課題をカテゴリー別に分けて優先順位をつけられるようになるだろう。さらに、社員が安心して本音や不安を話せるオープンで誠実な文化が構築され、その恩恵を受けられるだろう。それから「課題解決トラック（ＩＤＳ）」を使って課題を解決しよう。この強力なツールを使えば、継続的かつ有意義な方法で組織の課題を効果的に見つけ出し、議論し、解決できるだろう。

課題の章を読み終える頃には、さまざまな課題を見つける方法、課題リストを作って管理する方法、課題解決トラック（ＩＤＳ）をマスターする方法を学ぶだろう。こうして問題を解決できる職場環境の構築に向けて一歩前進できるようになる。

◆プロセス

プロセスとは、ビジネスを行う「ウェイ《流儀》」のことだ。成功を収めている企業は自社のウェイ《流儀》をはっきりと認識し、絶えずそれに磨きをかける。その重要性はあまり知られていないため、この秘密の成分は6つのモジュールのなかで最も見落とされている。ほとんどの企業はプロセスがいかに強力となり得るかを認識していないが、正しいプロセスでビジネスを進めれば、魔法のような効果を発揮し、結果的に簡潔さ、スケーラビリティ《拡大可能性》、効率、収益性がもたらされる。

プロセスを頭のなかにとどめ、その都度ぶっつけ本番でやっていては、会社を次のレベルに引き上げることはできない。自問してほしい――組織のなかで業務の進め方をすべて文書化したか？ 従業員は、どんなプロセスに従っていて、なぜそのプロセスをやるのかを知っているか？ 従業員は皆、必要な手順を実行しているか？　いくつかの段階を省いていないか？　特に重要なプロセスの意味を説明し、正しい方法をトレーニングすれば、課題を解決する能力が高まり、効率が上がり、利益もアップするだろう。

プロセスの章では、「3ステップ・マニュアル・クリエイター」を使って、重要なプロセスをすべて特定し、取り組み、文書化する方法を学ぶ。このツールは、構築しようとしている仕組みの骨格を整え、ビジネスモデルを文書に具体化させるのに役立つ。次に、従業員にこれらのプロセスの価値を理解させて、プロセスに従わせる方法を学ぼう。

この旅の終わりには、プロセスはしっかりと文書化され、組織の全員によって順守されているだろう。

◆トラクション

結局のところ、成功している大多数の経営者は「トラクション《実行力》」のある人だ。彼らはどうすれば組織に目的意識、責任感、規律をもたらせるかを知っている。

恐怖心や規律不足のせいで、トラクションという要素は大多数の組織に共通の弱点となっている。実行されないビジョンがあちこちに見られる。つまり「絵に描いた餅」だ。世界中で、ビジネスコンサルタントが戦略計画を練る方法を教える何日間ものセッションを開催し、最高の授業内容とのふれこみで何千ドルもの金額を請求している。問題は、コンサルタントはビジョンの作り方は教えるが、ビジョンを実現する方法をめったに教えないことだ。

組織全体の実行力を一～十段階で評価すると何点だろうか？　ＥＯＳのプロセスを始めたばかりのクライアントのほとんどは、四ぐらいだと評価する。実行力をつけるには二つの規律が必要だ。一つは、組織内の全員が「石」――九十日間の優先事項――を持つことだ。石は従業員に最も重要なことに集中してもらうためのツールだ。二つめの規律は全社レベルで導入する「ミーティングのリズム」と呼ばれるツールだ。これにより、全社員が目的意識を持って足並みをそろえて連携し合えるようになるだろう。

トラクションの章では、まずは石の設定方法を学ぶ。これを使えば、全員が今後九十日間で何の結果責任を負うかがわかるようになる。次に、ミーティングのリズムの導入方法を学ぶ。多くの人はミーティングを時間の浪費だと感じるが、ミーティングは必要であり、役に立つ。この要素の一環として、ミーティングを楽しくて、生産的で価値あるものにする方法を学ぼう。「10点満点ミーティング」は、ミーティングを有効なものにするのに必要な「対立」と「解決」をもたらすツールだ。

第8章を読み終える頃には、組織の全員がそれぞれの石を定めて達成する方法がわかるようになる。さらに、信頼できるツールである10点満点ミーティングを使って、効率的で生産的なミーティングに参加しているだろう。

6つのモジュールを理解したところで、会社の現在の立ち位置を評価しよう。本章の最後にある「組織のチェックアップ」に答えると、あなたがこの旅のどの位置にいるか正確に把握できるだろう。インターネット上で www.eosworldwide.com の「Check Your Score」からも質問に答えられる（日本語版はこちら https://download.eos-japan.org/org-checkup）。まだ意味が判然としない用語もいくつかあると思うが、間もなくそれぞれの意味が正確にわかるようになる。質問に答えて採点欄に記入し、スコアを算出しよう。

この診断は何度もやってもらうことになる。目標は、九十日ごとに進歩することだ。診断の採点をするたびに、達成率は上がっていくだろう。一晩で八十％に急上昇する必要はない。着実に進歩すればいい。

6つのモジュールを要約すると、成功を収めているビジネスマンは明確なビジョンを全員と共有しながら業務を行う。適切な人事配置をする。一握りの数字を毎週チェックすることで事業の状態を把握する。オープンで正直な環境のなかで、課題をすばやく見つけて解決する。プロセスを文書化して、全員にそのプロセスを順守させている。各従業員のために優先事項を定め、各チームのなかで高い信頼性、コミュニケーション、結果責任を確保している。

EOSモデルは6つのモジュールで構成されている。6つのモジュールをどれだけ完璧に実行しているかを尋ねるとほとんどの企業は五〇％以下だと答える。すべての要素で一〇〇％を達成するのは不可能だが、八〇％まで行けば十分に機能的な会社だと言える。

全体像ははっきりした。それでは旅を始めよう。だが、慌てて1つ目のモジュールに飛び込む前に、あなたの足を引っ張る習慣や不健康な慣行から自分を解放しなければならない。

◆組織のチェックアップ

以下の二十の問いについて、会社を一～五段階で評価しよう。

1　ビジョンは明確に文章化されていて、社内全員に周知され、共有されている。

2　明確なコア・バリュー（基本理念・価値基準）に基づき従業員を採用し、評価し、報酬、解雇を決定している。

3　コア・フォーカス（中核的なビジネス）は明確である。システムとプロセスは明確で、全員で共有されており、コア・フォーカスに注力している。

4　10年目標（長期的で大きいビジネス目標）は明確で、全員に共有されている。

5　ターゲット市場（理想的な顧客）は明確で、マーケティング活動と営業活動はすべてその市場に注力している。

6　3つのユニーク（差別化要素）は明確で、すべてのマーケティング活動や営業活動においてそれを顧客に伝えている。

7　ビジネスを行うための実証済みのプロセスがある。そのプロセスには名前がついており、ビジュアルな資料にまとめられ、全員それに従っている。

8　従業員は全員が正しい人だ（我が社の文化とコア・バリューに合致する）。

9　アカウンタビリティ・チャート（役割／責任が含まれている組織図）は明確で、網羅的で、定期的に更新されている。

10　全従業員が正しい席に座っている（彼らはその業務を理解していて、やる気があり、その仕事をこなす能力がある）。

11　経営チームはオープンで正直で、お互いに信頼し合っている。

12　全従業員が石（四半期ごとの一～七の優先事項）を持ち、それらに注力している。

13　全従業員が定期的に開催される週次ミーティングに参加している。

14　ミーティングはすべて、各週の同じ曜日の同じ時間に開始され、同じ議題について話し合われ、時間通りに始まり、時間通りに終わる。

15　会社全体の長期的な利益のために、全チームが課題をしっかりと認識し、議論し、解決している。
16　望み通りの結果を出し続けるために、コア・プロセスは文書化され、簡略化され、全従業員によって順守されている。
17　経営チームは顧客や従業員から定期的にフィードバックを受け取り、満足度を把握している。
18　毎週の数値基準／測定可能な基準を把握するために、スコアカードを使っている。
19　全従業員が最低でも一つの数字を毎週確認し、それに関する結果責任を負っている。
20　予算を定期的にモニタリングしている（毎月、または四半期ごと）。

採点の合計

右で評価した一～五段階の数字を足す

その数字があなたの会社の現状だ：□％

採点結果

採点結果が以下に当てはまる場合は……

二〇～三四％　読み進めよう。本書はあなたの人生を変えるだろう。
三五～四九％　普通レベルだ。だが、あなたは普通と最高のどちらがいいだろうか？
五〇～六四％　平均以上だが、まだ改善の余地はある。
六五～七九％　平均をはるかに超えている。

八〇～一〇〇％　ほとんどのＥＯＳのクライアントはこのレベルに達する。これがあなたの目標だ。

第2章

つるから手を離す

起業家が足を滑らせて崖から落ちる。落下していくなかで、彼はかろうじてつるの先端をつかむ。彼がぶら下がっているのは頂上から百メートル、地上から百メートルの上空だ。絶望的な状況。彼は雲を見上げて生まれて初めて祈ることにした。「誰か助けてくれる方はいませんか?」と彼は訊ねる。長い沈黙のあと、雲から低い声が響く。「おまえは私を信じるか?」。「はい」と起業家は答える。「それなら、つるから手を離せ」との声がする。起業家は一瞬躊躇し、再び上を見上げてようやく口を開く。「誰か他の方はいませんか?」

ほとんどの企業経営者は、つるから手を離す覚悟ができないがために次のレベルにたどり着けない。あなたはその気持ちがわかるだろう——ビジネスを成長させたいとは思うが、もうこれ以上リスクを負いたくない。実のところ、成長するには思い切ってやってみなければならない。だが心配はいらない。EOSのツールをすべて理解して安心感を覚えるまで、行動に移す必要はないからだ。

つるにしがみついていた男性の典型例を紹介しよう。彼が「EOSプロセス」を始めたのは、販売宣伝部長からやってくれと頼まれたからだった。当時、この男性は会社のすべての業務に携わっていた。彼がすべてを取り仕切っていたため、見かけ倒しの経営陣は役に立たなかった。そのうえ彼の週の労働時間は八十時間にのぼり、ミーティング中に居眠りをするほど過労状態にあった。彼は生ける屍だった。

だが一度、珍しく弱みを見せた彼が、こんな生き方はもうやめたいとこっそり私に打ち明けた。EOSのプロセスを信じた彼は、二年後には信頼できる経営陣がそろった会社を率いる真のリーダーになった。今の彼は家族と過ごす時間が長くなり、大幅にストレスが減り、これまで以上の利益を上げている。

会社の現状に不満な人には、三つの選択肢がある。「我慢するか」、「やめるか」、「変えるか」だ。最初の二つを選べないのなら、こんな生き方はもう嫌だと認めるしかない。

変化は怖い。手に入れたものを手放すことに不安を覚えるのは、あなただけではないが、今までの考え方を変えて会社を自立させなければならない。そして、適切な「ビジョン」を明確にする、適切な構造をつくる、「正しい人」を「正しい席」に座らせるという3つができれば、会社は進化して潜在能力が開花するだろう。

真剣にこの変化を起こしたいなら、次の四つの信条を受け入れる必要がある。


一．本物の経営チームを作り、維持しなければならない。

二．天井にぶつかるのは避けられない。

三．会社は一つの経営システムでしか運営できない。

四．オープンマインドで、成長志向で、弱みをさらけ出さなければならない。

◆真の経営チームを築く

会社を経営するにあたって、ワンマン経営と本物の経営チーム方式のどちらがいいだろうか？ どちらの方法でも会社経営は可能であり、あなたは選ばなければならない。本書の哲学が支持するのは健全な経営チーム方式だ。まず、会社のビジョンを共有する人たちから成るチームを作る。全リーダーが結果責任を負い、それぞれの部門を主導できなければならない。全員があらゆる問題についてオープンに話し合い、会社全体にとってのベストのために積極的に闘わなければならない。

ワンマン経営は消耗するうえに、会社の将来的な成長を妨げる。これは計算するまでもない。一人の人間が下せる決定と解決できる問題の数などたかが知れているからだ。あなたが引退した途端に経営が崩れ落ちるよう設計されていては、成功企業を構築しているとは言えない。

今まではあなたがすべての責任を負ってきたかもしれない。だが、組織がある程度大きくなると、同じ方法では統率できなくなるだろう。会社を成長させたいなら、あなたが定期的に営業、サービス、会計、クレーム、フォローアップに関与し続けることはできないからだ。

つまり、これらの業務を他の人に任せる時が来たということだ。

各部門に関わる業務は、各部門長の方がうまく対処するだろう。もちろん彼らに期待することを明らかにし、円滑なコミュニケーションと結果責任を確保できるシステムを導入する必要がある。正しい人を正しい席に配置したら、あとは彼らに任せよう。

今あなたがすべきことは、これらのリーダーを賢明に選び出すことだ。組織にまだ該当者がいない場合は、他から探して来なければならない。ベストセラー作家で大人気の講演家でもあるパトリック・レンシオーニは、著書『Obsessions of an Extraordinary Executive: The Four Disciplines at the Heart of Making Any Organization World Class（卓越した幹部社員のこだわり――ワールドクラスの組織を作るのに欠かせない四つの規律）』（未邦訳）のなかで、まさにその要点を突いている。健全な組織を作るために彼が最初に掲げたルールは、「団結力のある経営チームを作り、維持する」というものだ。

チームが決まったら、各メンバーには組織における問題は自身の責任でもあると認識してもらう必要がある。責任を負ってしまえば、解決する気になるものだ。現時点で、特定の問題を解決する方法がわからなくても心配はいらない。それについては第6章の「課題解決トラック（ＩＤＳ）」で詳しく説明する。

次にあなたは、経営チームが動けば全社員が従うと信じて行動する必要がある。経営チームは社員の前で一枚岩にならなければならない。核家族の場合、子どもが母親の答えを気に入らなければ、父親のところへ訊きに行くだろう。あなたの会社には答えは一つしかなく、経営チームは親のように全社員を立派に育てなければならない。

◆天井にぶつかるのは避けられない

大抵の場合、組織はいくつもの天井を突き破りながら不規則に成長していく。成長に伴って既存の資源では対応できなくなるため、会社を次の天井、すなわち限界を超えて成長させたければ既存の状況を常に調整していかなければならない。組織、部門、および個人の三つのレベルで天井にぶつかる。経営チームもこのことを理解しておこう。

どの場合でも、選択肢は成長しかない。内的・外的に関わらず、成長しなければ衰退だ。ほとんどの企業は外的な成長を目指して奮闘するが、内的な成長も将来的にすばらしい企業へと導く。実際に大多数の企業は、外部の成長を考えるより先に内部の成長に注力する必要がある。矛盾するようだが、最初から内部に注力している会社の方が外的にも早く成長するものだ。

その典型例がシェクター・ウエルス・ストラテジー（ＳＷＳ）だ。一九七一年にロバート・シェクターによって設立されたＳＷＳは、評判の良い強固な組織を築き上げた。息子のマークと娘婿のジェイソン・ジマーマンが入社したあと、シェクターは同社を大胆に成長させることにした。ところが、社内業務はすでに手一杯で秩序を欠き、同社が拡大を目指す前に組織を編成する必要があった。精力的な営業部隊、強力な文化、すばらしい商品はあったが、唯一の障害は業務のキャパシティだった。彼らは新規事業のために数か月以内に業務に余裕を作りたかった。このタイトな日程に合わせるには、組織文化を変え、スタッフを再評価し、プロセスに一貫性を持たせる必要があった。

勤勉さ、集中力、決意のおかげで、のちに彼らはこの目標を達成した。ビジョンを明確にし、適切な構造を築き、優秀な人々を配置し、プロセスを合理化したのだ。一年あまりのあと、再編成された会社はようやく営業を始めた。かなりの時間がかかったように思えるが、もっと早くすることは不可能だっただろうし、彼らが適切だったことはその後の実績が証明している。才能豊かなチームのおかげで、同社は過去三年間で平均して年率五〇％の成長を維持している。長い目で見れば、彼らが積極的に営業し、受注が増えても対処できない構造のまま事業を拡大するよりも、こちらの方が早く成長できたと言えるだろう。もし無理してビジネスを拡大していたら、構造全体が内部から崩壊して、大事な顧客を怒らせて失っていたかもしれない。組織変革が必要な場合は、自分に正直になり、今後一～二年かけて組織内部を成長させ、ビジネスモデルに磨きをかけて売り上げ増加に対応できるようにしよう。

内的・外的のどちらであれ、成長しようとすると必ず天井にぶち当たる。このテーマについてはさまざまな統計があるものの、どれも同じ結論を指し示している――多くの企業は、こうした成長の痛みを切り抜けられずに倒産するということだ。アメリカの中小企業庁は、「小企業のおよそ五〇％が、開業から五年以内に倒産する」と公式サイトで述べている。二〇〇五年の『マンスリー・レイバー・レビュー』誌でエイミー・E・クナウプが発表した論文には、企業の五六％は開業から四年以内に消えると書かれている。さらにマイケル・ガーバーは著書『成功する「自分会社」のつくり方――夢を実現するための7つのステップ』（ダイヤモンド社）と『はじめの一歩を踏み出そう――成功する人たちの起業術』（世界文化社）のなかで、もっと恐ろしい実態を描き、企業の八〇％は開業から五年以内に倒産し、生き延びた企業の八〇％も六～十年のうちに倒産すると述べている。

幸いにも、核となる「リーダーシップ５つの能力」を持つ経営チームを選べば、天井にぶつかっても生き延びられるだろう。リーダーシップ５つの能力とは、「単純化」「権限委譲」「予測」「システム化」「構造化」である。これら５つを実践するに従って、会社は次のレベルへと成長するだろう。それでは一つずつ説明しよう。

◆単純化

ここでのスローガンはＫＩＳＳ（"keep it simple, stupid"（シンプルにしておけ、このバカ））だ。組織の単純化は重要だ。単純化には、事業を行うルールを効率化することや、それを周知する方法も含まれる。同じことはプロセス、システム、メッセージ、およびビジョンにも当てはまる。ほとんどの組織は設立当初から複雑すぎるのだ。組織が成長すると複雑さも増すため、モデル、見て分かりやすい資料、チェックリストを使って、プロセスと手順を単純化しよう。ヘンリー・デイヴィッド・ソローは著書『ウォールデン　森の生活』でこのテーマの核心に迫ったが、のちにラルフ・ウォルドー・エマソンがもっと巧妙に切り返した。

「単純にしたまえ、単純に」とヘンリー・デイヴィッド・ソロー
「『単純に』は一つで十分だろうに」とラルフ・ウォルドー・エマソン

ストラテジック・コーチ・プログラムの生みの親であるダン・サリヴァンは、次のように主張している――「単純さの新境地を切り開くまで、組織はさらに進歩することも成長することも不可能だ」。たくさんのツールを備えたEOSのプロセスは、単純さの新境地を切り開くのをサポートするよう設計されている。「少ないほど良い《Less is More》」というテーマは、本書で何度も登場する。

◆権限委譲

天井を突き破れるかどうかは、権限を委譲できるかどうかにかかっている。あなたの仕事を誰かに任せ、あなたは自分の能力を最大限に発揮し、自分を有効活用するのだ。レストランが急成長しているのに、経営者がシェフも給仕長も皿洗いもやり続けるのは現実的ではない。ささいなことにしがみつくと、会社の成長を邪魔してしまう。あなたが個人的に成長すれば、会社は成長するだろう。「つるから手を離す」は、正確にはこのことを意味するのだ。

だが、手放すときは、手放すのにふさわしい業務か確認しよう。他の人に任せるのは、あなたがやるまでもないタスクにすること。たとえば手紙の開封、企画書の作成、請求書の承認、顧客のクレーム対応など。おもしろくない仕事を頼むことに気が引ける時もあるが、どこかの時点で頼まなければならなくなるだろう。おもしろいことに、考え方を変えてみると、こうした仕事をこなすスキルと熱意のある人が見つかるものだ。

権限を委譲して、自分をレベルアップする方法を学ぶのは、あなただけでない。経営チームのメンバーもだ。あなたを含めた経営チーム全体が、個々の能力を伸ばし、自身のチームを育てれば、会社は確実に成長し続けるだろう。

◆予測

ビジネスにおける予測には、長期的な予測と短期的な予測の2種類がある。

長期的な予測——上場企業が収益を予測し、のちに実際の収益を発表する時には、当たる時もあれば、外れる時もある。予測が当たれば株価は上がり、外れれば下がる。それだけだ。中小規模の非公開企業には予測を外す余裕はない。外れれば廃業を余儀なくされるかもしれない。

長期的な予測は、九十日より先を予測することだ。長期的な予測をするには、経営チームは会社がどこを目指し、どうやって達成するかを知らなければならない。そのためには、ずっと先の目標を定めて現在まで遡って考えることだ。あなたの十年後の理想は何か？　三年後のイメージは？　1年計画は？　予測通りに進めるために、今後九十日間で達成すべきことは何か？

最初は困難なタスクに思えるだろうから、少しストレスを取り除こう。千里眼を持っている人などいない。明日何が起きるか確実にわかる人はいないのだ。長期的な予測とは、実際には何が起きるかを予言することではなく、今日知っていることに基づいて明日何をするかを決めることなのである。

言い方を変えると、経営チームは頻繁に「木に登る」必要がある。長期的な予測を、ジャングルを切り開いて道を作る近視の人たちのチームにたとえよう。彼らは、この仕事に従事する人のなかで最も生産的な人たちかもしれないし、一番生産的な前任者たちよりも生産性が二倍高いかもしれない。だが、木に登って道がどこへ向かっているかを教えるリーダーがいなければ、彼らはジグザグに道を切り開いてしまうだろう。

つまり、リーダーは一〇〇%の時間を作業にさいていてはいけない。道標を示すのがあなたの仕事だ。

『成功する「自分会社」のつくり方――夢を実現するための7つのステップ』と『はじめの一歩を踏み出そう――成功する人たちの起業術』の著者、マイケル・ガーバーが述べたように、作業には時々従事すればいい。この規律を実行すれば、行きたい場所へ早くたどり着けるだろう。

短期的な予測――長期的な観点が九十日より先のビジネスのニーズを考えるのに対して、短期的な予測は近い未来にフォーカスする。問題は日々起きるものだが、そうした問題を解決できるか否かは、組織全体の長期的な利益に影響する。

組織のリーダーは、一日に少なくとも片手では数えきれないほどの問題に直面しているだろう。リーダーの多くは日々のきつい業務に追われるあまり、やっかいな問題を後回しにする。このようなことが長く続けば、会社全体が張りぼてとなってやがて内側から壊れるだろう。こうした問題が起こらないようあなたは的確に予測する必要がある。

◆システム化

仕事において勘と経験を頼りに行動したことはないだろうか。顧客のさまざまな要望に対応したり、すばやく決断したり、慌てて創意工夫を凝らしたり。だが、どこかの段階でやらなくてもいい事があったと判明することがある。その時こそ作業をシステム化しよう。組織はほんの一握りの数少ない「コア・プロセス」

によって成り立っている。、どれがコア・プロセスかをしっかりと見極めて、それを十分に機能する仕組みへと統合する必要がある。会社には人事プロセス、マーケティングプロセス、営業プロセス、業務プロセス、顧客維持プロセス、会計プロセスなどがあるだろう。これらのプロセスは調和しながら機能しなければならないし、手順は全社員にとって明瞭でなければならない。

まず、経営チームで協議して何がコア・プロセスに相当するのかを決め、そのプロセスに名前をつけよう。次にこれらのコア・プロセスを簡略化し、テクノロジーを導入し、文書化し、微調整を加える。そうすることで効率がぐんと上がり、ミスが減り、マネージャーは物事を管理しやすくなる。

組織がコア・プロセスを順守すればするほど、あなたは業務を手放せるようになる。使い勝手の良いシステムができれば、権限を委譲しやすくなり、自分をレベルアップさせるための時間が生まれる。責任者がプロセスに従い、かつその業務に必要なスキルを持っていれば、仕事がきちんと完了するはずだと確信できる。

◆構造化

最後に、経営チームは組織を適切に構造化する必要がある。多くの組織が行き詰まるのは、古い構造のままで拡大に合わせて構造を変えようとしないからだ。

残念ながら、ほとんどの中小企業の構造はあいまいすぎるか、存在しないかのどちらかだ。多くの中小企業は、エゴ、性格、恐怖心によって支配されている。この罠に落ちないよう、本書では「アカウンタビリティ・チャート」の使い方を伝授する。これであなたは、組織を拡大させやすい構造を導入し、全社員の役割と責任を明確に定義できるようになる。

要約しよう。天井を突き破らなければならないと実感したとき、経営チームは次のレベルに進むために、リーダーシップ5つの能力を採用する――すなわち、⑴組織を単純化する、⑵権限を委譲して、自分をレベルアップする、⑶長期的および短期的な予測をする、⑷システム化する、⑸会社を適切に構造化することだ。これから紹介するツールはすべて、あなたがこれらのスキルを身につけられるよう設計されている。

◆会社は一つの経営システムでしか運営できない

経営には、不変のビジョン、一つの意見、一つの文化、一つの経営システムが必要だ。それらに付随する要素として、ミーティングの方法、優先順位のつけ方、計画を立ててビジョンを定める方法、使用する専門用語、従業員とのコミュニケーションの取り方についても一貫したアプローチが必要だ。EOSは、全従業員に共通の認識を持たせる経営システムだ。コンピューター・プログラムはさまざまなデータや動作を処理する部品で構成されていて、ユーザーの生産性をアップさせるが、EOSも会社に同じように働きかける。

もし会社に優秀なCEO、販売責任者、マーケティング責任者、業務担当、財務担当がいれば、会社は成功間違いないと期待するだろう。しかし、組織を動かす経営システムを会社に導入しなければ、才能あるリーダーですら能力を発揮できない。

有能な人も、二人いると、しばしばまったく異なる言語で話すものだ。

「あなたの目的は？」「目標のことですか？」

「それは何のプロセスですか？」「手順のことですか？」
「違います。それはシステムですよ」
「月次目標を立てたいんだが」「すでに週次目標が設定されてますし、おまけにそれは『アクション・アイテム』と呼ばれてますよ」

二つのまったく異なる方法で一つのスポーツチームを指導したら、あるいは二つの政府が一つの国を統治したら、どうなるかを想像してみてほしい。複数のシステムが相反する目的で機能したら、最終的に立ち行かなくなる。複数の経営システム上に優れた組織を築くことはできない。一つを選ばなければならない。そこで本書が提案するのがＥＯＳだ。

◆オープンマインドで、成長志向で、弱みをさらけ出す勇気を持たなければならない

『自分のベストを引き出す法』（ダイヤモンド社）の作者、デイビッド・ビスコット博士はこう書いている――「リスクを取らなければ、成長できない。成長できなければ、最高の自分になれない。最高の自分になれなければ、幸せになれない。幸せになれなければ、他に重要なものなどあろうか？」

あなたはさまざまな新しい意見に積極的に耳を傾ける必要がある。知らないことがあれば、知らないと認めること。積極的に助けを求め、支援を受け入れること。何よりも、自分の強みと弱みを把握し、特定の業務であなたよりも腕の立つ人に主導権を握らせることだ。

私は苦い経験を通して、この信条の重要性を学んだ。ある仕事が不成功に終わったあと、私はＥＯＳプロ

セスがなぜうまくいかなかったのかを振り返った。そして一つのシンプルな結論に達した――その会社の経営チームが内的にも外的にも成長志向でなく、弱みをさらけ出したがらず、オープンマインドでもなかったのだ。思うような成果を上げられなかったのは、意思決定を下すにも、難しい問題を議論するにも毎度のように諍いが起きたからだ。結局、双方が不満を抱えたまま終わった。今の私は、新しいクライアント候補にこうした警戒すべき特徴がある場合、まだEOSプロセスを導入する段階にないと説得するようにしている。

積極的に弱みをさらけ出さなければ、この旅を始められない。ガードを緩めて、組織のありのままを見ることだ。経営チームと共に会社の上っ面を取り払って、隠し立てなく率直になろう。間違いは許されないと思い込んでいるリーダーは、肝心なことを理解していない。オープンマインドとは、新しいアイデアに心を開き、さらなる向上のために変化する覚悟を持つということだ。腕を組んでいては、壁が塞がって中に入れない。心はパラシュートのようなものだ――開かなければ機能しない。

この旅に出るには、成長志向も必要だ。私が出会った大勢の人たちは、口では成長したいと言いながらも、私がさらに質問を重ねたところ、成長に伴う挑戦や波瀾万丈を恐れていることが判明した。彼らは今の会社の規模に満足していて、満足するのももっともだと思える理由がある。だが、EOSは成長を後押しするシステムなのだ。

要約すると、以下が四つの基本的な信条となる。

一．本物の経営チームを作り、維持しなければならない。

二．天井を突き破らなければならない。

三．会社は一つの経営システムでしか運営できない。

四．オープンマインドで、成長志向で、弱みをさらけ出さなければならない。

これらの信条を受け入れれば、あなたはすでにつるから手を離す準備ができている。では、次のレベルに引き上げるため、あらゆる実行力の起点となるビジョンについて学ぼう。

第3章

ビジョン
——従業員はあなたの言葉を理解しているか?

多くの起業家は自分の「ビジョン」がはっきりと見えている。問題は、彼らが全従業員にも同じビジョンが見えていると誤解していることだ。大抵の場合、従業員にはビジョンが見えていない。そのためリーダーはスレトスがたまり、スタッフは混乱し、ビジョンは達成されずに終わる。

ではどうするべきだろうか。「トラクション《実行力》」を手に入れるプロセスはここから始まる。

起業家はビジョンを頭のなかから出して、紙に書き出す必要がある。次に、そのビジョンを社内で共有し、全社員が会社の方向性を認識し、その目的地に向かってあなたについて行きたいかを決めてもらうことだ。全員が同じ認識を持てば、問題はより早く解決できるだろう。パトリック・レンシオーニは、著書『あなたのチームは、機能してますか?』（翔泳社）のなかで、一から会社を立ち上げて、年商十億ドルの企業に育てた友人の意見を高く評価している。「組織のすべての人間に同じ方向を向かせることができれば、どの業界でも、どの市場でも、どんな競争相手に対しても、どんなときでも、圧倒的な優位に立てる」

最近「ＥＯＳプロセス」を始めたあるテクノロジー企業は、二年連続で天井にぶち当たったあとに私のところに相談に来た。最大の問題は、天井を突き破れない理由を経営チームが正確に突き止められなかったことだ。問題はたくさんあったが、主な要因はその会社にビジョンがないことだった。同社は市場で三つのまったく異なるサービスを提供しており、社員はそれぞれのサービスの顧客のために何度も役割を変えなければならず、業務が不必要に複雑だった。

同社は、ＥＯＳを使って一つの方向性に注力する決断をした。二度のセッションを経て経営チームは、自分たちは何者か、何を欲しているのか、どこを目指すのかといったビジョンを明確に定義した。ごく短期間で彼らは組織を単純化し、二種類のサービスを切り捨ててリソースに余裕を持たせた。おかげで社員は一つのサービスに注力して専門性を高め、顧客対応もシンプルになった。今や同社では、明確な目標とレーザーフォーカス型のマーケティング戦略が完璧に機能している。そして再び成長し始めている。具体的には第一四半期の売り上げは過去最高を記録し、前年同期比で一二五％の売り上げ増を達成した。

第一段階は手放すことだ。あなたが明確にしようとしているビジョンは、あなたに関するものではない。もっと大きいビジョンを定義しなければならない。組織全体の利益に焦点を合わせたビジョンを作る必要がある。ビジョンが早くできれば、それだけ早く適切な良い意思決定を下せるようになり、持久力のある会社に成長できるだろう。強力なビジョンを築く方法を学ぶために、まずは八つの重要な質問に答えてほしい。

―― 八つの質問に答えよう

まずは、会社のビジョンは長くなければならないという神話を捨てよう。投資家から資金を調達するには詳細な説明が必要かもしれないが、偉大な企業を築くためには長い説明は必要ない。八つの質問に答えるだけで、経営チームは組織のビジョンを明確にし、組織の全員が目指す場所を「見る」ことができるだろう。

ＥＯＳの最初のツールは「ビジョン・トラクションシート」だ。ビジョン・トラクションシートを使うと、頭のなかのビジョンを紙に書くことができるうえに、八つの質問に答える際にも役立つだろう。これを使えば、会社はどこへ向かうのか、そこへどう到達するのかをはっきりとイメージしやすくなる。何よりも、ビジョンをわずか二ページにまとめることで、会社の今後を簡単にイメージできるのだ。ビジョン・トラクションシートのサンプルを次のページに掲載しているが、www.eosworldwide.com/vtoからも無料でダウンロードできる（日本語版はこちら https://download.eos-japan.org/vto）。

計画は簡略化させた方が効果的だと私に最初に教えてくれたのは、かつてのビジネス・パートナーのエド・エスコバルだ。父とエドと私は、不動産販売の研修会社を共同で所有・経営していた。私が入社する前のある日、エドが父に長々とした事業計画書を提

出したときのエピソードを話してくれた。最初に目を通したあと、父は「これを十ページにまとめられないか？」と言ったという。少しいらつきながらも、エドは「はい」と答えた。エドは書き直し、事業計画書を十ページにまとめて再提出した。父はその内容を気に入ったが、「これを二ページにまとめられないか？」と訊ねた。少し動揺しながらも、エドは再び承諾した。さらに推敲を重ね、二ページの事業計画書ができあがった。父のリクエストで事業計画書を一ページにまとめようとしたが、不可能だと判明したため、二ページの事業計画書というアイデアが生まれた。この簡略化された事業計画書は、北米ナンバーワンの不動産販売の研修会社を生み出すこととなった。これを基にエドは「ライフ・ビジネス・マネージメント・プラン」と呼ばれるシンプルな事業計画書を作った。それは私が事業計画書を作るために初めて使ったツールでもある。

のちに、ヴァーン・ハーニッシュがこの概念を前進させた。ハーニッシュは『会社が急成長するロックフェラー式「黄金の習慣」』（ＰＨＰ研究所）の著者であり、成長にまつわる大人気のカリスマ的指導者にして、「青年起業家機構」（ＥＯ）の設立者でもあり、『フォーチュン・スモール・ビジネス』誌の寄稿者でもある。そのハーニッシュが私に紹介してくれた「一ページ戦略計画」もビジョン・トラクションシートが生まれるインスピレーションとなった。

ジム・ホランも著書『The One Page Business Plan（一ページ事業計画）』（未邦訳）のなかで、いくつかの有名なビジネス神話は誤りだと指摘している。そのうちの二つは、「優れた事業計画は長くなければならない」という神話と、その作成には「六か月間、事業主と主要メンバーがかなりの時間を割き、さらに高額報酬のコンサルタント」が必要だという神話だ。ホランが指摘したように、どちらの神話も誤りだ。大抵の場合、戦略的計画をシンプルにするのが一番良い。

EOS ビジョン・トラクション シート™

組織名

ビジョン

コア・バリュー
（共有すべき価値観）

①
②
③
④
⑤

コア・フォーカス 目的・使命・パッション

ニッチ（得意とする分野）

10年目標

マーケティング戦略 ターゲット市場（理想の顧客リスト）

３つのユニーク ①
②
③

証明されたプロセス

満足保証

3年イメージ

達成想定日

年商

利益

成功指標

実現したときのイメージ

EOS ビジョン・トラクション シート™

組織名 ＿＿＿＿＿＿＿＿

トラクション

1年計画	石	課題リスト（問題および機会）
達成想定日 ＿＿＿＿	達成想定日 ＿＿＿＿	① ＿＿＿＿
年商 ＿＿＿＿	売上 ＿＿＿＿	② ＿＿＿＿
利益 ＿＿＿＿	利益 ＿＿＿＿	③ ＿＿＿＿
成功指標 ＿＿＿＿	成功指標 ＿＿＿＿	④ ＿＿＿＿
＿＿＿＿	＿＿＿＿	⑤ ＿＿＿＿
＿＿＿＿	＿＿＿＿	⑥ ＿＿＿＿
年間必達項目	**四半期の石**　責任者	⑦ ＿＿＿＿
① ＿＿＿＿	① ＿＿＿＿ | ＿＿	⑧ ＿＿＿＿
② ＿＿＿＿	② ＿＿＿＿ | ＿＿	⑨ ＿＿＿＿
③ ＿＿＿＿	③ ＿＿＿＿ | ＿＿	⑩ ＿＿＿＿
④ ＿＿＿＿	④ ＿＿＿＿ | ＿＿	**・優先順位を付ける**
⑤ ＿＿＿＿	⑤ ＿＿＿＿ | ＿＿	**・課題の解決トラック（IDS）：**
⑥ ＿＿＿＿	⑥ ＿＿＿＿ | ＿＿	1）原因を追求する（Identify）
⑦ ＿＿＿＿	⑦ ＿＿＿＿ | ＿＿	2）議論する（Discuss）
		3）解決する（Solve）

ビジョンとは何か？　ビジョンとは、組織が目指す場所、そこへたどり着く方法をはっきりと定義することだ。ビジョンはすでに頭のなかにあるだろうから、それを明確に表現することは容易だろう。しかし経営チームが五人から成る場合、五つの異なるビジョンが存在するかもしれない。目標は全員が同じ認識を持つことだ。

次の八つの質問に答えてビジョン・トラクションシートに記入すれば、ビジョンを正確に突きとめられるだろう。

一．コア・バリューは何か？
二．コア・フォーカスは何か？
三．10年目標は？
四．マーケティング戦略は？
五．3年イメージは？
六．1年計画は？
七．四半期の石は？
八．課題は何か？

八つの質問の答えを出す時は、1～2日間のオフサイト・セッションを行うのもお勧めだ。

◈コア・バリューは何か?

「コア・バリュー」とは何だろうか? コア・バリューとは、会社にとって不可欠で不変の指針となる原理のことだ。私の経験から言うと、三つ〜七つぐらいにとどめるのが良いだろう。もちろん少ない方が効果的だ。

例えば、ＥＯＳを導入して、業績を劇的に改善した**ズープ! フレッシュ・スープ・カンパニー**のコアバリューを確認しよう。

- 行動志向
- やればできるという姿勢
- 嫌な奴はお断り
- 偏見がなく正直である
- ブランドに対する情熱

また、日本でいち早くＥＯＳを導入し業績向上を続けているマーケティングコンサルタントの会社、**株式会社トライエッジ**のコア・バリューは以下だ。

- 人から好かれ、周りの人を大事にする
- 好奇心と探究心に溢れ、アイディアを出せる
- スピードを持って物事を推進する

コア・バリューは、文化や人としての本当の姿を明らかにする。明らかにすることで、志を同じくする人々が組織に集まってくるだろう。同時に組織にふさわしくない人を排除できる。一度コア・バリューを明確にしたら、それを基準に従業員の採用、解雇、評価、報酬、表彰を決定しよう。明確な基準は、組織の繁栄をもたらす。

しかし残念ながら、大多数の組織は自社のコア・バリューを明確にしておらず、そのあいまいさが成長を妨げている。従業員たちがコア・バリューを受け入れなければ、彼らの行動はあなたの使命をサポートするどころか、足を引っ張るだろう。

イメージ・ワンという企業がEOSプロセスを始めた時のことだ。私たちは早い段階で、経営チームに時間をかけてでもコア・バリューを特定するように伝えた。共同経営者であるロブ・デューブは、先に課題を解決しなければならないと主張した。「課題をリスト化した。課題は山積みなんだよ。これらを解決してから、コア・バリューに取りかかるべきだ」と彼は言った。私はこのプロセスを信じてほしいと彼に訴え、一時間コア・バリューを模索してみて、彼がそのやり方を気に入らなければ課題リストに進みましょうと提案した。そのプロセスが終わったあと、ロブの口調はがらりと変わっていた。「このプロセスについては、気に入るどころか大満足だよ」と彼は当時を思い出して言う。「以来すっかり心を奪われたよ。イメージ・ワンの新入社員全員はもちろん、グループにEOSについて話すときも、あの時のことを話している。コア・バリューを定義することで、我が社、ビジネスのやり方、人選方法が変わったんだ」

コア・バリューの重要性については、すでに多くの著書に書かれている。ジム・コリンズとジェリー・I・ポラスは、『ビジョナリー・カンパニー　時代を超える生存の原則』（日経ＢＰ）を執筆する際に、景気後退や不況を耐えて何十年間も生き延びた企業を六年かけて調査した。すると、どの企業もきわめて早い段階でコア・バリューを定義し、それを中心とする社風を築いていたことがわかったという。

にもかかわらず、最近ではコア・バリューの価値が下がっている。一九九〇年代に過剰に持ち上げられたあと、飽きられてしまったようだ。皮肉にもこのせいでコア・バリューの重要性は増している。本書では、コア・バリューはビジョンを形作るための第一段階とする。

コア・バリューはすでにあなたの組織のなかにある、ということを理解してほしい。日々の混沌のなかで忘れられているだけなのだ。それを再度突き止めて、ルールとして教え込めばいいのだ。

ＥＯＳのクライアントが皆、コア・バリューを特定するために行っているプロセスを紹介しよう。まずは、経営チームとのミーティングを組もう。最低二時間、できれば会社から離れた場所がお勧めだ。というのも、戦略は社外で考える方がうまくいくからだ。ミーティングは次のように進行しよう。

ステップ　一――各メンバーに、三人の人を選んでもらおう。クローンを作ったら会社のシェアを大幅に伸ばしてくれそうな優秀な人を三人選んで、リストを作るのだ。その三人はできれば社内から選ぶことが望ましい。各メンバーが二～三人を選び終えたら、その名前を全員に見えるようホワイトボードに書く。

ステップ　二――その名前を確認して、その人たちに見られる特徴をリスト化する。この人たちはどんな性質を体現しているか？　彼らはどんな行動を取ったことで、リストに名前が挙がったのか？　あらゆる可能性を考慮するために、長いリストを作ろう。思考の助けになるよう、実際のコア・バリューのリストを紹介しよう。

- ●疑う余地がないほど優れている
- ●完璧に向けて絶えず努力している
- ●勝つ
- ●正しいことをやる
- ●思いやり
- ●正直で誠実
- ●達成意欲が高い
- ●熱意があり、エネルギッシュで粘り強く、負けん気が強い
- ●個人の能力や創造力を促す
- ●結果責任を果たす
- ●第一に顧客のために働く
- ●勤勉である
- ●決して満足しない
- ●常に自分を向上させることに関心がある
- ●最初に手助けに入る
- ●プロ根性を見せる
- ●個人に主体性を発揮するよう促す

●成長志向
●誰にでも敬意を払って接する
●実績に基づいてチャンスを与える。誰も優遇しない
●クリエイティビティ、夢、想像力がある
●誠実である
●ひねくれていない
●自信と共に慎み深さと謙虚さを持っている
●一貫性と詳細にこだわる
●献身的だ
●評判の大切さを理解している
●楽しい
●公平である
●チームワークを奨励する

ステップ　三――組織のコア・バリューは、長いリストのどこかにあるはずだ。早速絞り込もう。一回目の修正で確実に重要なものに丸をつけ（keep）、重要でないものを線で消し（kill）、同じようなものは組み合わせて一つにしよう（combine）。先に述べたように、一般的に三～七項目まで絞り込む。一周目の見直し後には、リストには五～十五項目ほどが残るだろう。

ステップ　四――ここは難しい決断になる。グループで議論を重ねて、どれが会社にふさわしくて中核的な価値観になるかを決めよう。繰り返すが、目標はリストの項目を三～七項目に絞り込むことだ。

ＥＯＳのクライアントが実際に選んだコア・バリューをいくつか紹介しよう。

マッキンリー

●できる
●ガンビー（訳注：アニメのキャラクター）
●サービス
●結果
●機敏

シェクター・ウエルス・ストラテジー

●常にクライアントのニーズを一番に考える
●まったく新しい驚異的な体験
●特別な場所になる
●最先端の知識――私たちはエキスパートだ。

ランダル・インダストリーズ

●協力
●熱意、エネルギッシュ、粘り強さ、勤勉
●正直で誠実
●謙虚さ
●仕事に対するプライド
●適応力／慣れる能力

プロフェッショナル・グラウンズ・サービス

●いかなる状況でも全力を尽くす
●楽しむ
●仕事に情熱を抱く
●あらゆることを誠実にやる

アンワイヤード・ロジック合同会社

●やる事をやる
●話がわかる
●遊び心がある
●人との繋がりを大事にする

コア・バリューが決まった途端に、走り出してみんなに教えてまわってはいけない。むしろじっくりと熟成させよう。三十日程度でいい。それからチームで集まり、最後に一度だけ最終リストに目を通そう。

次のステップは、確定したコア・バリューを組織のみんなに周知することだ。さあ、プレゼンの原稿を書く準備をしよう。コア・バリューを読み上げても、みんなが意図を理解するとは限らない。コア・バリューの重要性を認識してもらうには、一つひとつのコア・バリューをストーリーや比喩、分かりやすいイラストなどで補強する必要がある。

スピーチを書くときは、各コア・バリューを同じパターンか同じ時制で説明すること(「常に……」または「私たちは常に……」など)。各コア・バリューの下に、それを物語る例を箇条書きで三つ～五つ付け加えよう。これで、スピーチを展開するうえでの大まかな目安ができる。あとは即興で話しても構わない。

例として実際のコア・バリューのスピーチの概要を紹介する。

◈**チーム志向**

●他の人の成功を助けることで、自分の望みを手にすることができる。奉仕がすべてだ。私たちはどのようにして顧客や同僚に奉仕できるか?

●私欲のためでなく、常に組織全体の利益のために行動するよう努力する。

●自分を司令塔だと思おう――スポーツであれ、仕事であれ、ゴールよりも絶妙なアシストをする方が満足度が高い。

●スポーツでは、才能ある選手でも連携プレーができなければ、チームプレーに負ける。仕事も同じことだ。

●私たちはチームであり、今のところとても良いチームだ。偉大なチームになりたいと望み、そのために共に努力しよう！

◆卓越性へのこだわり

●「第一印象を与えるチャンスは一度しかない」ということわざがある。そのチャンスを良いものにしよう。

●文章は明確で、正確で、的を射たものでなければならない。私の父はよく「もっと時間があれば、もっと短い手紙を書いただろう」と言ったものだ。要するに、無駄な言葉を入れるなということだ。

●「私」ではなく、「私たち」を使うこと。「私たち」は、自分自身よりも大きい組織を代表する人であることを意味する。「私」を使うと、エゴの表れだと思われかねない。

●プロ意識を持とう。同じように、状況に合わせてカジュアルに振る舞ってもよい。心の知能《EQ》で判断しよう。自信がないときは、プロ意識と保守的な方に寄ろう。

●評判は常に利益よりも重要だ。

◆問題解決アプローチ

●私たちが得意なものは何か？　問題を解決することだ。

●うまく問題を解決するためにどうするか？

○事実を確認する

○問題を正確かつ簡潔に述べる
○適切な問いを立てる
○効率よく自由に議論する
○あらゆる主張に注意深く耳を傾ける
○関連する事実と説得力のある議論を基に、次の行動を決める
○「次のステップ」に向けて責任を割り当てる
○一連の行動について同意したら、すぐに実行する
○次のミーティングで進捗をチェックする
●時に、なんとなく決定されてしまうことがある
●時には、まったく決断しないよりも、「誤った判断」の方が良い結果に結びつくことがある。大抵の場合、決断のスピードは、決断のクオリティと同じぐらい重要だ。またある時は、適切な結果を導くためにどうすべきかを延々と考えても良い。これは技術であって、科学ではない。経験がものを言う。

◆正直さ
●オープンで正直なコミュニケーションが私たちの目標だ
●自分の長所と短所を前向きに評価してもらえれば、私たちは皆向上しようとするだろう
●明断で正直でありつつ、繊細で協力的であること
●他人を見下すような態度は避ける

●自信と謙虚さのバランスをうまく取りながらコミュニケーションをはかる
●あなたが勧めたにも関わらず、別の決定が下されたら、次へ行こう。個人的な問題と考える必要はない。それであなたの考え方の価値が損なわれることはない。

◆公平さ

●結果を求める
●正義感を持つ。事実に基づいたシンプルな結果は何か?
●状況によっては厳しい態度を取ってもいいが、自分の力を不当に利用してはいけない。
●思いやりを持つ
●容赦のない人や道義に反する人を相手にするときは、常に交戦規則を守りながら闘うこと。相手と同レベルで争うという罠に落ちないこと。

◆バランス

●賢く働こう。仕事をきちんと終わらせるために必要なことをやる。
●一番重要な基準は、かけた時間数ではなく、価値あるアウトプットかどうかだ。忙しくすることは誰にでもできるが、忙しいからといって生産性が高いとは限らない。
●ある会計士は、確定申告の期間中は十一時まで働くが、閑散期になるとゴルフや家族との時間をたっぷり取るという――これはバランスの取れた生き方の一例だろうか?

●地域でボランティア活動をしよう。常にお返しする機会を探すこと。家族も参加させよう。

読者がもっとイメージしやすくなるよう、**ウルフ・グループ**の共同経営者スチュアート・ウルフが、五十一人の従業員に対して行ったコア・バリューに関するスピーチの全文を紹介しよう。

私たちウルフ・グループは、十周年を迎えて新たな旅立ちをしようとしています。ウルフ・グループが開業して十年が経ったのです！

ですが実際には、五十一という数字よりも重要なものはありません。そうです、五十一です。これは人数のことです。そう、ウルフ・グループチーム、すなわちウルフ・グループのファミリーを構成する人、皆さんのことです。数字は他にもあります。皆さんのうちの誰か一人でも欠けていたら、三つの州にまたがる四つの事務所がワン・チームとなって十年間も事業を継続できなかったでしょう。皆さん一人ひとりがウルフ・グループを形作っているのです。我が社はこの業界をリードする企業の一つですが、私たちはそれ以上です。

数字はもう十分ですね。言葉を使いましょう。たとえばこんな言葉です――

●誠実さと正直さ
●勤勉さ
●サービス志向
●献身的

●チームワーク

これらは私たちウルフ・グループを表す言葉です。これらは私たちを突き動かし、情熱を駆り立てる中心部にあるもの、ウルフ・グループの本質、皆さんの本質を表しています。これらの言葉は、皆さん一人ひとりの一側面を表しているのです。

お客様はなぜウルフ・グループと取り引きするのでしょうか？——たとえばスコットと、ティナと、ビルと、リンと、ジョシュと、デビーと、ハンクと、バーブと、ショーンと、スティーブと、ケリーと取り引きする理由は何でしょうか？（原注：従業員を特定されないよう、名前を変えている）

なぜかと言うと、先ほど名前を挙げた方も、それ以外の皆さんも、敬意を持って人と接すること、正直で誠実で信頼できる人であることの重要性を理解しているからです。私たちはこれらがいかに重要かを知っています。

誠実さと正直さは、ビジネスであれ、私的なものであれ、あらゆる人間関係に影響します。お客様のニーズを理解したいと心から関心を持ち、彼らの要望に耳を傾け、必要なときには進んで手助けしましょう。すぐに行動に移して手を貸すと、私たちは……

サービス志向になります。サービス志向だからこそ、（ABCカンパニー）などのお客様が電話をかけてきて、ティナに来週のメニューに当社の新商品が入っているのに、サプライヤーの在庫にないと訴えると、バーブが作業を中断して、サプライヤーの注文処理に加わって、この商品の追加注文に対処するのです。ところが、掛け売りに関する問題があったためにサプライヤーの注文が保留となっていたことが判明すると、デビーは作業を中断して問題を解決し、注文品が予定通り出荷されるよう手配するのです。このことから、私たちは……

献身的で**勤勉**を厭わないことがわかります。木曜日の午後に（ＸＹＺカンパニー）から急ぎの電話がかかってきて、ショーンに「明日の朝一に開かれる（ＰＤＱカンパニー）との商談にぜひとも参加してほしい」と訴えます。ショーンがうろたえてデビーに「助けてくれ、明朝までに専用のチラシを作ってくれ」と頼むと、デビーはチラシを完成させて、その日の晩の一時にショーンに電子メールで送ります。このエピソードから、私たちが繁盛しているのは……

チームワークのおかげだとわかります。私たちはイエスで応え、皆さんのために行動し、実現します。私たちは顧客のニーズに応えることに注力し、勤勉で、喜んで何でもやる、サービス志向の人たちから成るチームなのです。エピソードはいくらでもお話しできますが、皆さんのためにこれくらいにしておきましょう。

お気づきかと思いますが、これらの言葉のどれも教室で教えることも、トレーニングすることもできない美徳です。これらは、皆さん一人ひとりの人格を形作るものなのです。これがあなたの核であり、コア・バリューであり、毎日心を躍動させるものなのです。それが生い立ちによるものか、遺伝子によるものかは私にはわかりませんが、一つだけ確かなことがあります。これらの美徳を持つ人こそが、私たちのチーム、私たちのファミリーに迎えたい人だということです。我が社にふさわしい人を探し続けることは、ウルフ・グループを次のレベルに引き上げるための鍵でもあります。

私たちを突き動かす動機を特定することが重要なのは、それが私たちの人間性、目指す場所、いつ、どうやってそこへたどり着くかといった基礎を作るからです。私たちは行ったことがない場所、達成したことがないことを達成しようと、歩いている途中です。私たちは、自分たちが望む場所へと続く道を駆り立てられるように向かっているのです。ウルフ・グループにとってとてもわくわくする時です。皆さん一人ひとりがグループの一員でいることを心から嬉しく思います。

私は次の十年間でウルフ・グループをこれまでで最高の会社にしたい、そのために全力を尽くすつもりです。皆さんもこの旅に参加してくれますように。きっと楽しい旅になるでしょう。新しい道を切り開く十年が始まります!」

コア・バリューに関するこのスピーチを機に、スチュアート・ウルフは会社の規模を四倍に拡大させた。彼は五年前にこのスピーチをして以来、明確な企業文化を維持したが、彼と共同経営者はコア・バリューが一致しないという理由で、別々の道を歩む決断をした。その後彼は、同じコア・バリューを持つ新しいビジネス・パートナーを見つけた。

確たる文化を築き、ビジネスモデルを具体化させたあと、彼は三社を買収し自社を二倍の規模にした。今やウルフ・グループは、確たる企業文化を持つ年商一千六百万ドルの企業に成長し、経営も順調で、業界内の評判も高い。

コア・バリューを指針として採用プロセスに取り入れよう。入社希望者を面接するときは、彼らにスピーチを聴かせること。彼らにあなたの組織の特徴を知ってもらうためだ。スキルを持つ人を見つけるのは簡単だが、必要なのは目的地に向かってボートを漕いでくれる人だ。入社希望者のスキルよりも先にコア・バリューを評価すれば、採用成功率は上がるだろう。私のクライアントは皆、このプロセスを行っている。なぜかって？　効果的だからだ。

原稿を書いたら、みんなの前でスピーチし、それから人事採用プロセスに取り入れよう。それはやがて組織の共通言語となり、コア・バリューに命が吹き込まれる。コア・バリューを持続させる方法はたくさんある。たとえばすばらしい社風を持つあるクライアントは、コア・バリューを会議室の名前として使っている。マッキンリー社には「ガンビー」と呼ばれるコア・バリューがある。同社はガンビーの人形に「ガンビーは柔軟で、協力的で、楽観的で、正直で、純粋で、大胆な、愛すべき冒険家であり、みんなの友だちです」と書かれたラベルをつけて、従業員全員に配った。

私が一緒に仕事をした数多くのクライアントのなかには、他社を買収したクライアントもあれば、他社と合併したクライアント、他社に買収されたクライアントもある（ちなみに、私のクライアントのうちの五社が買収されたが、どの会社も企業価値がきわめて高いと評価され、買収した企業からも「これほど経営がうまくいっている小規模企業は見たことがない」と評された）。これらのM＆Aが成功し、会社が繁盛し続けている一番の理由は、コア・バリューが一致しているからだ。私はどのクライアントにも、デューディリジェンスのプロセスではまずコア・バリューが一致するか確認するようアドバイスしている。一致すれば、すべてがうまくいく。コア・バリューが一致しない場合は、他をあたるようアドバイスしている。

まとめると、コア・バリューが何であろうと構わない。重要なのは、そのコア・バリューを明確に定義して、周知し、それを組織内で体現することだ。そうしないと、会社を成長させたい人で周りを固めることはできない。

さあ、コア・バリューの策定に取りかかろう。コア・バリューが決まったら、それをビジョン・トラクションシートに反映させよう。

コア・フォーカスは何か?

慌ただしくビジネスをしていると、組織はすぐに本筋から逸れてしまう。うまい話に気が散るのだ。ある事業でうまくいっているから、他の事業でも成功するだろうとたかをくくってしまう人もいる。

経営チームの仕事は、「コア・フォーカス」を決めて、そこから逸脱させないことだ。注意を逸らせる要因はたくさんある。ある企業の経営チームの一人、スティーブはこれを「キラキラしたもの」と呼ぶ。たとえば競合他社、新しいアイデア、新商品、良さそうに見えるが実は悪いアドバイスなどがそうだ。

コア・フォーカスはさまざまな名前で呼ばれてきた。「ミッション・ステートメント」、「ビジョン・ステートメント」、「中核事業」、「ス

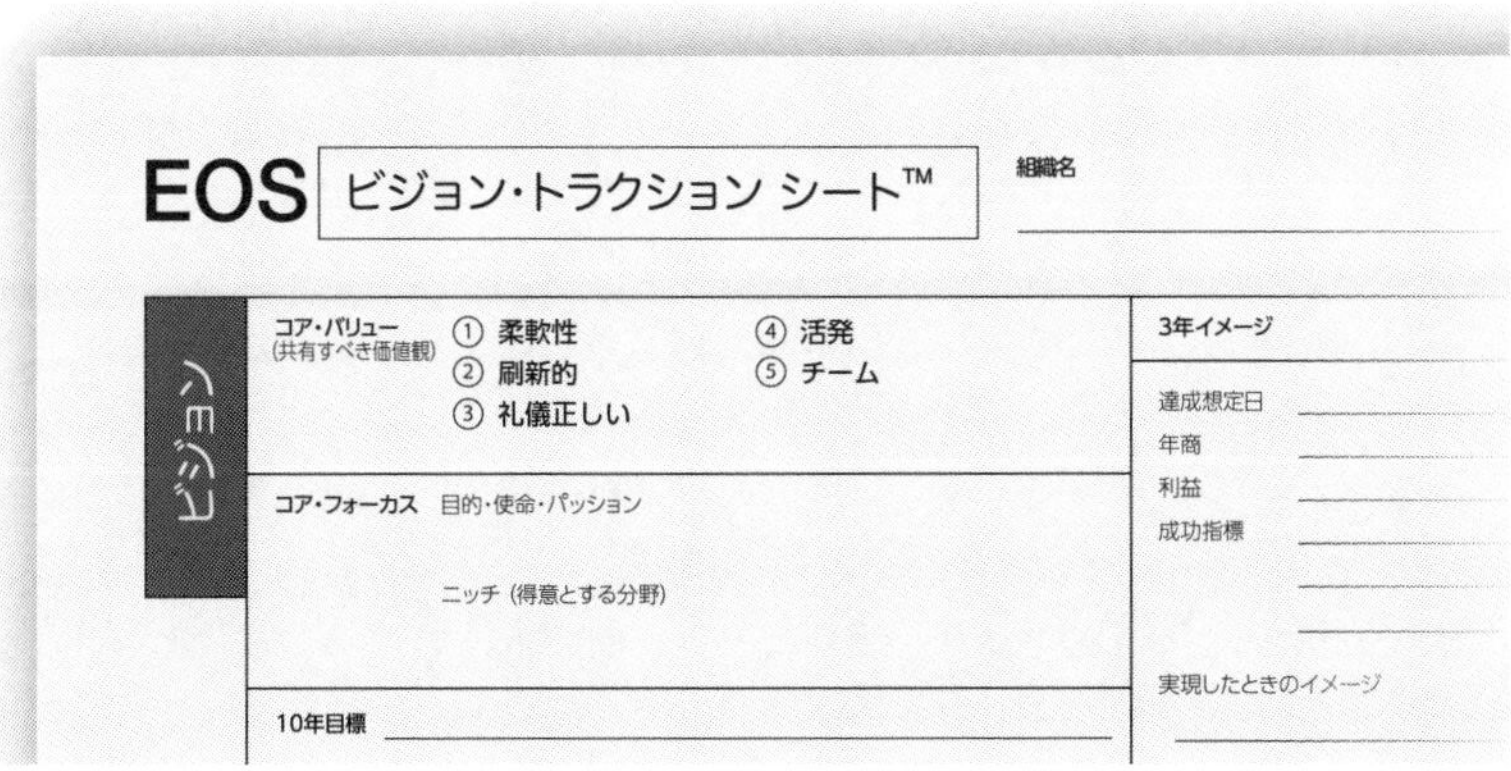
EOS　ビジョン・トラクション シート™　組織名

ビジョン

コア・バリュー（共有すべき価値観）
① 柔軟性
② 刷新的
③ 礼儀正しい
④ 活発
⑤ チーム

コア・フォーカス　目的・使命・パッション
ニッチ（得意とする分野）

10年目標

3年イメージ
達成想定日
年商
利益
成功指標
実現したときのイメージ

イートスポット」、「ゾーン」、「ボール」（「ボールから目を離すな」＝「油断するな」から）など。スティーブン・コヴィーは、著書『第八の習慣――「効果性」から「偉大さ」へ』（キングベアー出版）のなかで、「ボイス（内面の声）」と呼んでいる。ダン・サリヴァンは「ユニーク・アビリティ」、ジム・コリンズは著書『ビジョナリー・カンパニー二――飛躍の法則』（日経ＢＰ）のなかで、「ハリネズミの概念」と呼んでいる。私は「コア・フォーカス」と呼ぶが、それは会社の核《コア》から生まれるものであり、それに集中《フォーカス》するべきだと思うからだ。

ラッセル・Ｈ・コンウェルの『ダイヤモンドを探せ』（ディスカヴァー・トゥエンティワン）がこれを絶妙に描いている。ざっと説明しよう。昔、アリという男が大きな牧場と果樹園を持っていた。アリは人生に不満はなかったが、ある日、地元の聖職者にダイヤモンドの話を聞いた。親指ほどの小さな宝石が国を買えるほどの価値があるという。話を聞き終えて床に就く頃には、彼は貧者となっていた。彼は牧場を売り、ダイヤモンドで一もうけしようと旅立った。

パレスチナとヨーロッパを探しまわったが、一片のダイヤモンドも見つけられなかった彼は、一文無しになった。絶望し、荒れ狂う潮流に身を投げて死んだ。それから間もなく、アリのものだった牧場に、ダイヤモンドの話をした聖職者が訪れた。聖職者はマントルピースに飾ってある小さなダイヤモンドに気づいた。「これをどこで見つけたんですか？」新しいオーナーは「農場のなかの小川にこれがたくさんあるんです」と答えた。

ほとんどの人の足下にはダイヤモンド鉱山がある。事業に飽きたり、大きすぎる野心を抱いたり、隣の芝生が青く見え始めると、ダイヤモンド鉱山を見失ってしまう。コア・フォーカスを見つけ、執着し、時間と資源を使ってその分野で突き抜けるのだ。

「キラキラしたもの」に惑わされた企業の典型例として、ブローダー&ザクセ不動産会社の話を紹介しよう。EOSプロセスを始める直前、この不動産管理会社はかろうじて惨事を逃れた。

きっかけは、ある男性からの提案だった。彼は所有する工業用建物をブローダー&ザクセに買ってもらい、彼自身はエンジンの粉体塗装を施す会社を興そうと考えていた。彼は、建物の売却代金を使って生産ラインや設備を整え、ブローダー&ザクセからその建物を借りたいと提案した。すでに顧客もいて、あとは会社を設立して営業を始めるだけだった。書類の上では百万ドルの価値があるアイデアだった。将来性に目がくらんだ共同経営者のリッチ・ブローダーとトッド・ザクセは、もう一歩踏み込んで、その粉体塗装会社と提携関係を結ぶことにした。

百万ドルもの資金を投資し、一年半もの時間をかけたにもかかわらず、リッチとトッドは会社を閉鎖した。三か月間で同社は合計三十万ドルもの損失を出した。言うまでもなく、彼らのキャリアで最悪の決断だった。だが、希望の光もあった。六か月後に別の人が現れ、投資金額と同等の金額で会社を買ってくれたのだ。運が良かった。他方で、彼らは一年半もの間主力事業に注力できなかったのだ。その損失は計り知れない。

社内では、その過ちはCCTと呼ばれている。CCTとは、短命に終わったキャピタル・コーティング・テクノロジーズ社の頭文字を取ったものだ。現在では、「キラキラしたもの」を見るたびに、それを冗談でCCTと呼び、それ以外のことにエネルギーを注ぐようにしている。

ブローダー&ザクセのコア・フォーカスは不動産を所有・管理することであって、粉体塗装ではない。書類上ではたやすそうに見える新しいアイデアでも、それがあなたのコア・フォーカスの範囲外であれば、やる価値はない。

コア・フォーカスをはっきりさせると、重要なことに気づくようになるだろう。業務、人員、時には部門や製品ラインの中には、コア・フォーカスに合わないものがあることに気づく。それを悟ったEOSのクライアントたちは、部門全体を廃止して、業績を上げた。

レーザープリンターのサービスおよびサプライ企業で年商七百万ドルのイメージ・ワンは、コア・フォーカスを定めたあと、コンピューター・ネットワーク事業部を廃止した。顧客の印刷環境をシンプルにすることに注力したのだ。難しくて辛い決断だったが、やり遂げた。その結果、同社はこの四年間に平均三〇%の成長率を維持し続け、企業価値が高く評価され同じ業界の上場企業に買収された。

イメージ・ワンの社長で共同経営者のロブ・デューブは「コンピューター部門を六か月で閉鎖すると決めたことが、我が社の歴史における転換点となりました。一度コア・フォーカスを定めたら、後戻りできませんから」と語っている。ついでながら、ロブとジョエルは同社を買い戻し、三〇%の成長率を維持している。近年イメージ・ワンは「クレインズ・デトロイト・ビジネス」紙が選ぶ「スモール・ビジネス・オブ・ザ・イヤー」を受賞し、アーンスト・アンド・ヤングが主催する「アントレプレナー・オブ・ザ・イヤー」のファイナリストにも選ばれた。

どの事業に参入するかを決め、そこにとどまり続けよう。古いことわざにあるように「二兎を追う者は一兎をも得ず」だ。アル・ライズが著書『フォーカス!』のなかで書いているように、「病院が『我々は一流の脳外科医として有名だから、心臓、肝臓、肺、四肢の分野にも参入しよう』などとつぶやくところを想像してみてほしい」。

クライアントが他の業界を見て、「うちもあのビジネスをやれば良かったよ。はるかに容易だっただろうに」

と言うたびに、私はにやりとする。そして「この人が現実を知っていたら……」と思う。言い換えると、経営が簡単な会社など見たことがないということだ。どの会社も苦労している。ある業界で成功したからといって、他の業界でも成功するとは限らない。成功するのは、チームに合ったビジネスだけだ。ジム・コリンズはベストセラーとなった『ビジョナリー・カンパニー2——飛躍の法則』でこう書いている。「遺伝子的に何に秀でているかを突き止めなければならない」。まさにその通りだ。才能と情熱の組み合わせに、リーダーシップが加わることで、他のどの会社にもない独自性が生まれる。それがコア・フォーカスだ。それを見つけなければならない。

◆コア・フォーカスを決める方法

経営チームは、まず二つを明確に定義しよう——会社が存在する理由と得意とする分野だ。

コア・フォーカスは実はとてもシンプルだ。考えすぎてはいけない。本書のこのセクションを読み終えたら、最低でも二時間は経営チームと部屋に閉じこもろう。まずは、次の二つの質問の答えを書いてもらおう。全員が書き終えたら、テーブルをまわってみんなの回答を共有する。それからディスカッションを始め、グループで必要なだけ時間を使って話し合おう。

一度につき一つの質問について考え、全員が同じ認識を共有し、それぞれの質問の答えが数語に絞られるまで続けること。ただし、このタスクを完了するまでに数回のセッションが必要になるかもしれない。粘り強く取り組み、考えすぎたり、分析しすぎたりしないようにすること。コア・バリューと同様に、コア・フォーカスもすでに存在しており、それにたどり着く前にコアでないものを取り除くだけでいい。次に、二つの質問とその実例、それからガイドとなるツールを紹介しよう。

一．組織が存在する理由は何か？

組織の目的、使命、またはパッションは何か？

この質問に答える際、組織の存在理由と自分の得意分野を混同してはならない。

目的、使命、またはパッションは、次のチェックリストの八項目すべてに当てはまらなければならない。

一．簡潔な言葉で表現されている。
二．シンプルな言葉で書かれている。
三．野心的で大胆。
四．なるほどと思わせる。
五．心の底から出ている。
六．社員全員を巻き込む。
七．お金に関係するものではない。
八．経営目標よりも大きい。

【目的、使命、パッションの例】

カンニンガム＝リンプ：顧客感動《カスタマー・ディライト》

マッキンリー：コミュニティのクオリティ・オブ・ライフを豊かにする
イメージ・ワン：卓越した人材と卓越した実績を持つ、卓越した会社を作る
シェクター・ウエルス・ストラテジー：一生涯続く関係と熱狂的なファンを作る
株式会社トライエッジ：マーケティングの力で世界をくすぐる

二．組織のニッチ《得意とする分野》は？

ニッチはシンプルでなければならない。何に注力するかを判断する際、大切なのは不必要なものをふるい落とすための判断基準だ。ポップコーンの王者、オービル・リーデンバッカーの理論を引用すると、「一つのことをやりなさい。そしてそれを誰よりもうまくやりなさい」ということだ。

【ニッチの例】
オータム・アソシエイツ：適切な顧客に、適切な補償額のついた、適切な保険を作る
オービル・リーデンバッカー：ポップコーン
アトラス・オイル・カンパニー：石油を運ぶ
イメージ・ワン：企業の印刷環境をシンプルにする
マッキンリー：不動産に関する複雑な問題を解決する

ニッチと組織の存在理由がはっきりしたとき、コア・フォーカスが明確になる。コア・フォーカスが決まっ

たら、そこからぶれないこと。コア・フォーカスと合致しない新たなビジネスチャンスには手を出さないこと。経営チームの誰かがコア・フォーカスに反することをやろうとしたら、止めること。今後はあらゆる決断において、コア・フォーカスをフィルターとして使おう。

企業のコア・フォーカスに関する実例をいくつか紹介しよう。

アスファルト・スペシャリスツ（ASI）
パッション：勝つこと
ニッチ：質の高いアスファルト舗装

ジーナコンプ
パッション：能率的なソリューションを作る
ニッチ：クライアントの事業を守る&成長させる安心テクノロジー

ローニッシュ建設グループ
パッション：人々の期待を上回ること
ニッチ：建設のあらゆる面でスケジュールを守ること

イメージ・ワン

パッション：卓越した人材と卓越した実績を持つ、卓越した会社を作る

ニッチ：企業の印刷環境をシンプルにする

タイラーとジョナサン・B・スミス兄弟は、二人の共同経営者と共に小さなテクノロジー企業を設立し、ハイエンドのウェブサイトとそれに連動するバックエンドのウェブ・アプリケーションの設計を請け負った。だが会社が彼らの個人的なコア・フォーカスと合致しなくなったと気づくと、二人は会社を共同経営者に譲り、それぞれ自分のコア・フォーカスに沿った会社を設立して成功を収めた。

ジョナサンは、海岸線を保護する製品を世界各国に提供するウェイブ・ディスパーション・テクノロジーズを共同で設立した。『インク』誌は、同社を「急成長している民間企業トップ五〇〇社」のうちの一社に選んだ。

タイラーは、新しいパートナーのブラッドと共にインターネット通販企業のニッチ・リテールを立ち上げ、九年間で年商約一千九百万ドルの企業へと成長させた。タイラーとブラッドは、アーンスト・アンド・ヤングが主催する「アントレプレナー・オブ・ザ・イヤー」のファイナリストに選ばれ、彼らのニッチ・リテール社は『インク』誌による急成長している民間企業トップ五〇〇社の一社に選ばれた。あなたもコア・フォーカスに焦点を当てれば、同じような成果を生み出せるのだ。

重要な点を一つ。コア・フォーカスを明確にする作業をするには、収益を生み出すビジネスモデルがなければならない。ビジネスモデルがあれば、あとはビジョンに集中して実行に移すだけで、利益も伴うように

なる。

ゴルフをする人は、ゴルフクラブのフェース面にスイートスポットがあることをご存じだろう。スイートスポットの大きさはクラブによるが、ここではフェース面の五〇％ほどと仮定しよう。ボールをうまくスイートスポットに当てれば、打った感触も良く、ボールはまっすぐに遠くまで飛び、スコアを伸ばせる。ゴルフクラブと同様に、会社にもスイートスポットがある。コア・フォーカスが明確になった今、あなたはどれがスイートスポットかを知っている。スイートスポット（取り引きの五〇％ほどを占めるものだろう）にとどまれば、会社はさらに飛躍し、利益というスコアを伸ばせるだろう。

一度コア・フォーカスが定まったら、従業員、プロセス、システムを整備して、コア・フォーカスを一貫して推し進められるようにしよう。そのコア・フォーカスに関するあらゆる機会を使い果たすまで、「キラキラしたもの」に注意を逸らされてはいけない。

これでコア・フォーカスの作業は終わりだ。コア・フォーカスをビジョン・トラクションシートに記入しよう。

◆10年目標は？

コア・バリューとコア・フォーカスが決まったところで、次の問いはこれだ――「10年目標」は？　今から十年後、会社にどうなっていてほしいだろうか？

成功する人と企業に共通する特徴が一つある。目標を設定してそれを達成する習慣を持っていることだ。目標を言えない起業家が多いことにしばしば驚かされる。彼らは舵のない船のようなものだ。目指す方向がわからないのに、どうやって自分は正しい方向に向かっていると判断するのだろうか？　プロ野球選手のヨギ・ベラはこう言った――「自分がどこへ向かっているかわからないときは注意しよう。そこにたどり着けないかもしれないからだ」

ジム・コリンズとジェリー・I・ポラスは、著書『ビジョナリー・カンパニー』のなかで、何十年も存続している企業にはもう一つの共通点があることを突き止めた。彼らは皆、十～二十五年後の大きな目標を設定していたのだ。コリンズとポラスはこれをBHAG《ビーハグ》（社運を賭けた大胆な目標/Big Hairy Audacious Goals）と呼び、こうした企業は「達成不可能に見えるほど大胆な長期ビジョン」を持っていると書いている。

これも、10年目標と短期の目標との大きな違いだ。長期目標は全員が努力すべき大規模な目標であり、組織内の全員に長期的な方向性を与えるものでもある。10年目標が明確になったら、その目標にたどり着くために、経営チームは今すぐやり方を変えよう。

プライス・プリチェットは著書『Ｙｏｕ２』（未邦訳）のなかで、飛躍する方法をこう説明している――「手段ではなく、結果に集中しなさい」。結果とは長期目標のことだ。彼はさらにこう続ける。「実現したいことについて明白なイメージを持たなければならない。……飛躍したあとにたどり着く場所に全力で集中しよう。……一度それをやれば、そこにたどり着くための方法や手段が自ずと見つかるだろう。解決策が見えるようになる。答えの方からあなたの元へとやってくる」

本書で期間を十年と定めたのは、これまでのＥＯＳのクライアントの九〇％が十年を選んだからだ。五年の期間を好む人もいれば、二〇年という長期間を好む人もいる。期間の長さは自由に選んで構わない。

【10年目標の例】

ジーナコンプ：年商一千万ドル、純利益率一五％

オータム・アソシエイツ：すべてのクライアントから推薦をもらい、推薦からすべてのクライアントを獲得する

マッキンリー：二万棟の集合住宅を所有・管理する

アトラス・オイル・カンパニー：五十億ガロンの石油を動かす

シェクター・ウエルス・ストラテジー：ターゲット市場でシェア一五％

◆10年目標を設定する方法

経営チームで集まって、組織をどこへ導きたいかを話し合おう。ただし注意点がある。すでにコア・バリューとコア・フォーカスがあるとしても、10年目標は同じようには決まらないだろう。私の知る限り、一回目の議論で10年目標が決まったチームはない。最初は我慢強くいこう。

私がお勧めする方法は、最初に全員に何年先を見越したいかを訊ねることだ。それから、その時点で組織の年商はいくらになっているかを訊ねる。これは実に楽しい問いで、みんなからいろいろな答えが返ってくるだろう。さまざまな数字を基にみんなが議論を始め、最終的に合意に至るだろう。この二つの質問で議論が活性化したら、今度は全員に目標は何だと思うか訊ねよう。最終的な結論に至るまでに、ミーティングが数回必要になるかもしれない。ＥＯＳのクライアントのなかには、私が四半期ごとに会社を訪問して、答えが出るまで同じ質問を繰り返さなければならない会社もある。

目標が決まったら、全員がそれに合意していて、意欲をかきたてられるものになっているか確認しよう。どの目標設定にも言えるが、10年目標もグレーゾーンがないよう、具体的で測定可能なものにすること。適切な目標はピンと来るものだ。その目標を取り上げるたびに、組織の全員から情熱、興奮、エネルギーが湧き上がれば、それが答えだ。

10年目標の期限が迫るクライアントや、達成しそうなクライアントは、その達成期限が間近になったらどうしようかとしばしば疑問に思うだろう。一般的には10年目標の期限の三年前になったら、その目標を「3年イメージ」（この用語については79ページで説明する）に設定し、新たな10年目標を設定する。

ビジョン・トラクションシートの三段目のセクションに、あなたの十年後の理想を書き加えよう。

◆マーケティング戦略

これから話すことの教訓は、みんなを喜ばせようとすると、自分を見失うということだ。

このセクションでは、営業とマーケティングをレーザー光線のように集中させる。多くの企業はコンサルタント料、一貫性のないマーケティング・メッセージや印刷に何千ドルも費やし、時間を浪費するが、それもこれも彼らが最初に明確な戦略を立てないからだ。集中的に努力すれば、適切な事業でもっと売り上げや契約を増やせる。それを土台に今後の資料、計画、メッセージ、広告を作り出せるようになる。

マーケティング戦略を練ることで、差別化され、理想の顧客の目に留まりやすくなる。従業員は皆、理想の顧客は誰か、その顧客のために何をするべきか、どうやってそれをやるべきかについて明確な方向性を持てるようになる。最終的には、取り引きすべき顧客とそうでない顧客を区別できるようになるだろう。それはつまり八方美人をやめるということだ。

ダグラス・ラシュコフは、著書『Get Back in the Box: Innovation from the Inside Out（箱の中へ戻れ――イノベーションは内側から）』（未邦訳）のなかで、企業は答えを求めて外を探しまわるのをやめるべきだと強調している。マーケティングの専門家やコンサルタントを雇うのではなく、自分たちの経験、コア・バリュー、中核的なビジネス（コア・フォーカス）を活用するべきだと主張する。「外側から問題を解決するのをやめる」べきなのだ。「箱のなかに戻って、最も得意とすることをやることだ。コンサルタントや宣伝キャンペーンや事業計画に頼るのではなく、中核的な情熱に規律正しく取り組むことで、真のイノベーションが起きる」と彼は言う。

マーケティング戦略は四つの要素で構成されており、どれもビジョン・トラクションシートの第四セクションに含まれている。

一．ターゲット市場（理想の顧客リスト）
二．３つのユニーク
三．証明されたプロセス
四．満足保証

◆ターゲット市場について

マーケティング戦略の最初の項目はターゲット市場（理想の顧客リスト）だ。ターゲット市場を突き止めるには、理想の顧客を定義しなければならない。それは誰か？　どこにいるのか？　どんな人たちか？　その人たちのデモグラフィック（年齢、職業など）、ジオグラフィック（住居、勤務地など）、サイコグラフィック（ライフスタイル、行動など）の特徴を把握する必要がある。ターゲット市場を突き止めたら、それをフィルターにしよう。そのフィルターを通せば、営業部隊がターゲットとすべき完璧な見込み顧客のリストができあがる。

小規模企業は、おそらく完璧とは言えない方法で顧客を探し現在の地位を築いたのではないかと思う。起業したての頃は、お金を払ってくれる顧客は誰でも優良顧客に見えただろう。その結果、顧客のなかにはターゲット層ではない顧客もいるだろう。利益にならない人や、無茶な要求を突きつけてくる人もいるだろう。ほとんどの企業は、手当たり次第に営業やマーケティングを行っている。ターゲット市場を定めて理想の顧客リストを作れば、散弾銃のような手当たり次第のアプローチではなく、ライフル銃のように狙いを定めてアプローチできるようになる。その結果、営業やマーケティングはより効果的になる。

父が経営する不動産販売の研修企業が苦境にあった頃、売り上げを回復させるために、理想的なターゲット市場を決めたのが役に立った。最終的には、北米を拠点とし（ジオグラフィック）、二百人以上のエージェントを有する不動産会社の社長およびＣＥＯ（デモグラフィック）で、外部による販売研修は価値があるし、必要だと考える人たち（サイコグラフィック）を理想の顧客だと認識するようになった。

この明確な基準をフィルターにして（私たちは業界のあらゆる刊行物、データベース、リソースを調べた）、理想の顧客が誰で、何社あるかを突き止めた。全部で五百二十五社あった。大きいバインダーを作り、理想の顧客リストを綴じた。バインダーには五百二十五社の社長とCEOに関する連絡先や関連情報を入れた。

そのバインダーを営業部隊でもある三十人のトレーナーに配り、業務に取りかかってもらった。理想の顧客リストに焦点を絞ってから、売り上げが好転した。最終的に私たちは理想の顧客リストのうちの五〇％超を顧客として獲得し、維持すること成功した。これは特別な事例ではない。ターゲット市場を定め適切な顧客に適切な提案を続けた結果だ。

ターゲット市場を定義すると、それに相応しいリターンが得られる。これをやったあとのクライアントは、昼と夜のように態度や意識が変わる。かつては目に入る顧客なら誰でもアプローチしていた人たちが、今では潜在顧客と話し始めて十五分でふさわしい顧客かそうでないかを識別できるようになった。その結果、彼らは前のように苦戦することなく優良顧客を獲得している。そぐわない見込み顧客のために貴重な時間を浪費することもなくなった。さらに彼らは、ターゲット市場の範囲外の既存顧客のなかでも、無茶な要望を突きつける収益性の低い顧客との取り引きをやめるようになった。

◆理想の顧客リストの作り方

経営チーム全員で集まり、次の問いについて自由に自分の考えを出し合おう。

- 理想の顧客のジオグラフィックな属性。彼らはどこにいるのか？
- 理想の顧客のデモグラフィックな属性。どんな人たちか？　（B2B企業に売り込む場合は肩書き、

業界、規模、業種を考慮すること。B2C企業の場合は、年齢、性別、所得、職業を考慮しよう)

●理想の顧客のサイコグラフィックな属性。彼らはどのような考え方をするか? 何を必要としているか? 何に価値を感じるか?

これらの問いの答えを基に、理想の顧客リストを作成しよう。潜在顧客の連絡先情報も記入すること。理想の顧客リストの作成は手間がかかる。簡単な話ではない。現在の潜在顧客リストを検証し、既存の顧客から誰かを紹介してもらい、業界誌を読み、リストを購入し、情報を収集し、営業担当者にも世論の動向に注意してもらう必要がある。理想的な顧客名を集めたら、データベースに保存すること。潜在顧客のリストをまとめたら、営業/マーケティングのマネージャーがそのリストを特定の場所で保管するか、少なくともその保管場所を把握して適宜管理し、営業やマーケティングの担当者たちがこれらの顧客に注力しているか確認する必要がある。

このセクションの最後に新しいマーケティング戦略を立てるが、この戦略を基に理想の顧客にアプローチする一番良い方法を決めよう。ほとんどの企業は、新しく定めたターゲット市場への一番良いアプローチは、クライアントに見込み顧客を紹介してもらうことだとの結論に至る。ターゲット市場にアプローチする方法は多種多様にあり、会社にとってベストな方法を選ぼう。マッキンリーは銀行との関係を利用し、イメージ・ワンは売り込み電話、紹介、DMの組み合わせ、ジーナコンプは人脈を利用している。あなたのコア・バリュー、コア・フォーカス、10年目標、マーケティング戦略が明らかになれば、自ずと答えが見つかるだろう。営業とマーケティングの担当者たちは、このマーケティング戦略を基にターゲットを絞ってアプローチしよう。

そのアプローチは雪だるま式に広がり、やがてはその営業方法が根づくようになる。最初の頃よりもずっと容易に新規顧客を獲得できるようになるだろう。

ビジョン・トラクションシートのターゲット市場に記入しよう。

◆3つのユニーク

この言葉をマーケティング用語で言うと「差別化要因」や「提供価値」に相当する。簡潔に言えば、差別化する何か、際立たせる何か、競争力となる何かのことだ。会社を十社の競合他社と並べた場合、3つのユニークのうち一つは他社と共通するかもしれない。二つ重なる会社もあるかもしれない。が、三つとも同じになる競合はいないだろう。あなたの理想の顧客にとって、会社が唯一無二に見えるような三つの特質を決めよう。

繰り返すが、ここで決めるのはフォーカスすべき事業だ。

営業部隊は、あらゆる要求に「もちろん、やらせていただきます。ええ、もちろん、それもやります」と応じるのではなく、「それをお求めでしたら、我が社ではお役に立てそうにありません。うちが得意としているのはこの三つの分野ですから」と答えるようにすることだ。実のところ、あなたの会社が提供する商品やサービスを求めていない人は、そもそもよい顧客ではない。最終的に双方ともが不満を抱えて終わるだろう。

その好例がサウスウエスト航空だ。同社は「低運賃」「定刻通りのフライト」「楽しむこと」にフォーカスしている。これがビジネスモデルのすべてを動かす原動力となっている。サウスウエスト航空に乗ったことがある人は、同社が余計なサービスを提供しないことをご存じだろう。万人受けはしないが、問題はない。サウスウエスト航空は理想の顧客を重視しており、それこそが重要なことだからだ。

同社を描いた本『破天荒！』（日経ＢＰ）に、サウスウエスト航空に乗るたびに同社にクレームの手紙を送る女性の話がある。その女性は、座席指定がない、ファーストクラスがない、機内食がない、客室乗務員の制服、カジュアルな雰囲気といった問題を指摘して不満を言う。この本によると、そのうちの一通が当時のＣＥＯハーブ・ケレハーの机に置かれたそうだ。ケレハーは六十秒でこんな返事を書いたという。「クラブル様、もうお乗りになれなくて残念に思います。さようなら。ハーブ」

自分の組織の３つのユニークを信じ、その強みは理想の顧客にとって重要なことだと確信するなら、それ以外の顧客に迎合する必要はない。

◆3つのユニークの選び方

この作業には、営業チームを交えてもいいだろう。製品、サービスの特徴をすべてリストにまとめよう。理想の顧客は、会社の何を唯一無二だと思っているのだろうか?　彼らに訊ねてみよう。電話をかければほんの五分で済む。

絞り込み作業では、難しい判断を下すことになる。組織を唯一無二の存在にする要素で、あなたと顧客にとって重要な三つの要素は何かを議論して決めよう。個々の強みは、競合他社の強みと重なっても問題はない。重要なのは、組織を差別化するための３つのユニークの組み合わせだ。会社が得意とする三つのことができる会社が他にあってはならない。

【例】

アイデンティティ・マーケティング・アンド・パブリック・リレーションズ（宣伝・マーケティング会社）

一．私たちはあなたの仕事を理解する
二．私たちは結果を生み出す
三．すべての業務を社内で行う

マッキンリー（不動産管理）

一．きめ細かい顧客サービスと営業
二．人間に投資する
三．経営者の視点で考える

オータム・アソシエイツ（損害保険、災害保険）

一．私たちの社員／コア・バリュー
二．紹介のみ
三．顧客の選択プロセス

ビジョン・トラクションシートにあなたの三つのユニークを書き加えよう。

◆証明されたプロセスについて

父はいつも私に「見せることができるものを、口で説明してはいけない」と説く。ほとんどの企業では、営業担当者が新しい潜在顧客と会うと、無数の言葉を並べ立て、文字や図表がつまったパワーポイントを見せて、新規の契約を獲得しようとする。すべての説明を終える頃には、彼らはありきたりの企業にしか見えなくなっている。

顧客にサービスや製品を提供する方法のなかに、確実にうまくいくことが証明されているプロセスがあるはずだ。毎回その方法でやり、そのたびに同じ成果をあげる。あなたを今の地位へと導いてくれたプロセスだ。そのプロセスをビジュアルな資料にまとめて、営業チームを指導しよう。証明されたプロセスを図表で説明し、プロセスに名前をつけて一枚の紙にまとめること。顧客との最初のやり取りから、商品またはサービスの提供、その後の継続的なフォローに至るまで、各ステップを説明するのだ。

一般的に、どの会社の証明されたプロセスにも三～七つほどの主な段階がある。例として77ページにＥＯＳプロセスを紹介する。営業の場面で証明されたプロセスを使うことを決めれば、二つの強力なメリットを期待できる。一つは、潜在顧客が取り引きに信頼と安心感を覚えるようになること。もう一つは、ほとんどの会社が業務を図表化していないなか、あなたの会社が競合他社よりも突出することだ。

セールスのプレゼンをして潜在顧客に大量の情報を浴びせる代わりに、「私たちがいかにしてお客様にすばらしい成果をもたらしているかを説明しましょう。我が社には、『（あなたの会社名）の差別化戦略』と呼ばれる、証明されたプロセスがあるのです」と提案するのだ。

証明されたプロセスは、組織の内部でも役立つだろう。組織の各従業員は、自分の行動がいかに顧客に影響するか、プロセスにおける自分の役割がなぜ重要なのかを認識できるようになる。

◆証明されたプロセスの作り方

ステップ　一——チームのメンバーと一緒に、証明されたプロセスの主な段階をホワイトボードに図示し、各段階に名前をつける。これらの段階は、従業員が顧客と接するタッチポイントでもある。大抵の場合、三～七段階ほどが挙がるだろう。

【例】

金融サービス企業のシェクター・ウエルス・ストラテジーは、三時間をかけて証明されたプロセスを作った。議論と検討を重ね、チームは自分たちの証明されたプロセスは六段階から成るとの合意に至った。

一．ニーズのヒアリング
二．ソリューションのプレゼン（一回目）
三．競争入札
四．ソリューションのプレゼン（二回目）
五．ソリューションの導入
六．レビューとサービス

ステップ　二――プロセスの段階が決まったら、各項目の下に二～五つの項目を追加して、その段階で営業担当者が潜在顧客に売り込むときに取り上げる話題を書き込もう。たとえばシェクターのケースでは、第一段階の下に三つの項目が並んでいる。⑴我が社について、⑵御社について、⑶御社の目的を明らかにする。

ステップ　三――証明されたプロセスに名前をつけよう。名前が思いつかない場合は、EOSの多くのクライアントと同じように、「我が社の証明されたプロセス」とか「(あなたの会社名)の差別化戦略」で構わないだろう。

ステップ　四――証明されたプロセスが決まったら、グラフィックデザイナーに頼んで、コーポレートカラー、ロゴ、雰囲気を反映した視覚資料を作ってもらおう。それほどお金はかからないだろう。グラフィックデザイナーには、会社の証明されたプロセスがあなた、従業員、顧客の目に魅力的に映るようデザインしてもらうだけでいいだろう。

ステップ　五――プロに頼んで、良質の紙にカラー印刷またはラミネート加工してもらい、ストックしておこう。それがあれば、潜在顧客から見たあなたの会社の知覚価値が大いに上がるだろう。

ビジョン・トラクションシートに証明されたプロセスを記入しよう。

◆満足保証

マーケティング戦略の四番目にして最後の要素は、満足保証だ。フェデラル・エクスプレスは翌日配達を「絶対に、確実に、一晩で届けなければならないときに」と宣伝した。ドミノ・ピザもピザのデリバリーで「三〇分以内に配達できなかったら無料」とうたった。今では、病院の緊急治療室（ＥＲ）が同じコンセプトを採用して、待ち時間三〇分以下を保証している。待ち時間ゼロを保証するところもある。

保証は、業界全体に関わる問題を突き止めて、その問題を解決するチャンスとなる。一般的なのはサービスやクオリティに関する問題だ。顧客の期待に応じられることは何かを決めよう。それを保証すれば、顧客を安心させることができ、より多くの顧客を獲得できるだろう。

保証を提示しにくいビジネスもある。ＥＯＳのクライアントの五〇％は保証をうたっていないが、それは事業の活性化につながりそうな魅力的な保証を思いつかないからだ。保証がなくても会社が潰れることはないが、保証があればビジョンをより早く達成できる。現在、ビジネスが振るわないのは、潜在顧客に十分な安心感を与えていないからかもしれない。安心感を与えられれば、より多くの顧客を獲得できるだろう。

イメージ・ワンは一つの保証を打ち出し、それを八年以上宣伝に活用している。レーザープリンターのサービスを提供する同社の場合、顧客はプリンターが故障すると何日も生産性が下がるという問題を抱えていた。共同経営者のジョエル・パールマンは「四時間で復旧できなければサービス料金を無料にします」と保証して、その問題を解決した。

満足保証にはもう一つのメリットがある。保証をうたうと、組織の全員がそれをやり遂げなければならなくなることだ。その結果、あなたは社内を見渡して、保証を実行するために適切な人、適切なプロセス、適

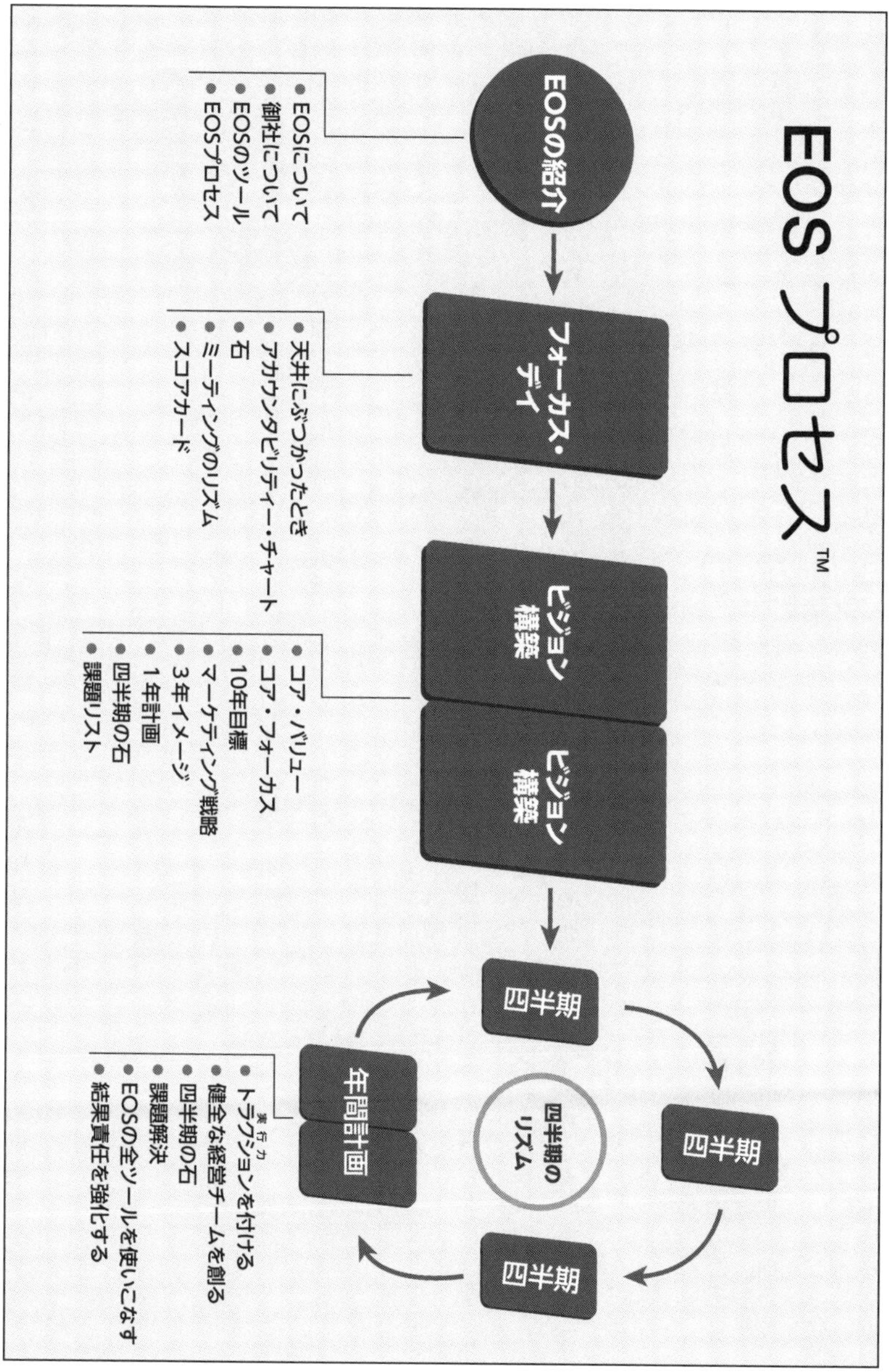
EOSプロセス™
EOSの紹介
● EOSについて
● 御社について
● EOSのツール
● EOSプロセス
フォーカス・デイ
● 天井にぶつかったとき
● アカウンタビリティー・チャート
● 石
● ミーティングのリズム
● スコアカード
ビジョン構築
ビジョン構築
● コア・バリュー
● コア・フォーカス
● 10年目標
● マーケティング戦略
● 3年イメージ
● 1年計画
● 四半期の石
● 課題リスト
四半期
四半期
四半期
四半期のリズム
年間計画
● トラクション《実行力》を付ける
● 健全な経営チームを創る
● 四半期の石
● 課題解決
● EOSの全ツールを使いこなす
● 結果責任を強化する

切なシステムがあるか確認するようになる。なければ、改善しなければならない。みんなが本領を発揮すれば、クライアントはその保証を利用する必要もなくなるだろう。

◆満足保証の選び方

あなたの会社と取り引きする際に、潜在顧客が感じていそうな大きな欲求不満、懸念、不安を経営チームと共に自由に出し合い、それをリストアップしよう。万が一約束を果たせなかったときには、保証として具体的な代償で補うことが理想的だ。満足保証は、ビジネスを促進するか、成約率を向上させるものでなければならない。でなければ、その保証をうたっても時間の無駄になるだけだ。

何社かの優良顧客か見込み顧客からフィードバックをもらってもいいだろう。私のクライアントのなかには、「保証」という言葉を使うのをためらう人もいる。その場合は、誓約、取り組み、約束などの言葉を用いよう。表現を変えると、創造的なアイデアが思いつきやすくなるようだ。

提示したいと思える保証内容で、潜在顧客を安心させ、契約件数の増加につながりそうなものをすべてリストにまとめよう。そしてリストのなかから一番良いものを選ぼう。前述の条件をすべて満たし、なおかつ適切だと思えば、それで決まりだ。

一回目のミーティングでは見つからないかもしれない。忍耐強く待てば、適切な保証が見つかるだろう。保証を意識するだけで、アイデアを見つけやすくなる。たとえば、先日私が車で自動車整備工場の前を通り過ぎたとき、その工場には「代車無料」と書かれたのぼりが掲げられていた。これは、車なしで過ごさなければならない顧客の不満に応えますと訴える文句だ。ラジオでも、ある金融機関が「担保付き融資を十四日以内に受けられます。受けられない場合は五百ドルを支払います」と宣伝していた。一度意識すると、あちこちで保証という言葉を見かけるか、耳にするだろう。あなたの保証もそのうちに見つかるだろう。

ビジョン・トラクションシートの満足保証に記入しよう。

マーケティング戦略の四つの要素がはっきりと定義されたところで、このセクションの内容をまとめよう。これで組織の全員に一貫性ある明確なマーケティング戦略を伝えて協力を求められるうえに、各々がすべきことをしっかり認識できるようになる。これを土台に、会社の営業とマーケティングの資料、メッセージ、プレゼンテーションを発展させよう。

理想の顧客リストにあるすべての潜在顧客に連絡を取り、会社の独自性を伝え、証明されたプロセスを示し、保証を提示しよう。営業とマーケティングをこれだけ精密に展開すれば、売り上げは劇的にアップするだろう。

◈3年イメージは?

ビジョン・トラクションシートの最初の四つのセクションを書き終えると、自分たちが誰で、何をしていて、どこに行こうとしているか、どんなマーケティング戦略を使ってそこへたどり着こうとしているかが見えてくる。次に、三年後に会社がどのような姿になっているかを思い描こう。

生活もビジネスも急速に進化する二十一世紀では、三年以上先を見すえて詳細な戦略を練っても、ほとんど役に立たない。この間に多くのことが変わるからだ。この種の計画に時間とお金を投資しても、大抵の場合見返りはごくわずかだ。それでも三年後の組織の未来像を描くことには価値がある。これによって二つの重要な目的を達成できるからだ。一つは、従業員があなたの発言の意図を理解できるようになり、そのシナリオに加わるかどうかを決められるようになる。従業員にそのビジョンが見えていれば、実現する確率が高くなる。もう一つは、「1年計画」のプロセスが大幅に改善することだ。会社の三年後の姿をはっきりイメージできれば、その目標を達成するために今後十二か月間に何をすべきかを決めやすくなる。ナポレオン・ヒルが語ったように、「人の心が思い描き信じたものは、何であろうと実現可能」なのである。

ビジョン・トラクションシートを見ればわかるが、「3年イメージ」のセクションは最初に測定可能な指標を記入し、それから三年後のイメージを箇条書きで書いていく。実にシンプルだが効果的だ。このセクションでは、その意義を軽く見てはいけないし、考えすぎてもいけない。目的地のイメージを描けばいいのであって、その途中で遭遇するあらゆる障害について議論する必要はない。

◆3年イメージを描く

経営チームを集めて一時間のミーティングを開こう。全員で集まったら、各メンバーにビジョン・トラクションシートのコピーを配る。最初に達成想定日を決めよう。個人的には年末に設定すると、従業員もイメージしやすくなるのでお勧めだ。

次に、年商を決めよう。まずはみんなに「今から三年後の当社の年商はいくらだと思いますか?」と訊ねてみよう。これはいつも楽しいセッションとなる。会社の成長速度について経営チームが調和しているかを把握できるからだ。大抵の場合、幅広い答えが返ってくるが、最終的に一つの数字に絞り込むこと。ある新規のクライアントでは、二千万ドル～一億ドルという開きがあった。この二人が描く未来像がいかに違うか想像できるだろうか? この二人が同じ会社で共存しようとすると、ややこしさ、混乱、フラストレーションが伴うに違いない。このクライアントは最終的に三千万ドルで全員の合意を得た。

ウルフ・グループの場合、一千万ドルから二千五百万ドルという幅広い提案が出たが、最高額と最低額はそれぞれ二人の共同経営者から出されたものだった。当時同社は従業員数五十一人、年商四百万ドルの規模だった。議論と論争と調査を何度も繰り返したあと、年商一千五百万ドルで決まり、経営チームと共に二人の共同経営者も同じ認識を共有し、同社の未来にみんなが興奮した。クライアントと仕事をするたびに、私は3年イメージを描くことの重要性を再認識させられている。

次なるステップは、利益の金額を決めることだ。年商のときと同じような議論になるが、もっと早く決まるだろう。そのあとは具体的な成功指標を決めよう。成功指標を設定すると、それを実現するために事業範囲と組織の規模をどうすべきか意識するようになる。どの組織も、組織の規模の大きさの指標となる具体的な数値を一つか二つは持っている。たとえばクライアントの数、大手クライアントの数、部署数、生産する商品の数などだ。

アトラス・オイル・カンパニーはガソリンスタンドにガソリンを運んでいる。昨年は七億二千五百万ガロンを供給した。同社は3年イメージの成功指標に、十億ガロン超を設定している。この数字を達成するには、経営チームは三年間で組織の規模を二倍近く大きくする必要がある。もう一つ重要なことがある。成功指標を定めることで、経営チームはこの規模に成長することに同意し、その心構えがあることを示すことになる。

もう一つの例として「ズープ!」という、スープとサンドイッチを提供するフランチャイズのカジュアルレストランを紹介しよう。同社の成功指標は店舗数だ。昨年、ズープ!の加盟店は三十八店舗だったが、同社の3年イメージの成功指標は九十四店舗だ。

成功指標が決まったら、今から三年後の今日に組織はどうなっているかを、経営チームの全員に数分かけて考えて箇条書きにしてもらおう。従業員の数や資質、増やすべきリソース、オフィス環境および広さ、業務の効率化、体系化、テクノロジーの必要性、製品ミックス、顧客ミックスなどの要素を考えてもらおう。

これらの答えを組み合わせて議論と論争を重ねると、3年イメージには、組織がどうなっているかを説明する文が十〜二十ほど挙がるだろう。さらに、経営チームの各人に、その頃自分は組織のなかでどんな役割を担っているかも語ってもらおう。みんなの動機からおもしろい洞察が得られるうえに、みんなの期待を一つに合わせられるかもしれない。

経営チームの全員が三年後の姿を生き生きとイメージできるようになるまで、3年イメージを確定させてはいけない。一人が3年イメージを声に出して読み上げ、全員が目を閉じてそれを聞く。全員が、心のなかでそのイメージをくっきりと描けなければならない。全員がその姿を信じ、最終的にはそれを望む必要がある。結局のところ、彼らはそれを実現するチームなのだから。このセッションでは、みんなに発言させて、積極的に議論してもらうが、最終的には全員が主要な要点すべてについて合意しなければならない。これであなたが組織全体を導くための3年イメージが確定した。

ビジョン・トラクションシートの3年イメージに答えを記入しよう。

◆1年計画は?

これからビジョン・トラクションシートの実行面に移る。このシートは長期的なビジョンを実践し、実現するためのツールだ。つまり今年何をするべきかを決めるのである。

レス・イズ・モア（Less is more）、少ないほうが良いという言葉を思い出してほしい。ほとんどの企業は、一年間でたくさんの目標を達成しようとする。一度にすべてをやろうとするも、わずかしか達成できずに挫折感を味わう。あるクライアントは、最初の二年間は目標について絶対に譲ろうとはしなかった。私は彼に会社の目標を三～七つほどに絞り込むよう何度も説得し、毎年一緒に目標を設定したが、彼は目標を増やし続けた。セッションを終える頃には、十二～十五ほどの項目がその会社の一年の目標に掲げられていた。年末になると、彼らはほとんどの目標を達成できずに不満を募らせた。三年目を迎える頃、彼はようやく気づいた。自分たちが多すぎる目標を背負っていたことを。この気づきをきっかけに、経営チームに翌年の目標を三つに絞ってもらった。彼らはその通りにし、年末には三つの目標すべてを達成し、売り上げを一九％伸ばして過去五年間で最高益を実現した。すべてが重要なときは、どれも重要ではないということだ。EOSでは、いくつもの目標ではなく、一握りの目標に集中してもらう。一握りの目標に集中することで、より多くのことを実現できるだろう。これがフォーカスの力だ。

◆1年計画の立て方

経営チームを交えた二時間のミーティングを組もう。全員が席に着いたら、達成想定日を決める。そのミーティングが行われたのが何月何日であろうと、年末か年度末を達成想定日に設定するといいだろう。たとえば七月なら、十二月三十一日を達成想定日に選ぶ。十二月三十一日が来たら、まったく新しい1年計画を練り直せばいい。一年未満でも計画を立ててそれを実行すれば、本格始動する前にこのプロセスを経験できる。

3年イメージのセッションと同様、数値目標を決めよう。目標とする年商は？　目標とする利益額は？　成功指標は？　ここでは3年イメージの成功指標と矛盾しない数字を設定すること。

3年イメージを念頭に議論を重ね、三年後の姿を実現するために今年達成しなければならない最優先事項を三〜七つほど選ぼう。これらがあなたの目標となる。具体的で、測定可能で、達成可能な目標を設定すること。これは重要だ。年末に1年計画の反省をするときに、クライアントたちが目標の解釈をめぐって論争する場面を私は数え切れないほど目にしている。論争を避けるためにも、弁解の余地がないほど具体的な目標を定めること。外部の人が読んで理解できるものにしよう。測定可能ということは、あなたにも測定できるということだ。「販売」ではなく「新契約高百万ドル」、「顧客満足度をアップさせる」ではなく「顧客満足度を九点にまで高める」など、あいまいな目標ではなく具体的な目標だ。

「達成可能」とは、実行可能ということだ。起業家は、非現実的な目標を設定するという大きな過ちを犯す。チームがその目標を達成できると確信できなければ、誰もその目標の責任を引き受けようとはしないだろう。背伸びしなければ届かない「ストレッチ目標」ばかりでは、どうやって成功を判断できるのか？　目標とは達成するために設定するものだ。

1年計画を支援するために、きちんと予算を確保すること。多くの会社は、その計画を実行可能にするための財務予想を立てずに目標を定める。予算があれば、その計画を実現するのに必要なリソースがすべてそろうと確認できるし、その売上目標を達成すれば、利益目標も現実味を帯びてくる。大抵の場合、最初に立てた利益目標は、議論するうちに現実的な数字まで下がってくるものだ。

ビジョン・トラクションシートの1年計画に、答えを書き込もう。

◆四半期の石は?

1年計画が決まったら、今度は視野を狭めて今後九十日間で重要なことは何かを考えよう。次の四半期で最も重要な優先事項は何かを決めるのである。本書ではこうした優先事項を「石」と呼んでいる。四半期の石を設定することで、組織に「90日の世界」ができあがる。これはとてつもないトラクション《実行力》をもたらす強力な概念だ。では、どうやるのか? 九十日ごとに経営チームが集まって、1年計画に基づいて次の九十日間の優先事項を決めるのだ。みんなで1年計画の目標を達成するために、次の四半期では何をすべきかを議論し、最終的な結論を出す。これをやると、3年イメージなどの目標を達成しやすくなる。

成長中の組織においては、人々はリソース、時間、注目を求めて闘うのが常だ。対立することもあるだろうが、一度石が決まったら、次の四半期でどの目標が優先されるべきかについて全員が一致団結しなければならない。石にフォーカスすることで、このプロセスは非常に生産的なものになる。ほとんどの組織は、あらゆることを争いながら次の四半期を迎える。すべてを優先させようとして、わずかしか達成できない。四半期ごとにチームで石を決めることで、会社は力強く勢いを増し、やがては目標に到達するだろう。

石を決めるための一連のプロセスについては、第8章で説明する。石が決まったら、ビジョン・トラクションシートに記入しよう。

◆課題は何か?

ビジョン・トラクションシートの八番目にして最後のセクションは「課題リスト」だ。ビジョンの一部に課題リストを入れるのは奇妙に思えるかもしれないが、実際にはこのリストは前の七つの質問と同じぐらい重要だ。目指すべき目的地が決まったのだから、その目的地にたどり着くのを邪魔する障害をすべて突き止める必要がある。

課題を早く特定すればそれだけ、会社にとって有利となる。課題は常にあるものだ。ビジネスの成功は、課題を解決できる能力にかかっている。経営チームはオープンで正直に課題を話し、頭のなかで抱えている課題を吐き出して、文書にする必要がある。この作業が、課題解決の第一歩である。

◆課題を認識する方法

この演習はせいぜい十五分ぐらいで終わるだろう。会社のビジョンを達成する際に直面する障害、懸念材料、チャンスは何かをチームに考えてもらおう。あとは自由な議論を促そう。課題を適当にごまかさないこと。課題が次から次へと出てくるような開放的な雰囲気を作ろう。

本章で出された八つの質問に経営チームのみんなで答えるうちに、ほとんどの課題が浮き彫りになるだろう。課題が浮上するのは、チームの誰かが「でも、×××はどうしたらいいでしょうか?」とか「×××があるから無理でしょう」とか「×××ですから、ビルが承知しないでしょう」などとためらったときだろう。どれも課題だ。あなたが本書を実践し終える頃には、課題を察知できる第六感が発達するだろう。やがて、それを課題リストに追加するルールが身についてくるだろう。次に障害にぶつかったときに、「もう一つ見つかったぞ」と言ってリストに追加するようになったら、課題リストが習慣化したと言えるだろう。

すべての課題が明るみに出たら、それをビジョン・トラクションシートの課題リストに記入しよう。その解決方法についてはまだ心配する必要はない。課題の解決方法については第6章で説明する。

これであなたは八つの質問に答え、明確なビジョンを定め、ビジョン・トラクションシートを記入し終えた。参考までに記入例を紹介しておこう。

全員共有

ビジョンのモジュールの前半であるビジョン・トラクションシートが完成したら、残りのEOSプロセスの土台も整ったことになる。後半は、ビジョンを従業員たちと共有することだ。従業員が会社のビジョンを共有していない最大の理由は、彼らがそれを知らないことだ。

ある調査では従業員の三十七%は自社の優先事項を知らず、8割は会社の目標に熱意が持てず、自分の業務と会社の目標がつながっていると実感していない。（欄外注：アメリカの主な業界に勤める従業員二万三千人超に対して行った調査。ハリス・インタラクティブとフランクリン・コヴィーによる）

従業員がそのビジョンに異論を唱えるか、疑問を抱くのではないかと心配する必要はない。こうした疑問は、従業員がそのビジョンを深めるきっかけになるだろう。従業員に計画の欠陥を指摘されるのを不安に思うかもしれないが、それは悪いことではないのだ。従業員が隠れた問題に気づいて指摘し、その結果内容が変わるか、問題が解決すれば、彼らはより一層献身的に取り組むようになるだろう。傷つくことを恐れてはいけない。

過酷な現実もある。ビジョンを共有できない従業員も現れるだろう。経営チームの責任は、ビジョン・トラクションシートを共有し、説得力のあるビジョンで従業員を鼓舞することだ。そのビジョンを理解する限り、彼らは共に尽力したいと思い、そのビジョンを後押しし、それを人に話すだろう。対照的に、ビジョン

EOS ビジョン・トラクション シート™

組織名 RCSインターナショナル

ビジョン

コア・バリュー（共有すべき価値観）
① 柔軟
② 革新的
③ 丁重
④ 精力的
⑤ チーム

コア・フォーカス 目的・使命・パッション
我が社のコア・バリューを実行して、熱狂的なファンを作り出す
ニッチ（得意とする分野）
カナダにおけるあなたのロジスティクス「パートナー」になる

10年目標 年商2500万ドル、純利益率10%

マーケティング戦略 ターゲット市場（理想の顧客リスト）
①カナダでダイレクトマーケティング事業を展開したい企業
②国際的なプロバイダーを使ってカナダに郵便物を送る大口顧客
3つのユニーク ① カナダ人の専門家
② バリューチェーンを理解している
③ 適切なルートを使った解決策
証明されたプロセス 適切なルートを使った解決策
満足保証

3年イメージ

達成想定日 20××年12月31日
年商 1500万ドル
利益
成功指標
45のクライアント／プロジェクト>5万ドル

実現したときのイメージ
- 150万ドル以上の顧客×3
- 100万ドル以上の顧客×3
- 20万ドル以上の顧客×15
- 新しいプロジェクトの50%は新規顧客
- 自社ビル
- レターショップの能力
- 従業員に適切なインセンティブを提供
- 全社レベルで自動化
- 業界での高い評価／思想的リーダー
- 交流の強化――寄稿や講演
- 買収を防ぐ

EOS ビジョン・トラクション シート™

組織名　RCSインターナショナル

トラクション

1年計画

達成想定日　20××年12月31日
年商　1000万ドル
利益　
成功指標
(年額) 5万ドル以上の顧客／プロジェクト×30

年間必達項目

① コントローラーを雇う
② 14件の新規プロジェクト>5万ドル
(新規顧客の半数)
③ リストを作成してセールスファネルを
管理するセールスソフトウェア
④ 協会や組織に8度接触する
⑤ OSを導入

石

達成想定日　20××年9月11日
売上　200万ドル
利益　
成功指標
(年額) 5万ドル以上の顧客／プロジェクト×20

四半期の石　責任者

① 数値目標つきの営業戦略
② を立てて実行　ジョー
③ 社風の活性化
四時間で簡単見積もり　ボブ
電話　8:30−17:30
月間イベント
コア・バリュー
④ 3000名の見込み顧客の
名前を集める　パトリック
⑤ ウェブサイトを立ち上げる

課題リスト (問題および機会)

① 設備
② 為替レート
③ OS
④ データベース
⑤ 見積もりの所要時間
⑥ 設備の必要性

・優先順位を付ける
・課題の解決トラック(IDS):
1) 原因を追求する(Identify)
2) 議論する(Discuss)
3) 解決する(Solve)

を理解しない人は目立つものだ。大抵の場合、そのような人は退職を促す前に会社を辞めるだろう。だが、あなたが心優しきマネージャーとなって彼らを雇い続けると、従業員全員に迷惑をかけることになる。本人のためにも、解放してあげなければならないだろう。

会社のビジョンは、次の三つのイベントを使って効果的に周知しよう。

一．キックオフミーティングを開いて、明確に定義されたビジョン（ビジョン・トラクションシートの内容）を発表する。これは、新たに作ったコア・バリューを初めて共有するチャンスでもある。質疑応答の時間も確保すること。

二．九十日ごとに、全社員を交えて短時間（四十五分以下）の「四半期ミーティング」を行う。このミーティングの目的は、達成したことや進歩したことを共有し、ビジョン・トラクションシートを見直し、次の四半期のために新たに設定した会社の石をみんなに伝えることだ。

四半期ミーティングは、従業員が会社のビジョンを共有し、理解し、受け入れるのに最も効果的な方法であることが証明されている。このミーティングは、三つのアジェンダで構成されている。

一．会社の過去の状況

二．会社の現在の状況

三．会社の今後

四半期ごとに、経営チームはこれらのアジェンダについて、関係の深いデータを三つ使って状況を説明する。さらに、従業員に内情を知ってもらうために、正確で強力なメッセージをはっきりと伝える。四半期ごとに一貫したメッセージを伝え続ければ、効果的なミーティングになるだろう。

三．四半期ごとに各部署に石を設定したら、チームでビジョン・トラクションシートの内容をすべてチェックしよう。

イベントでは質疑応答を行ってもよい。それを通じてビジョンを繰り返し伝えることになる。そうすれば彼らは、自分はこの会社に所属したいか判断できるようになる。コア・バリュー、コア・フォーカス、マーケティング戦略はいつも、従業員の行動指針となり、自分自身で良い判断が下せるようになる。となればあなたは、さらに「権限を委譲して、自分をレベルアップする」ことが可能になる。

人間は何かを初めて聞いたと認識するまでに、七回同じことを聞かされる必要がある。人間の集中力は短く、こと新しいメッセージを聞くと少し疲れてしまう。良きリーダーとして、一貫性のあるメッセージを伝え続ける必要がある。ビジョンを初めて話すときは、従業員はあきれた表情を浮かべて「また始めるんですか」と言うだろう（みんながこんな反応をするのは、これまで一貫性がなかったためだということをお忘れなく）。二回目に話すときも、彼らはやはり少し白目をむくだろう。だが四回目、五回目になると、彼らはこれは本気だと気づく。七回目になる頃には、彼らは仲間になっているだろう。「もう三回も言ったじゃないか。まったく！」といった態度を改め、「これで三回目だ。あと四回言わないと」と考える必要がある。

辛抱強くなろう。これは旅だということを忘れてはいけない。企業がいかにして従業員とビジョンを共有するか、実例を他にもいくつか紹介しよう

【例】

RE／MAXファースト：経営チームのメンバーである七人が、それぞれ十二人の従業員を加えてグループを作り（合計で八十四人）、グループの各人に一対一でビジョンを教え、会社の三つの強みについて質問する。

マッキンリー：経営チームが十二人の中間管理職をグループ分けして、助言する。

ザ・プロフェッショナル・グループ：コア・バリュー・チェックを突然行う。コア・バリューを全部言えた人は、その場で二〇ドルの新札がもらえる。

その他のEOSのクライアントのなかには、ビジョン・トラクションシートを拡大コピーして、みんなの目につくようオフィスに貼っている企業もある。

ある企業は、毎週二〇ドルのギフトカードを配るというおもしろい試みをしているという。前の週にギフトカードを受け取った従業員は、会社のコア・バリューのうちの一つを実践している人にもう一枚のギフトカードを渡すのだ。さらに彼らは、誰にギフトカードをあげたか、その人はどのコア・バリューを実践したかを全社員に電子メールで知らせなければならない。全員が受け取るまで、同じ人がギフトカードを受け取ってはならず、しかも毎回別の部署の人に渡すというルールがあるそうだ。五十二週目には、その会社はコア・

バリューにまつわる五十二のストーリーを広めたことになる。

八つの質問に対して経営チームの答えが一致したとき、会社は潜在能力をフルに発揮できる。組織の全員が会社のビジョンを共有し、貢献したいと願い、行動と言葉でそのビジョンを後押しするのだ。

そのビジョンを現実化するために、あなたも始めよう。

まとめ

ビジョンのモジュール

八つの質問に答えよう

●ビジョン・トラクションシート

一. コア・バリューは何か？

二. コア・フォーカスは何か？

三. 10年目標は？

四. マーケティング戦略は？

五. ３年イメージは？

六. １年計画は？

七. 四半期の石は？

八. 課題は何か？

全員共有

●みんなに伝える

―― 会社のキックオフミーティングを開く

―― 四半期ミーティングを開く

―― 部署で四半期ミーティングを開く

第4章

人

――自分の周りをすぐれた人で囲む

偉大なリーダーは、成功したのは「優秀な人たち」のおかげだと言うことに、お気づきだろうか？　これは一体どういう意味だろうか？　彼らにその意味を訊ねると、そのたびにさまざまな答えが返ってきた。のちに、どの答えも同じことを意味していたと悟ったが。確かに表現は違うが、背景はどれも同じだった。本章では「すばらしい人」、「プレーヤー」、「プラチナ人材」、「上位二五％」、「スーパースター」などの紛らわしい用語は一切使わず、この言葉の根本的な意味を追究する。

突き詰めると、「正しい人」を「正しい席」に座らせるということになる。この概念は、ジム・コリンズの著書『ビジョナリー・カンパニー』によって広まった。この概念はかなり前からあったものの、その意味はずっとあいまいなままだった。その結果、よくわからないものとして扱われてきた。しかし、実のところその定義は単純明快だ。

正しい人とは、会社の「コア・バリュー」を共有する人のことだ。このような人は企業風土に適応して成長する。彼らは職場を明るくし、会社をより良くしてくれる。本章では、ＥＯＳの二番目のツールである「ピープル・アナライザー」を紹介する。この

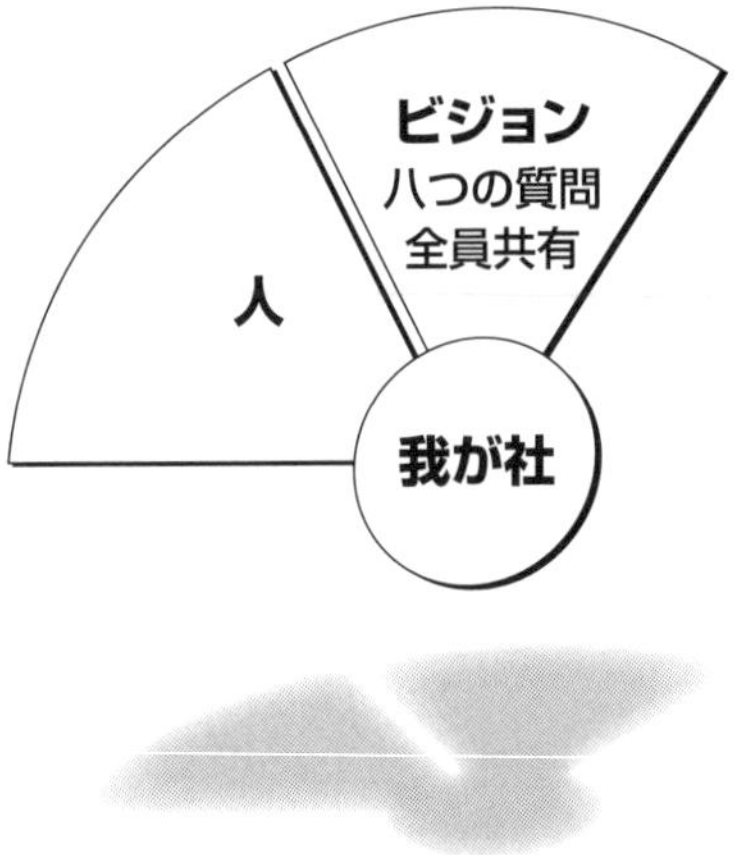

ツールを使えば、人選の基準が明確になり、会社にふさわしい人を見分けやすくなるだろう。

コア・バリュー＋ピープル・アナライザー＝正しい人

正しい席とは、従業員一人ひとりが、社内で自分のスキルを発揮できて情熱のある業務を担い、なおかつその役割と責務が、彼らの「ユニーク・アビリティ」に合致する状況のことだ（注一）。ユニーク・アビリティはダン・サリヴァンが作った概念で、ストラテジック・コーチ社の登録商標にもなっている。キャサリン・ノムラ、ジュリア・ウォーカー、シャノン・ウォーカーは共著書『Unique Ability（ユニーク・アビリティ）』（未邦訳）のなかで、誰もがユニーク・アビリティを持っていると述べている。ユニーク・アビリティを発揮して仕事をしていると、その手腕は誰かの目にとまり評価される。ますますスキルを上達させ、疲れるどころかエネルギッシュになり、何よりもその仕事に情熱を抱き、誰よりもその分野を究めるようになる。情熱も才能も備えていることがしかるべき人の目にとまれば、能力は高く評価され、高い報酬とスキルを向上させるための機会をもらえるだろう。ユニーク・アビリティとは、個人の「コア・フォーカス」のようなものだ。

ユニーク・アビリティを発揮する仕事をしている人は、正しい席に座っているということだ。

「トラクション《実行力》」をつけて「ビジョン」を実現したくても、役割、責任、期待、業務内容が不明瞭なため

（注一）ストラテジック・コーチ社とユニーク・アビリティ®は、ストラテジック・コーチ社が所有する商標であり重要な概念だ。ユニーク・アビリティ®とその二次創作物の著作権はストラテジック・コーチ社が所有する。無断複写・転載を禁じる。書面による許可を得て使用。www.strategiccoach.com。

にうまくいかないことがある。構造的な問題が存在するのだ。そのあいまいな構造でここまでやれてきたとしても、さらなる成長は見込めないだろう。組織の構造を作るうえでは、経営者はよく誤って仲の良い従業員の居場所を作ろうとしてしまう。これは誤りだ。効果的に機能する構造を作るには、長期的な視野で考えなければならない。つまり重要でなくなったポストは削除するか、変更することもあるということだ。天井を突き破るには、適切な構造が必要だ。そのために「アカウンタビリティ・チャート」を使おう。これは組織を適切に構造化し、役割と責任を定義し、組織内のすべてのポジションを明確にするための究極のツールだ。

ユニーク・アビリティ＋アカウンタビリティ・チャート＝正しい席

会社を成長させる過程で、人材に関する二種類の問題に直面するだろう。一つは正しい人が間違った席にいるという問題。もう一つは間違った人が正しい席にいるという問題だ。組織のトラクション《実行力》を強化するには、両方の問題に対処しなければならない。では、一つずつ問題を見ていこう。

◆正しい人が間違った席にいる場合

正しい人（つまり、あなたのコア・バリューを共有する人）を雇っているものの、その人はユニーク・アビリティを発揮できていない。その人は大きすぎる椅子に昇進してしまったか、自身が成長しすぎて椅子が小さくなってしまったか、自分のユニーク・アビリティを活かせないポジションに就いている。大抵の場合、その人がその席にいる理由は、社歴が長いからか、上司のお気に入りだからだ。あなたがやるべきことは、その人をその席から外して、その人にふさわしい席、すなわちその人が活躍できそうな席に異動させることだ。そうすることで、その人も成長でき、同時に会社も成長していく。

そのような席があれば――ほとんどの場合はある――その人を異動させれば問題は解決する。だが残念ながら、そのような席がない場合もある。そんなときは難しい選択を迫られるだろう。会社全体の利益のために決断しなければならず、その従業員を気に入っているという理由だけで雇っておくほどの余裕はない。となれば、その従業員に去ってもらわなければならない。これはあなたが直面するなかで最も困難な課題となるかもしれない。だが一度変更してしまえば会社はうまくいき、その従業員も長い目で見ればより幸せになれるだろう。

◆間違った人が正しい席にいる場合

この場合、その人は有能で生産性もきわめて高く、ユニーク・アビリティを発揮して活躍している。その人が間違っているのは、コア・バリューを共有しない人だからだ。このような欠点は短期的には許容できそうに見えるが、長期的に組織の勢いを削いでいくだろう。気づかないうちに、築こうとしているものを、少しずつ壊していくだろう。たとえば廊下で皮肉な発言をしたり、あなたがいないところで不機嫌な顔をしたり、内輪もめを広めたりして。

あるクライアントの場合は、「ＥＯＳプロセス」の初期段階で間違った人が正しい席にいることが判明した。その人は会社で成績トップのセールスマンだったが、誠実さを欠いていた。非常にフレンドリーで、プロフェッショナルに仕事をし、知識も豊富だったが、しばしば事実をごまかして契約を取っていた。彼の新規契約の獲得数は年二〇％ずつ増え、クライアントからのクレームはなかった。当時はまだ経営チームが自社のコア・バリューを定めておらず、その状況が十二か月続いた。彼のビジネスのやり方に気づいた経営チームは、難しい判断を迫られた。彼が退職すると、他の従業員や供給業者がようやく本音や不安を口にした。その従業員は、同社で働いている間ずっと会社の評判を傷つけていたのだ。今では同社のコア・バリューには「誠実さ」が含まれ、文書化もされている。「私たちはもう二度とこのコア・バリューを実践しない従業員を雇いません」と経営者は言った。

どんなに困難でも、長い目で見て会社のために良い判断を下さなければならない。正しい席に間違った人が座っているなら、最終的にその人は会社全体のために席を譲らなければならないだろう。

言うまでもなく、人材に関しては、間違った人が間違った席に座るというもう一種類の課題がある。その解決策は明白だ。その従業員に去ってもらうことだ。だが、いつその決断をするかはあいまいな場合が多い。別のクライアントに、勤続二十年以上のＣＦＯのケースがある。当初彼は会社のコア・バリューを共有し、有能で、確実に正しい席に座っていたという。だが時の経過と共に会社や業界やテクノロジーが変化する一方で、彼は時代に合わせて変化しなかった。彼は昇進し、大きすぎる席に座っていた。彼の態度も大いに変わった。怒りっぽくてよそよそしくなり、前ほど人と打ち解けなくなった。彼はもはや正しい人ではなく、正しい席にもいなかった。経営チームがこうした変化に気づいたのは、同社のコア・バリューを明確にして適切な構造を整えてからだった。彼らは一年半かけてこのやっかいな問題に取り組み、そのＣＦＯに対して時代に合わせて変化し、新しいコア・バリューを受け入れるチャンスを与え続けたが、うまくいかなかった。

他に選択肢がなくなり、彼らは新しいＣＦＯを彼の後任に就けた。その差は歴然だった。ミーティングは大幅に生産的になり、財務部門がようやく再編され、会社も次なる飛躍に備えて態勢を整えた。

あなたがやるべきことは、コア・バリューとユニーク・アビリティを基準にして全従業員を雇い、解雇し、評価し、報奨金を与え、承認することだ。これが正しい人が正しい席に座る組織を作る方法だ。

では、このプロセスを現実的にどうやるかを説明しよう。次のツールを使えば、従業員を評価することも、適切に人選することもできるだろう。まずは正しい人の見分け方を、次に正しい席の見分け方を説明する。

――正しい人

「ビジョン・トラクションシート」の最初の質問、「コア・バリューは何か?」の答えを基にすれば、今の組織にとって正しい人はどんな人かを定義できる。とはいえ、コア・バリューが何であれ、それを基準にして正しいとか間違っているとか、善悪を判断しないよう注意してほしい。その人はただ、あなたの企業文化に合わないだけなのだ。同じ価値観を共有するところへ行けば、彼らは適応してうまくやっていくだろう。会社のコア・バリューを基準に従業員を分析するツールを紹介しよう。

◆ピープル・アナライザー

クライアントが人に関する課題を議論するのを見るたびに、私は主観的で非生産的な議論をしていると感じることが多かった。人に関する課題はまったく解決できないことも多々あり、たとえ解決したとしても想定よりも二倍の時間がかかっていた。必要に迫られて、私はもっと具体的な議論を促すツールを作ったのだ。

ピープル・アナライザーは、組織に正しい人がいるか否かを判断するために設計されたツールだ。私のツールのなかでも五指に入る優れ物で、すべてのクライアントが使っている。元々は一九七〇年代前半に父がセールスパーソンを評価するために作った概念で、それに手を加えて個人のコア・バリューを評価するツールに変えたのだ。ピープル・アナライザーのテンプレートは www.eosworldwide.com/people からダウンロードできる（日本語版はこちら https://download.eos-japan.org/org-checkup）。

まず、左の列に分析したい人の名前を記入する。次に一番上の段に会社のコア・バリューを書く。その人がどれだけコア・バリューに忠実かを基準に、各人を評価しよう。評価基準には次の三つのいずれかを使うこと。

＋：大抵の場合、コア・バリュー通りに行動する

＋／−：コア・バリュー通りに行動することもあれば、そうでない時もある

−：大抵の場合、コア・バリュー通りに行動しない

この例では、ジョンは会社に最適の人材だが、ジョージはどっちつかず、サリーは退社がふさわしいことがわかる。

名前	謙虚かつ自信にあふれる	成長なければ衰退、というマインドを持つ	率先して助ける	正しいことをする	有言実行
ジョン・スミス	＋	＋	＋	＋	＋
サリー・ジョーンズ	−	−	−	−	−
ジョージ・ウィルソン	＋/−	＋/−	＋/−	＋/−	＋/−

組織のなかで目指すべき理想は、社内を正しい人々、この例でいうジョンのような人たちで固めることだ。だがそれはあくまで理想であり、完璧にしようと思わないことだ。経営チームがすべきことは基準を決めることだ。基準とは、ピープル・アナライザーで、最低限クリアしなければならないラインだ。基準を設定すると、マネージャーは許容できることと、許容できないことをはっきりと認識できるようになる。あなたから何を期待されているかがわかれば、マネージャーたちは部下に適切な責任を課すだろう。

お勧めの設定方法は、五つのコア・バリューを持つ会社の場合、「＋」が三つ、「＋／－」が二つ、「－」がゼロにすることだ。厳密に言うと、これは過去の経験に基づいている。もっと高い基準を設定する会社もあれば、もっと低い会社もあるので、適宜決めてほしい。重要なのは、基準と同等かそれ以上の人は皆正しい人であること。そして組織の従業員を一〇〇％正しい人で固めることである。

◈スリー・ストライク・アウトルール

基準をクリアできない人はどうするか？　思い切った決定を下す前に、まずはピープル・アナライザーの結果をその人に伝えて、パフォーマンスを改善するチャンスを与えてほしい。ほぼ間違いなく、その人の行動は改善するだろう。問題は、基準をクリアできるかどうかだ。ほとんどの人はクリアするが、そこまで改善しない人もいる。いずれにせよ、新しい構造に従って彼らにチャンスを与えよう。

◈スリー・ストライク・アウトルールの使い方

ワン・ストライク：課題や期待することをその人と話し合い、課題を解決するために三十日間の猶予を与える。

ツー・ストライク：改善が見られない場合は、もう一度その人のパフォーマンスについて話し合い、もう一度三十日間の猶予を与える。

スリー・ストライク・アウト：改善が見られない場合は、その人が変わる可能性は低いので、会社から去ってもらう必要がある。そのような人がようやく解雇されると、残された正しい人たちはあなたに感謝すると共に、どうしてもっと早く決断できなかったのかと疑問に思うものだ。

実際には、解雇する必要がない場合が圧倒的に多い。最初のスピーチ、「四半期ミーティング」、ピープル・アナライザー、評価、「スリー・ストライク・アウトルール」を通して従業員の間で会社のコア・バリューに対する意識が高まれば、会社に適応できない従業員は三振するまで待たないだろう。ワン・ストライクを取られるまで続かない人もいる。居座るどころか、合わないことに気づいて自分から去って行くだろう。

このプロセスの役割は、正しくない人を明らかにすることだ。参考までに一例を紹介しよう。ある経営チームのなかに、明らかに正しくない人がいた。その男性は営業・マーケティング部門の副社長だった。最初の二回のセッションでは、彼は苦労しながらアカウンタビリティ・チャートを作成し、コア・バリューを決めるプロセスでも始終落ち着かない様子だった。同社の売り上げはこの数年間伸び悩んでいたが、セッションを通してその理由が明らかになっていった。三回目のセッションの時、彼は重要なクライアントとミーティングがあるという理由で出席を辞退して市外に出かけた。四回目のセッションでは、彼はすでに会社を辞めて転職していた。彼の後任はそのポジションの適任者だった。その結果クライアントは、三年間で初めての成長を遂げた。この例から、役割や価値観や期待があいまいな組織ではごまかしが利くことがよくわかる。だがこのような分析ツールがあると、重視すべき点と責任が明らかになり、不適格な人が隠れる場所はなくなるのだ。

ピープル・アナライザーを使って、次の四段階のプロセスを実行するといいだろう。

ステップ　一──経営チームで会社のコア・バリューがわかったら、EOSのすべてのクライアントと同様に、ピープル・アナライザーを使って互いを分析し合う。これで二つの目的を達成できるだろう。一つは会社のコア・バリューを再確認すること。全員の評価が低いコア・バリューがある場合は、その項目をコア・バリューに含めるべきか問い直せる。もう一つは、経営チームのなかにハードルを越えられない人がいるかどうかがわかること。このような難しい状況はめったに起こらないものの、該当者がいたらスリーストライク・アウトルールを適用しよう。ほとんどの場合、その人のパフォーマンスは改善するが、なかには会社を去る人もいる。

ステップ　二──経営チームが全従業員をピープル・アナライザーで分析したあと、マネージャーが従業員と一対一のセッションでその結果を伝える。これで組織内でこのツールが浸透するだろう。

ステップ　三──四半期の人事考課では、全チームのメンバーをピープル・アナライザーで分析する。経営者であるあなたも分析してもらうこと。口ばかりではなく、行動で示すことだ。

ステップ　四――経営チームが人の課題で苦心しているときは、その人をピープル・アナライザーにかけよう。これで、その課題の原因が間違った人によるものかどうかが明確にわかる。その場合は、もう議論の余地はないし、解決方法をすでに知っている。該当しない場合は、その人の席に問題があるのかもしれない。これについては次のセッションで説明するので心配はいらない。

――正しい席

正しい人ばかりを選んだと自信を持って言えるようになったら、その人たちを正しい席に座らせよう。つまり、全従業員がそれぞれのユニーク・アビリティと合致する役割と責任を担い、それぞれの能力を発揮しながら働けるようになることだ。

まず組織の構造をつくる。それから席を設定する。この順番でないと会社をレベルアップさせることはできない。そのような構造を作るために、私たちはアカウンタビリティ・チャートと呼ばれる強力なツールを使う。これは強力な組織図で、これを完成させると、オーナーも経営チームのメンバーもそれぞれの役割と責任をはっきりと認識できるようになる。そして今度は彼らが同じ

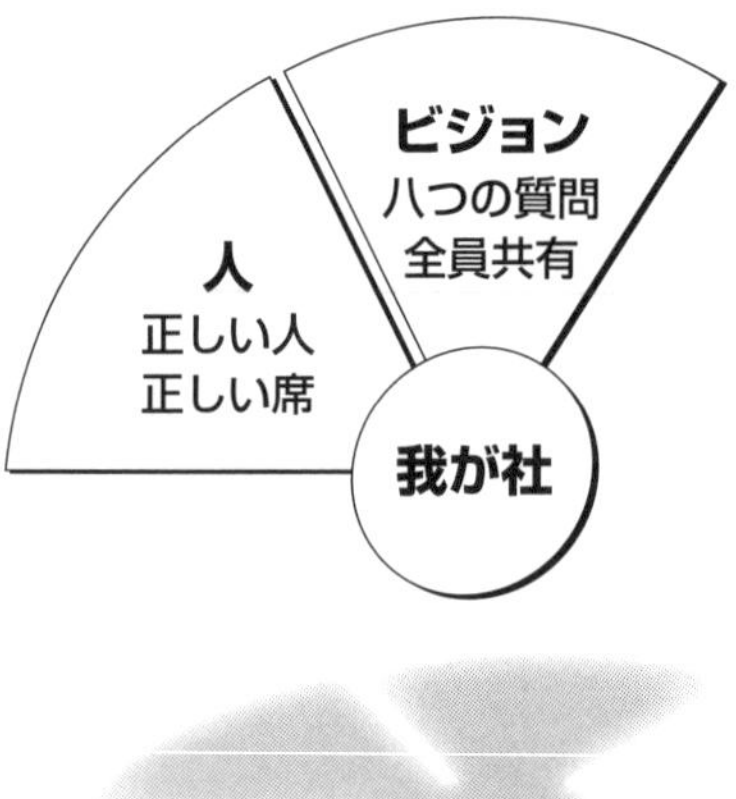

ようにして部下を教えられるようになるだろう。

◆アカウンタビリティ・チャート

このツールの前提には、組織をつくる方法は一つではないという考え方がある。組織開発の本を百冊読めば、百通りの方法が見つかるだろう。重要なのはこう問うことだ——今後六〜十二か月で組織をさらに成長させるためにはどんな構造がよいか？

ＥＯＳのツールのなかで、アカウンタビリティ・チャートはビジョン・トラクションシートに次いで二番目に影響力が強い。このツールを使うと、自分の組織を異なる視点から見られるようになり、何年も会社の成長を妨げてきた人の問題に対処できるようになる。

このツールを使って会社を変えるには、基本原則を押さえよう。

一．将来を考えること。過去を振り返っても、現在の状況にとらわれてもいけない。そんなことをすれば判断を誤る恐れがある。

二．現在の会社、現在の役割、エゴは切り捨てて考える。

三．会社よりも高い視点に立ち、見下ろすようにして会社を客観視し、会社全体の長期的な利益のために意思決定を下す。

アカウンタビリティ・チャートは、どの会社にも主要な機能は三つしかなく、これら三つの機能が組織を動かしているという考え方を基本に発展したものだ。創業間もない企業であろうと、世界屈指の大企業であろうと、例外はない。

この三つの機能を図にするには、枠を三つ並べて描こう。一番左の枠には、最初の重要な機能である「営業・マーケティング」が入る。真ん中の枠には、二つ目の機能である「オペレーション」が入る。一番右側の枠には、三つ目の機能「バックオフィス」が入る。別の名前を使っても構わないが、これらが三つの主要な機能にあたることに変わりはない。営業・マーケティングはビジネスを生み出す。オペレーションはサービスの提供または商品の製造を行い、顧客に価値を届ける。バックオフィスは入出金の管理および構造基盤の管理を行う。

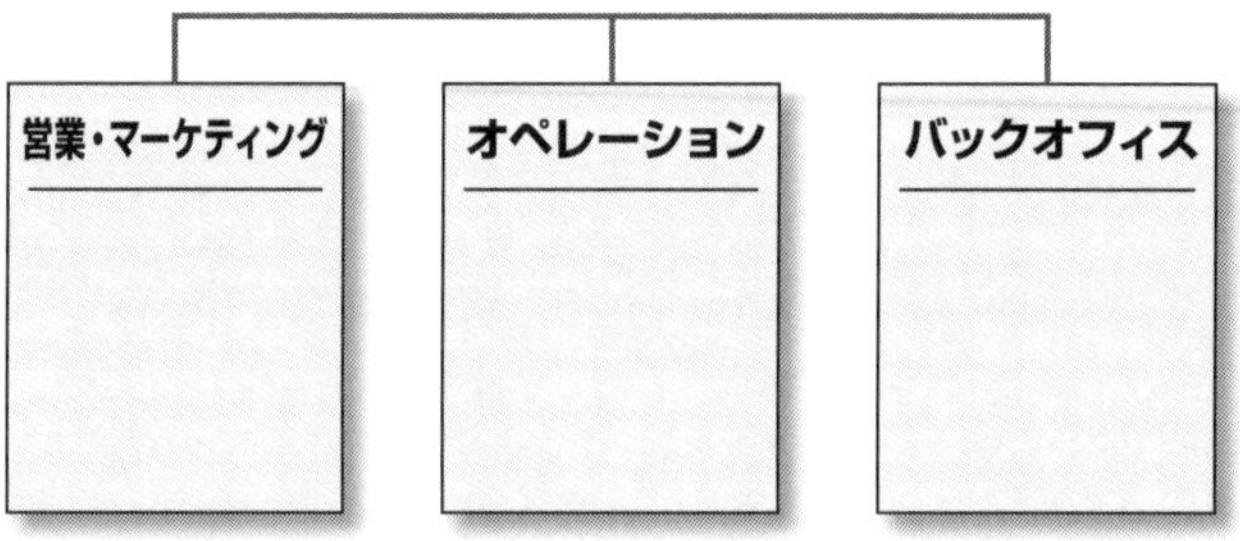

どの組織にもこの三つの機能がある。そして、これらは三つとも強くなければならないのが現実だ。

一番重要な機能は営業とマーケティングなのではないか?という議論を何度もしたことがある。誰かが何かを売らなければ始まらない。確かにその通りだ。だが現実的には三つとも強くなければならないのだ。

次の三つのシナリオについて考えてみてほしい。

●強力な営業・マーケティング、脆弱なオペレーション、強力なバックオフィスがあるとしよう。会社はどうなるだろうか?　このシナリオでは、この会社は営業手腕で新規顧客を次々と獲得するものの、すぐに顧客を失うだろう。オペレーションが約束通りの商品またはサービスを提供できず、顧客が不満を抱くからだ。

●強力な営業・マーケティング、強力なオペレーション、脆弱なバックオフィスがあるとする。会社はどうなるだろうか？　大勢の顧客を獲得し、顧客を満足させるが、財務管理がずさんで入ってきたお金が次々と出て行くだろう。たとえば一千万ドルの収入に対して一千万ドルの支出、さらには一千万ドルの収入に対して一千二十万ドルの支出もあり得る。このような会社の多くは支出のチェックも、個別の顧客の収益性の評価も行わない。そんな状況に陥ったら、たまらないだろう。

●脆弱な営業・マーケティング、強力なオペレーション、強力なバックオフィスがあるとする。会社はどうなるだろうか？　オペレーションとバックオフィスにいる大勢の有能な従業員たちは仕事が発生するのを待つが、何も発生しない。

三つの機能のうちの一つが脆弱なら、組織は機能しない。どの機能も同じぐらい重要なのだ。では早速アカウンタビリティ・チャートを使ってみよう。責任の所在を明らかにするために、どの機能も責任者は一人にすること。営業・マーケティングを監督するのは一人、オペレーションを運営するのも一人、バックオフィスを管理するのも一人だけだ。二人以上が責任を持つと、誰も責任を持たなくなる。

初めてアカウンタビリティ・チャートをつくる経営チームは、一つの機能の責任者が二人、ときには三人いることに気づくことが多い。あなたも同じ経験をするかもしれない。だとしたら会社が伸び悩む原因となる根本的な問題を突き止めたことになる。その問題を解決するには、責任者の名前を減らし、一人にすることだ。責任の所在を明確にしなければ、ワンランク上にたどり着けない。

もう一歩進めよう。三つの機能は単独で動いていても意味はない。優れた組織にはもう一つの重要な機能がある。ここではその役割を「インテグレーター」と呼ぶ。

◆インテグレーター

インテグレーターとは、会社の主要な機能を調和させながら統括する人のことだ。主要な機能がどれも強力で、強力な人が部門を担当している場合、そこには健全な摩擦と緊張感が生まれるだろう。インテグレーターは、そのような摩擦を混ぜ合わせて強大なエネルギーを生み出し、それを会社全体のために使う。

この役割にはCEO、社長、ゼネラルマネージャー、キング、クイーンといった豪華な肩書きもあるが、私はこれらを除外して「インテグレーター」という言葉を用いる。何と呼ぼうが構わないが、要するにインテグレーターとは、組織を運営し、日常的に起きる課題に対処し、三つの機能を統合するユニーク・アビリティを持つ人のことだ。インテグレーターは会社を一つに団結させる接着剤なのである。

これがアカウンタビリティ・チャートの基本構造だ。これを踏まえて、組織にふさわしい構造を作るには、あと二つ重要な要素も考慮に入れる必要がある。

アカウンタビリティ・チャートを組織に合わせてカスタマイズするには、三つの機能をさらに細かい機能に分けてもいい。たとえば営業・マーケティングは、営業とマーケティングに分けられる。オペレーションは、配送、プロジェクト管理、顧客サービスなど、二つか三つの機能に分けられる。バックオフィスは、財務、管理、情報技術（IT）、人事など、四つぐらいの機能に分けられる。

組織の規模や状況にもよるが、第一線の機能は三～十程度に分けられるだろう。組織に最適な構造を探すことに集中し続ければ、自ずと適切な数になるだろう。繰り返すが、少ない方が効果的だ。ＥＯＳのクライアントで、主要な機能が七つ以上ある会社は一社もない。

二つ目の要素は、第一線ではないもう一つの主要な機能だ。私の経験から言うと、会社のアカウンタビリティ・チャートを作るとき、人々は往々にして主要な機能を統括するインテグレーターの他に、もう一つ強力な役割が必要だと気づく。この役割はインテグレーターの上に位置し、「ビジョナリー」と呼ばれている。

◈ビジョナリー

アカウンタビリティ・チャートのなかにビジョナリーを入れるという概念は、私にとっての大発見の一つだ。この概念を理解して導入すると、めざましい変化が起きる。最も分かりやすい効果は、共同経営者た

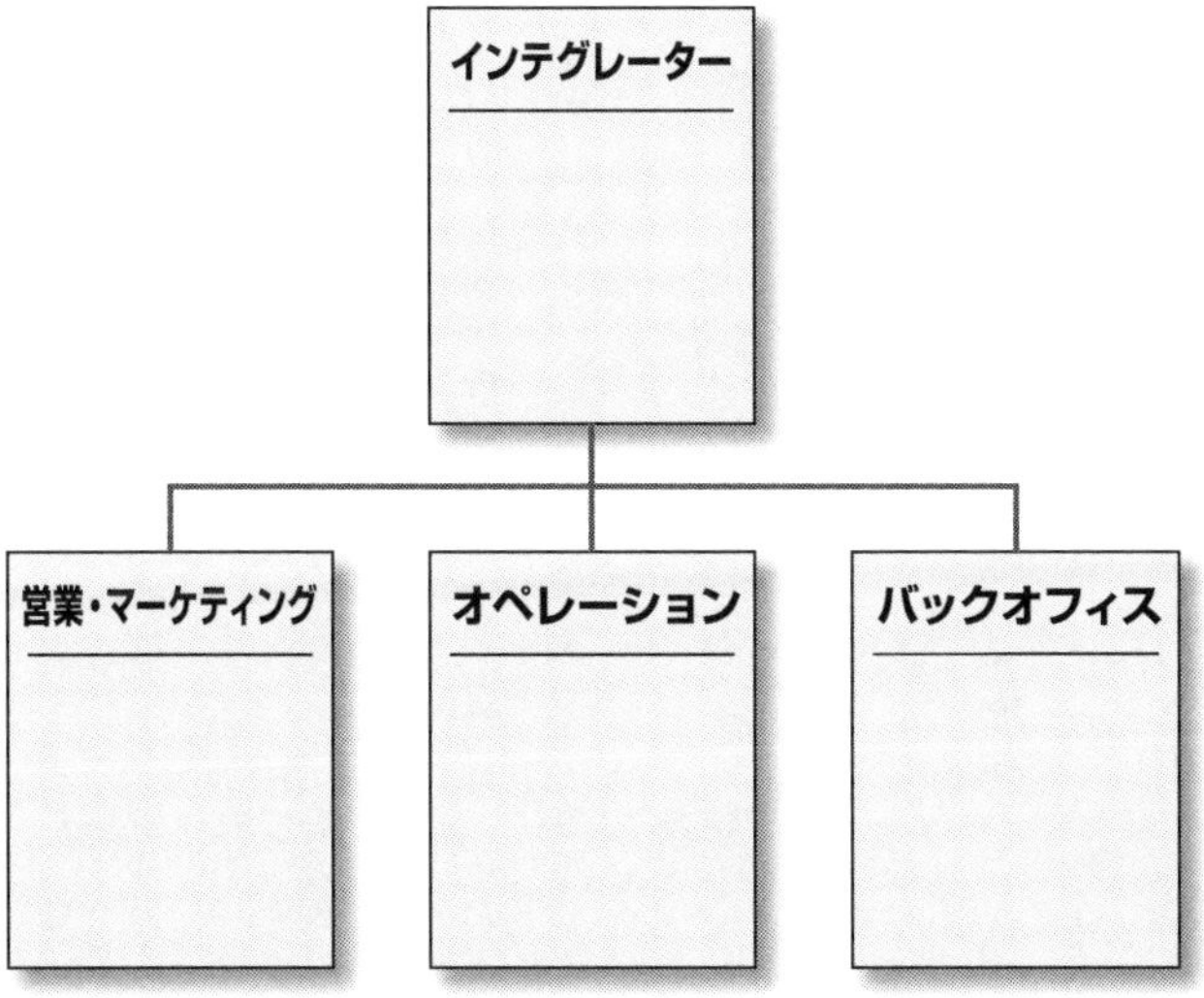

ちが争い合うのを阻止できることだ。

ビジョナリーとインテグレーターは水と油のように違う。中小企業では、ビジョナリーをやるのは経営者か共同経営者、または創業者が一般的だ。共同経営の場合、共同経営者のうちの一人はビジョナリーで、もう一人はインテグレーターであることが多い。彼らの会社が今の地位を築けたのはその原動力のおかげだ。多くの場合、ビジョナリーは週に十通りの新しいアイデアを思いつく。そのうちの九つはたいしたアイデアではないが、秀逸なアイデアが一つあり、このアイデアのおかげで組織は成長し続けることができる。そのためビジョナリーはきわめて貴重な存在だ。多くは非常にクリエイティブで、(よくあるささいな問題ではなく)やっかいな大問題をうまく解決し、重要なクライアント、販売業者、供給業者、取引銀行からの信頼も厚い。ビジョナリーにとって企業文化はきわめて重要だ。それは、感情に敏感で、従業員がどう感じているか、常に気にかけているからだ。

それに対してインテグレーターは、人を統率したり、管理したり、人に責任を持たせるのがうまい。障害を取り除いて、主要な機能を担う人々が業務を行えるようにする。あなたがインテグレーターなら、相応のストレスが伴うことを覚悟しなければならない。

カリフォルニア大学のある教授は、会社の経営には必ず起業家とマネージャーの両方が必要だと主張する。起業家の野心を、マネージャーの用心深さと規律でバランスを取る必要があると言うのだ。表現が違うだけで、教授が言わんとしていることはビジョナリーとインテグレーターの関係と同じだ。正しく組織化すれば、二人のユニーク・アビリティの間に神秘的な原動力が生まれるだろう。

ビジョナリーとインテグレーターの原動力についてもっと知りたい人は、『Rocket Fuel: The One Essential Combination That Will Get You More of What You Want from Your Business（ロケットフューエル――最強の組み合わせがあれば、会社はあなたの思い通りに成長できる）』（未邦訳）を読もう。これは私とマーク・C・ウィンターズの共著であり、ビジョナリーとインテグレーターの関係を認識し、発展させ、最大限に利用する方法を完全に網羅したマニュアルだ。

アスファルト・スペシャリスト（ＡＳＩ）は、年商四千万ドルで従業員百二十人を擁する舗装請負会社だ。ＥＯＳプロセスを始めたとき、同社の経営チームはうまくいっておらず、創業後初の赤字決算に陥っていた。共同経営者のブルースとダン兄弟は、意見がまったく一致しなかった。二人は共同で会社を経営していたが、どちらも正しい席に座っていなかった。ダンは会社のあらゆる業務に関わって燃え尽きてしまいそうな一方で、ブルースは一日中営業に追われ、現状に大きな不満を抱くようになった。

アカウンタビリティ・チャートを作成したことで、彼らはビジョナリーとインテグレーターの役割を理解した。二人の兄弟はそれぞれのスキルを認識することで、自分たちの席を明確に定義した。今やブルースがビジョナリーで、ダンがインテグレーターの役割を担う。明確なビジョンを定めたおかげで、今では経営チームは安定し、市場で最高品質のアスファルト塗装を請け負う会社になるという目標を達成しようと働いている。彼らの地域では、新規工事件数が二〇年連続で伸び悩み、アスファルト業界の競合他社が事業の継続に苦戦する状況だが、昨年同社は最高益を達成した。

ビジョナリーはいるが、インテグレーターがいない企業はよくある。その場合、ビジョナリーは思うように従業員を動かせずにいら立つことが多くなり、かなりの奮闘を強いられる。おまけにインテグレーターとしての役割も担い続けなければならず、会社の日々の業務にも駆り出される。一例を紹介しよう。ボブ・シェネフェルトは生粋のビジョナリーだ。彼は最初の会社であるグレイト・ホワイトを創業し、年商一千万ドルの会社に成長させたあと、同社を好条件で売却した。彼の会社は『インク』誌が選ぶ「最も急成長している五百社」リストに名を連ね、活気あふれる企業風土を築いたうえに、特筆すべき点がもう一つあった――彼の共同経営者はインテグレーターだったのだ。

ボブは次にＲＣＳという会社を作ったが、思うようにトラクション《実行力》を発揮できず、創業から四年以上経って年商四百万ドルあまりと伸び悩んだ。原因は最適なインテグレーターがいなかったからだ。昨年ボブは、外部からパトリック・ガイセルという適任者を連れてきてインテグレーターの役割を与えた。ＲＣＳは四〇％の成長率を達成し、今年の年商は七百万ドル以上になると見込まれているが、まだまだ成長しそうだ。

アカウンタビリティ・チャートが単なる組織図と違うのは、主要な機能が決まったら、それぞれに五つの役割を定義できることだ。たとえばビジョナリーは次の五つの役割を担えるだろう。

●研究開発／アイデア
●クリエイティブに問題を解決
●主要な人間関係
●企業風土
●営業

次ページのチャートは、各機能によくある五つの役割を示したものだ。ただし、全組織のうちでビジョナリーがいるのは約半数で、それ以外の組織にはいない。そのためビジョナリーは点線で囲ってある。

チャートにある「ＬＭＡ」は、Leading（主導）、Managing（管理）、Accountable（人に結果責任を課すこと）を表す頭字語だ。アカウンタビリティ・チャートに記載された人のなかで部下を持つ人は皆、ＬＭＡという重要な役割を持つ。この責務には時間、エネルギー、ユニーク・アビリティが必要となる。

> ＬＭＡについて詳しく知りたい方は、私とレネイ・ボーアの共著『How to Be a Great Boss（偉大な上司になる方法）』（未邦訳）を読もう。同書は超一流のリーダーやマネージャーになる方法を伝授する完全ガイドだ。

では、アカウンタビリティ・チャートの構造を使って組織全体の計画を立てよう。組織のすべての機能、その機能がどの機能の監督下にあるかを図に書き入れ、それからその機能の五つの役割を書こう。会社にビジョナリーが必要かどうかも決める。必要な場合は、しっかりと図に書き込むこと。

アカウンタビリティ・チャートの作成にあたっては、いくつか注意点がある。最初は、構成だけを作ること。枠のなかにはまだ名前を入れてはいけない。要するに、組織のすべての階層の機能を正確に書くのだ。この方法なら自分に正直になれるし、一番良い構造が見つかる。正しい構造が決まったら、今度は正しい人を正しい席に座らせよう。その席にふさわしい人を選ぶときは、その人がその仕事でユニーク・アビリティを発揮できるかを確認しよう。

完成したアカウンタビリティ・チャートは、各機能の主要な役割が明記された組織図のように見えるはずだ。留意点が一つある。アカウンタビリティ・チャートは機能、役割、指示系統を明示するものの、コミュニケーション構造は定義されていない。伝達事項は必要に応じて序列や部署に関係なく自由に伝達し、オープンで正直な文化を築くようにしよう。各従業員の結果責任を明確にし、部署を越えてコミュニケーションを取ることで、部署間の問題を回避できるだろう。アカウンタビリティ・チャートを使うと、縄張り意識や分裂を生み出す余地がなくなるのだ。

◈あなたの経営チームについて

アカウンタビリティ・チャートが完成したら、

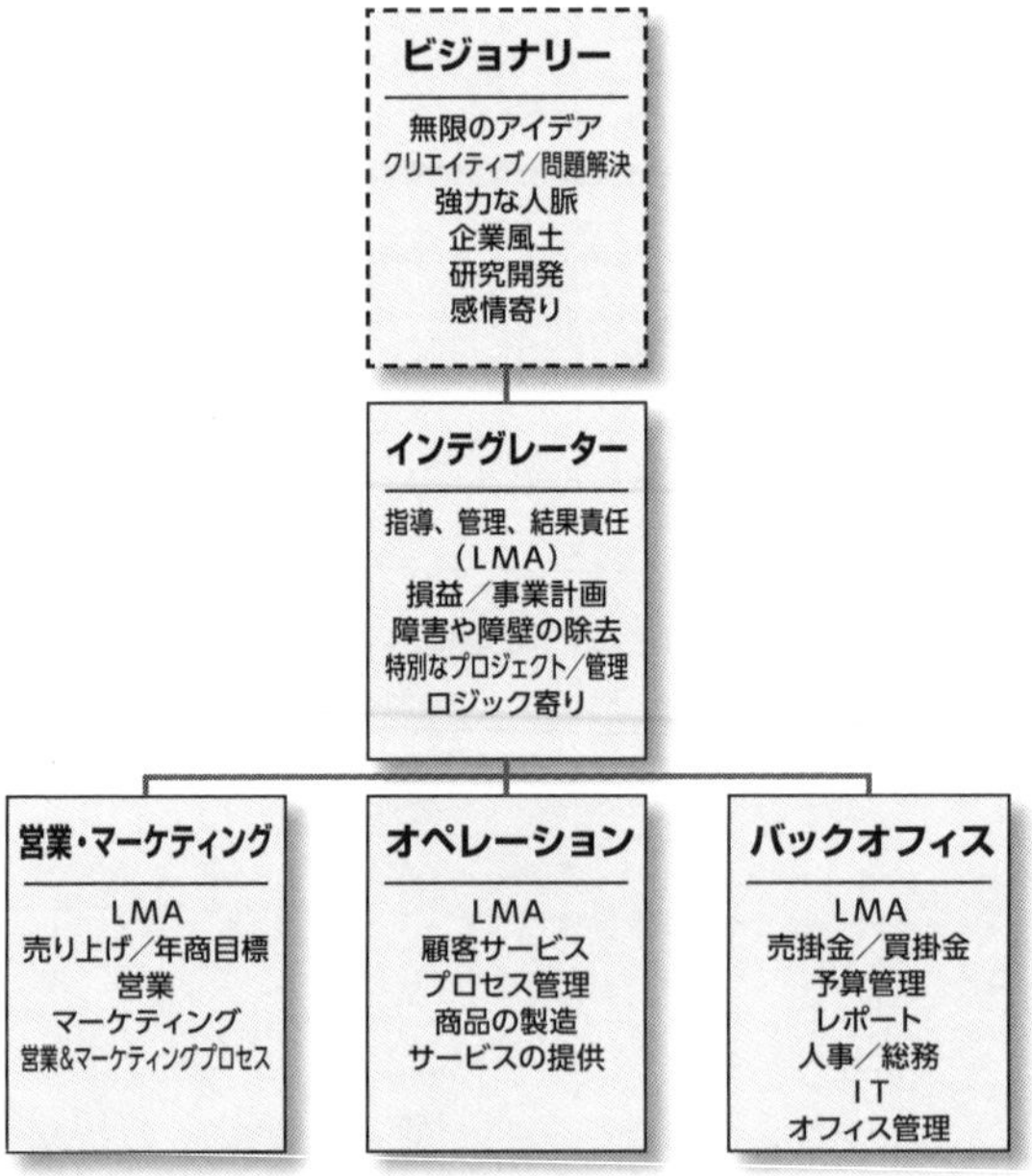

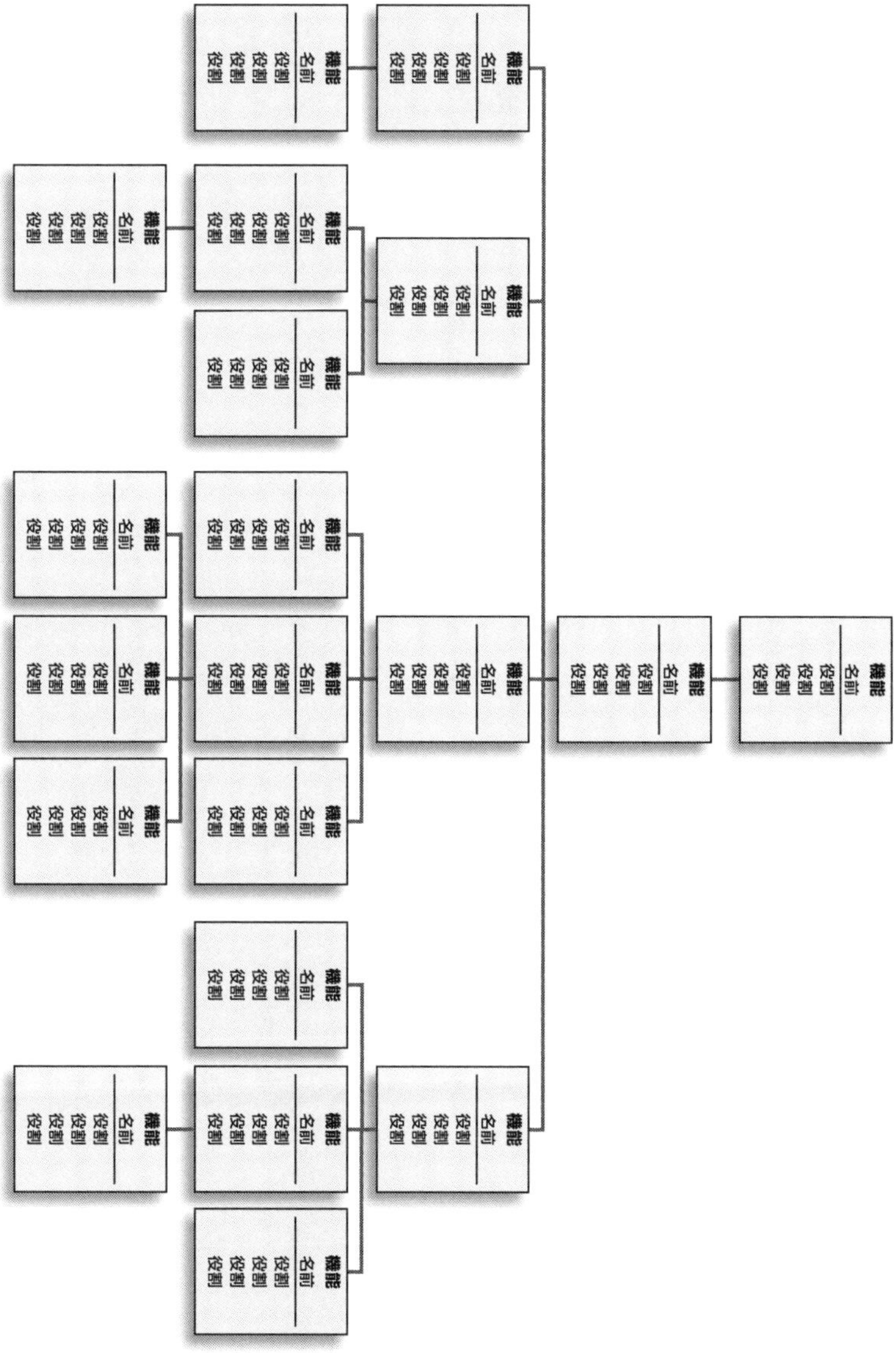
機能 名前 役割 役割 役割
機能 名前 役割 役割 役割
機能 名前 役割 役割 役割
機能 名前 役割 役割 役割
機能 名前 役割 役割 役割
機能 名前 役割 役割 役割
機能 名前 役割 役割 役割
機能 名前 役割 役割 役割
機能 名前 役割 役割 役割
機能 名前 役割 役割 役割
機能 名前 役割 役割 役割
機能 名前 役割 役割 役割
機能 名前 役割 役割 役割
機能 名前 役割 役割 役割
機能 名前 役割 役割 役割
機能 名前 役割 役割 役割
機能 名前 役割 役割 役割
機能 名前 役割 役割 役割
機能 名前 役割 役割 役割
機能 名前 役割 役割 役割

ビジョナリー（いる場合）とインテグレーターと主要な機能を統率する責任者が、経営チームのメンバーとなる。これで組織のすべての主要な機能の代表者と責任が明らかになった。経営チームのメンバーが決まったところで、これから四章をかけて、ミーティングのやり方、優先順位の決め方、コミュニケーションの取り方、報告の仕方、問題を解決する方法、ビジョンを実行する方法について説明しよう。

◆GWC

完成したアカウンタビリティ・チャートには、誰が何の結果責任を負うかが明示されている。責任が明確になったところで、今度は正しい人を正しい席に座らせる番だ。これは「GWC」というフィルターにかけるだけで済む。

GWCとは「Get it（業務を理解できる）」、「Want it（業務に対するやる気がある）」、「Capacity to do it（業務を遂行する能力がある）」を意味する頭字語だ。GWCは、私がリーダーたちと何千時間も仕事をして生まれたルールだ。この概念が具体化したのは、私がカフェでクライアントと話していた時のことだった。彼は主要な従業員をインテグレーターの役割に昇進させたが、成果を上げていなかったため、私たちはその原因を話し合っていたのだ。彼は正しい人を選んだが、その昇進はうまくいっていなかった。その瞬間、私を悩ませていた問題の答えが見つかった。何百回ものセッションをこなしたあとで、突然私は、場合によっては席を埋めてもうまくいかない理由を理解した。私はそのクライアントにGWCの概念を説明した。GWCのおかげで物事をクリアに見通せるようになった彼は、すぐに間違った席に座らせたのだと気づいた。その従業員はそのポジションを望んでいたが、能力が欠けていた。その人はすぐにインテグレーターの役割を解かれ、ふさわしいポジションに異動となった。今はその仕事で活躍しているという。

私がこのことを発見したのは、席を与えられたものの、ステップアップして期待通りに役割を果たせなかった人を大勢見たあとだった。彼らが十分に活躍できなかったのは、三つの要素のうち一つが欠けていたからだったのだ。彼らは業務を理解していないか、やる気がないか、能力がないかのいずれかだった。

会社をレベルアップさせるには、あなたの仕事を引き継いで遂行できる人が必要だ。リーダーかマネージャーであるあなたが、そのポジションについてはっきりと説明したうえで（役割、責任、期待すること、指標を含む）、機会を提示すれば、突破口が開ける。その結果は、次のいずれかになるだろう――その人がステップアップして主導権を握るか、うまくいかないかだ。うまくいかないのは、業務を理解していないか、やりたくないか、やる能力または余裕がないか、のどれかだからだ。その場合、相手は欲求不満を抱き、あなたはいら立ち、完全に権限を委譲することができず、その人の業務の一部かすべてをやらざるを得なくなるだろう。それではGWCの項目について一つずつ分析していこう。

Get it（業務を理解できる）

あなたは業務を理解する人にも、しない人にも会ったことがあるだろう。「理解する」とは、自分の役割、企業風土、システム、ペース、仕事を軌道に乗せる方法をきちんと理解しているということだ。誰もが理解しているわけではない。幸いにも、業務を理解できる人は大勢いる。

Want it（業務に対するやる気がある）

これは、その仕事が心底好きということだ。彼らは役割を理解し、公平な給料と責任を踏まえたうえで、その業務をやりたいと望む。多くの場合マネージャーは、従業員にやる気を出させるには、動機づけるか、給料を多く払うか、やってくれと頼まなければならないと感じるが、実際にはその必要はない。時には強すぎるエゴ、上司の期待、その仕事に伴う苦労を知らないなどの理由で、その業務をやりたがる人もいる。だが、あなたがどんなに優れたマネージャーであっても、彼らが本気でやりたいと思わなければ、情熱的に働くことはないだろう。だから無駄な努力をするのはやめよう。その業務をやりたい人を探し出せば、違いはすぐに明らかになるだろう。

Capacity to do it（業務を遂行する能力がある）

能力とは、仕事をきちんと遂行するための時間はもちろん、知能、身体的能力、精神的能力も持っているという意味だ。週に五十五時間の労働が求められるポジションに、週四十時間しか働きたがらない人が就くことがある。一定以上の知性、スキル、知識、ＥＱ（心の知能指数）が必要な仕事に、それだけの能力がない人が従事することもある。ピーターの法則は、人は昇進を続けていくと、その能力を超える地位にまで就いてしまうと定義しているが、これはその典型例と言える。

三つの条件が一つでも「ノー」の場合は、その人にとってそれは正しい席ではなく、そこではユニーク・アビリティを発揮できない。ここで自分をごまかしてはいけない。時間とお金をかけてその人を向上させれば、「ノー」を「イエス」に変えられる時もあるだろう。だがほとんどの場合、途方もない時間がかかる。

主要な機能を任せられる人材はすでにいると思い込まないよう、注意してほしい。現在その業務に就いているという理由だけでは、その人がその業務を理解し、やる気も能力もあるとは限らない。ＧＷＣのフィルターにかければ、すぐにわかるだろう。

ローニッシュ建設グループは、年商四千四百万ドル、従業員数三十七人の総合建設業者だ。ＥＯＳプロセスを始めたとき、経営者でありインテグレーターでもあったバーニー・ローニッシュには、四人から成る経営チームがいた。先入観のない関係者だった私は、経営チームのなかでうまくいきそうにない人を早い段階で察知できる――インテグレーターよりずっと早く気づくことも多かった。この会社の場合、四人のうち二人はうまくいきそうになかった。チームの半数だ。私たちはもめながらも何とか四半期の優先事項を決め、アカウンタビリティ・チャートを作成し、コア・バリューを見つけた。しかし優先事項を達成できない四半期が何度か続いた。いらついたはずみで私は、その二人のメンバーにこのプロセスにどれだけやる気があるのか、一から十段階で教えてほしいと訊ねた。二人とも四と答えた。

それを聞いたバーニーは難しい改革を行う決断をした。二人は非常に有能だったが、彼は経営チームから外した。一人は退社し、もう一人は管理職に異動になったが、間もなく会社を辞めた。二人の後任として、バーニーは正しい人を正しい席に座らせた。十八か月後、同社は五〇％の成長率を達成した。信頼できる五人の経営チームが確立したあと（バーニーはもう一つ主要な機能を追加した）、彼らは残りの社員の評価に着手した。悩み苦しみながらも、彼らは従業員の四〇％を入れ替えた。その結果、今では組織中で正しい人が正しい席に座っている。ＥＯＳプロセスを始めて四年目の去年は七〇％の成長率を達成し、『クレインズ・デトロイト・ビジネス』紙が選んだ急成長企業の七位にランクインした。彼らはアーンスト・アンド・ヤングが主催する「アントレプレナー・オブ・ザ・イヤー」のファイナリストにも選ばれた。

この十一年以上の間、私はクライアントがEOSプロセスを導入して最初の二年間でどれだけ変化したか統計を取り続けている。そのデータによると、このプロセスによって経営チームが変化したケースは八〇%になる。つまり、EOSプロセスをはじめた時点の経営チームから様変わりするケースが多いということだ。変化したチームの半数はチームから誰かを外し、残りの半数は誰かをチームに加えている。あなたが偉大な会社と強固な経営チームを作り、正しい人を正しい席に座らせることに全力を注ぐなら、経営チームが変わるかもしれないと覚悟することが重要だ。といっても、私のクライアントの二〇%と同様に、あなたの経営チームも変化しないかもしれないが。

業務を理解し、やる気があり、それをやる能力がある人たちが周りにいる方が、誰にとっても物事がスムーズになるものだ。

GWCの説明が終わったところで、ピープル・アナライザーに組み込んでみよう。従業員のコア・バリューを評価するときはプラス（+）マイナス（−）という主観的な基準を使い、「+／−」という中間的なスコアがあったが、GWCは、「イエス」か「ノー」かはっきりさせる。三つとも「イエス」でない人は、間違った席に座っているということだ。

◆一人が二つの席に座るケース

一人の人が二つの席に座っても構わないが、一つの席に二人を座らせてはいけない。組織を立ち上げたばかりの頃は、創業者がすべての席に座る。創業者がすべての機能を兼務するということだ。創業者はインテグレーターであり、営業・マーケティングの責任者であり、オペレーションの責任者であり、バックオフィスの責任者でもあるわけだ。組織が大きくなるにつれて、席を埋めるために新しい人たちを入社させる。たとえば業務で手一杯になると、新入社員を入れてオペレーション業務を任せ、自身はその業務から手を引くのだ。

従業員が一つ以上の役割を兼務する段階――たとえば経理担当者が出荷担当と顧客サービス担当も兼務するなど――に達しても、従業員がどの仕事もこなせるだけの時間がある限り問題はない。重要なのは組織の規模だ。従業員が全部の役割をこなすには時間がたりないときは、その状況を変えなければならない。そこで次のことが重要になる。

◆権限の委譲

組織が成長したら、あなたは自分のユニーク・アビリティを活かせる業務に就く必要があるし、同じことは経営チームにも言える。アカウンタビリティ・チャートが完成すれば、誰がフル稼働しているかを特定できる。従業員が使えるのは労働時間の一〇〇%だけだ。一〇〇%というのは、従業員が働く意志があり、なおかつ私生活とのバランスを維持できる時間数のことだ。週四十時間の人もいれば、週七十時間の人もいる。人それぞれ違う。

仕事量が多すぎる人、たとえば労働時間の一二〇%が必要な人は、余分な二〇%の仕事を誰かに任せる必要がある。場合によっては、その人を二つの席を兼務させるのをやめて、一つの席に異動させよう。その人が一つの席に座っている場合は、いくつかの作業を他の人に任せて作業の効率化をはかるか、一部のタスクを廃止しよう。あなたの仕事は、その人がユニーク・アビリティを発揮できる職場環境にあるかを常にチェックすることである。

たとえばあなたも同様に、今の仕事をこなすのに労働時間の一二〇％が必要だとする。だとしたらあなたも業務を手放そう。経営チームの主導・管理と営業があなたのユニーク・アビリティであるなら、そこから外れた業務を見つけ出し、二〇％の作業量分の権限を委譲する。もちろん委譲先は、正しい人でかつ正しい席に座っている必要がある。他の選択肢はないのだ。一二〇％の時間を使っている人は、会社の足を引っ張り、そのうちに燃え尽きるだろう。今のあなたには会社をしっかり経営して営業部門をうまく管理するだけの十分な時間がない――他の業務については言うまでもない。その役割を担う従業員に問題があって権限を委譲できない場合は、困難な決断を下す時だ。その人の仕事をあなたが代わりにやり続けることはできない。ハル・バローズ、ウィリアム・オンケン・Ｊｒ、ケン・ブランチャードは共著『一分間マネジャーの時間管理』（パンローリング）のなかで、仕事をサルにたとえたが、あなたも他人のサルを世話し続けることはできないのだ。

名前	謙虚かつ自信にあふれる	成長なければ衰退、というマインドを持つ	率先して助ける	正しいことをする	有言実行	業務を理解できる	業務に対するやる気がある	業務を遂行する能力がある
ジョン・スミス	+	+	+	+	+	YES	YES	YES
サリー・ジョーンズ	−	−	−	−	−	YES	NO	YES
ジョージ・ウィルソン	+/−	+/−	+/−	+/−	+/−	NO	YES	YES

直属の部下が抱える責務、問題、課題をサルだと想像してみよう。部下は問題《サル》を抱えてオフィスに入ってきて、そのサルをあなたに任せて立ち去ろうとする。何人もの人がサルを抱えてオフィスに入り、サルを置いて出て行った結果、オフィスには飛び回るサルが二十匹も残ることになる。サルを連れてやって来た人は、サルを連れて出て行かなければならない。サルを連れて行けない人や、連れて行こうとしない人がいれば、間違った人を雇っているということだ。

ニッチ・リテール社のタイラー・スミスは、会社が成長する間に、コンスタントに権限を委譲することで新たな天井を次々と突き破っていった典型的な人物だ。タイラーと共同経営者のブラッド・ソロックがネットショップ企業を立ち上げたとき（タイラーがインテグレーター、ブラッドがビジョナリー）、タイラーが営業とオペレーションと財務を担う一方で、ブラッドは研究室で調査し、次の商品のアイデアや戦略を練った。注文が入るとタイラーの携帯にメッセージが送られてきて、そのたびに彼は地下室へ降りていき、注文書を印刷し、商品を包装して出荷した。それから入金を処理し、サプライヤーから商品を取り寄せて支払った。そんな状況が一年続いた。

会社が成長すると、彼の仕事量は限界を迎えた。そこで妻のステイシーに仕事を任せ、箱詰めをやってもらったが、間もなく二人とも手一杯になった。次に注文品の出荷を手伝ってくれる人を雇うと、その仕事をすべてその人に任せた。それから会社は在庫をすべて管理できる一八五㎡の倉庫に移転したが、そのオペレーションをやるマネージャーが必要になった。そこで彼は経理担当者を雇って、その役割を任せた。会社はさらに成長し続けた。

ニッチ・リテールは九三〇㎡の倉庫に移転した。その結果、最高財務責任者（ＣＦＯ）が必要になり、さらに最高執行責任者（ＣＯＯ）、ネットショップの店長やマーケティングの責任者も必要になった。会社はさらに成長して七五〇〇㎡の倉庫が必要になり、その繰り返しで今日に至っている。タイラーは手一杯になるたびに如才なく誰かに権限を委譲して、燃え尽きるのを回避した。さらに、経営チームの全員も会社が成長するたびに権限を委譲し続けた。ニッチ・リテールのアカウンタビリティ・チャートが進化していった過程をお見せしよう。

◆進化

次ページ以降で紹介するニッチ・リテールの例からわかるように、組織の成長に伴って、アカウンタビリティ・チャートも絶えず進化し変わっていく。これは変化し続けるツールなのだ。創業時を思い出してほしい。次に、今の二倍の規模になったらどうなるか想像してほしい。何が違っているだろうか？　要するにあなたの会社が成長する限り、アカウンタビリティ・チャートも進化し続けるということだ。会社の成長率が二〇％以上ある場合は、九十日ごとにアカウンタビリティ・チャートを更新しよう。

◆スケーラビリティ

アカウンタビリティ・チャートを拡大する際、ある機能において一つの役割を複数の人に担ってもらわなければならないことに気づくだろう（たとえば販売員、顧客担当、会計担当など）。アカウンタビリティ・チャートの拡張にはコツがある。複数の人が同じ仕事に従事する場合は、新しい枠を増やすのではなく、その役割を担う人員の数を入れよう。

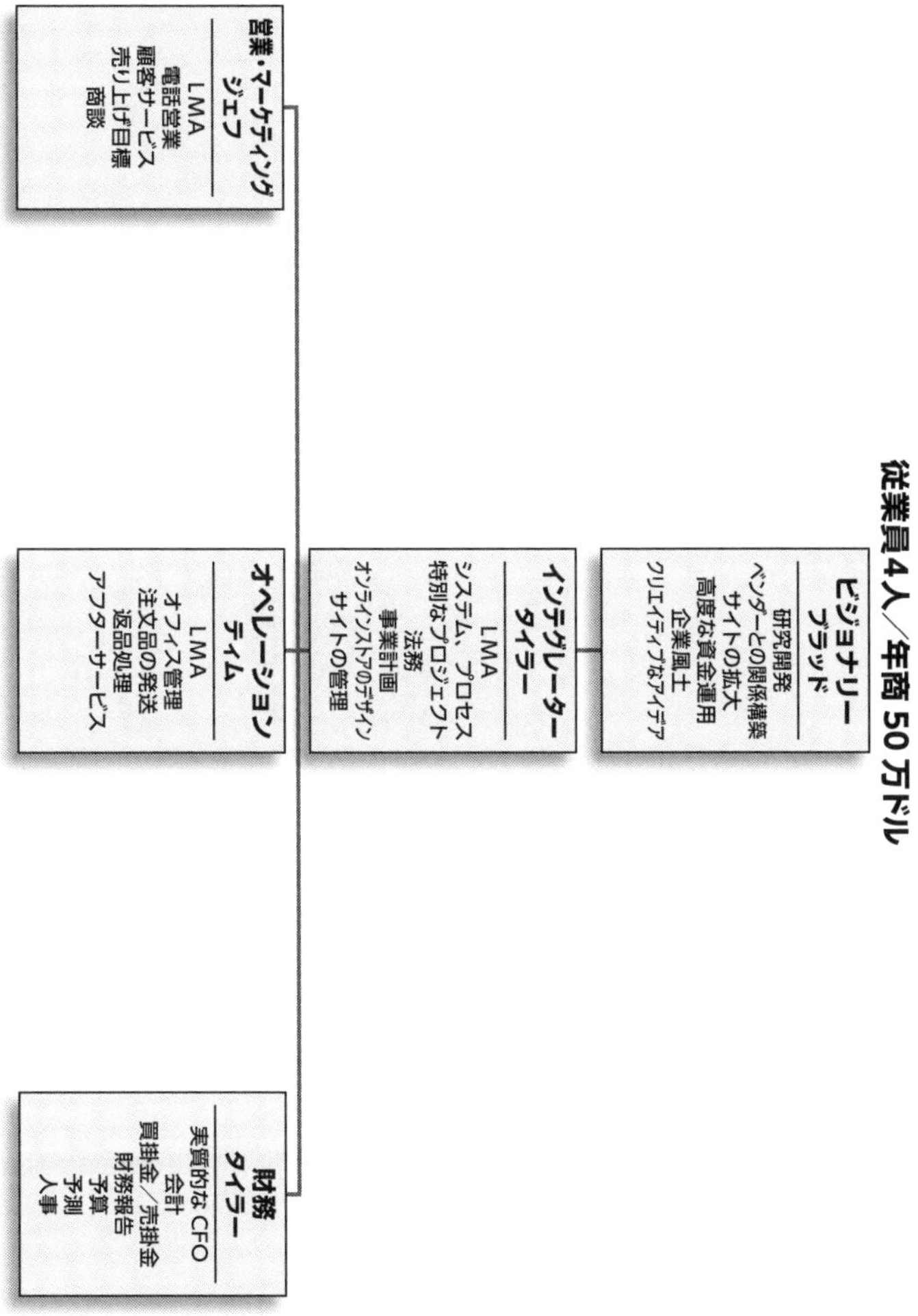
1年目
従業員4人／年商50万ドル
ビジョナリー
ブラッド
研究開発
ベンダーとの関係構築
サイトの拡大
高度な資金運用
企業風土
クリエイティブなアイデア
インテグレーター
タイラー
LMA
システム、プロセス
特別なプロジェクト
法務
事業計画
オンラインストアのデザイン
サイトの管理
営業・マーケティング
ジェフ
LMA
電話営業
顧客サービス
売り上げ目標
商談
オペレーション
ティム
LMA
オフィス管理
注文品の発送
返品処理
アフターサービス
財務
タイラー
実質的なCFO
会計
買掛金／売掛金
財務報告
予算
予測
人事

2年目
従業員 15 人／年商 210 万ドル

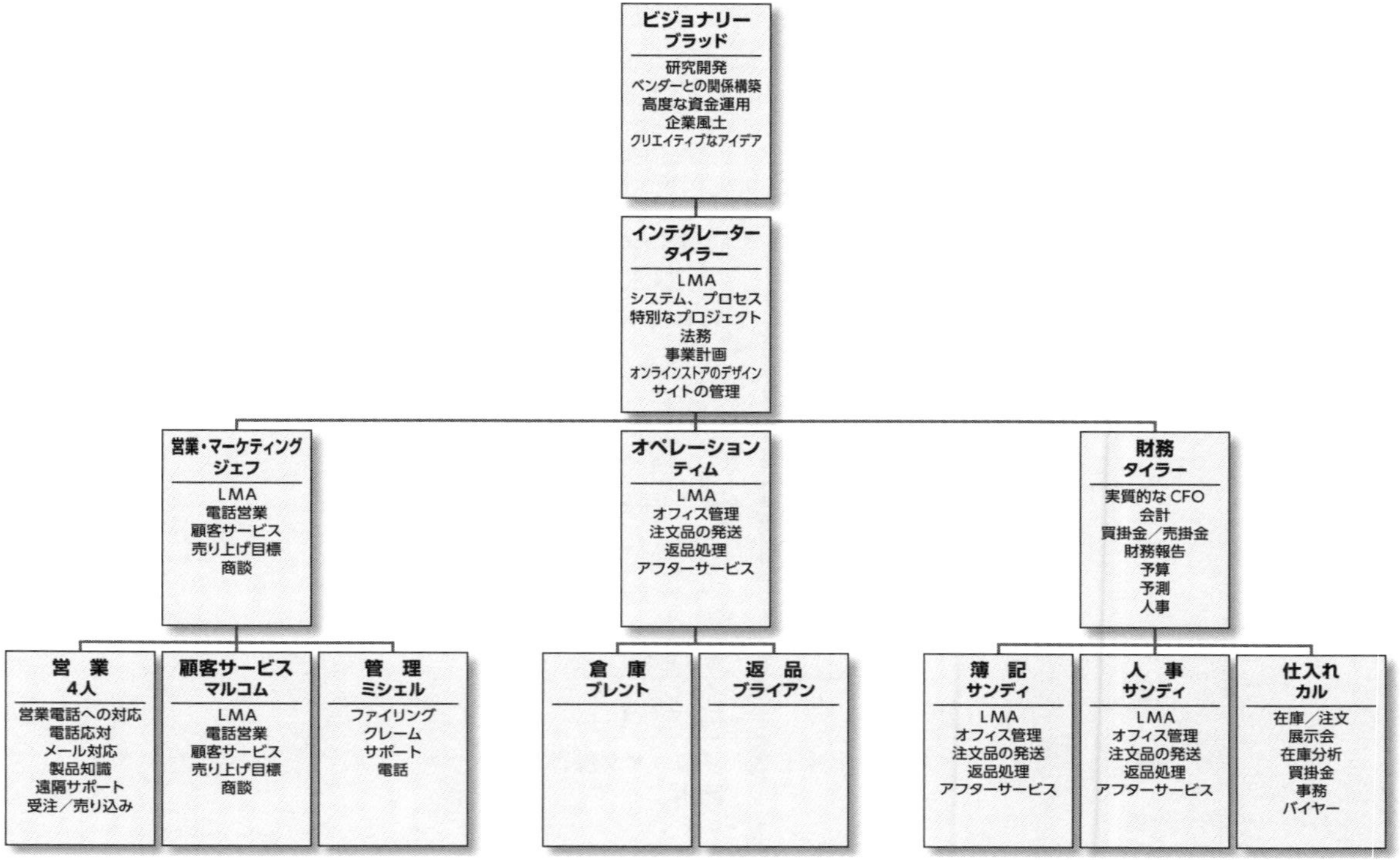
ビジョナリー
ブラッド
研究開発
ベンダーとの関係構築
高度な資金運用
企業風土
クリエイティブなアイデア
インテグレーター
タイラー
LMA
システム、プロセス
特別なプロジェクト
法務
事業計画
オンラインストアのデザイン
サイトの管理
営業・マーケティング
ジェフ
LMA
電話営業
顧客サービス
売り上げ目標
商談
オペレーション
ティム
LMA
オフィス管理
注文品の発送
返品処理
アフターサービス
財務
タイラー
実質的な CFO
会計
買掛金／売掛金
財務報告
予算
予測
人事
営 業
4人
営業電話への対応
電話応対
メール対応
製品知識
遠隔サポート
受注／売り込み
顧客サービス
マルコム
LMA
電話営業
顧客サービス
売り上げ目標
商談
管 理
ミシェル
ファイリング
クレーム
サポート
電話
倉 庫
ブレント
返 品
ブライアン
簿 記
サンディ
LMA
オフィス管理
注文品の発送
返品処理
アフターサービス
人 事
サンディ
LMA
オフィス管理
注文品の発送
返品処理
アフターサービス
仕入れ
カル
在庫／注文
展示会
在庫分析
買掛金
事務
バイヤー

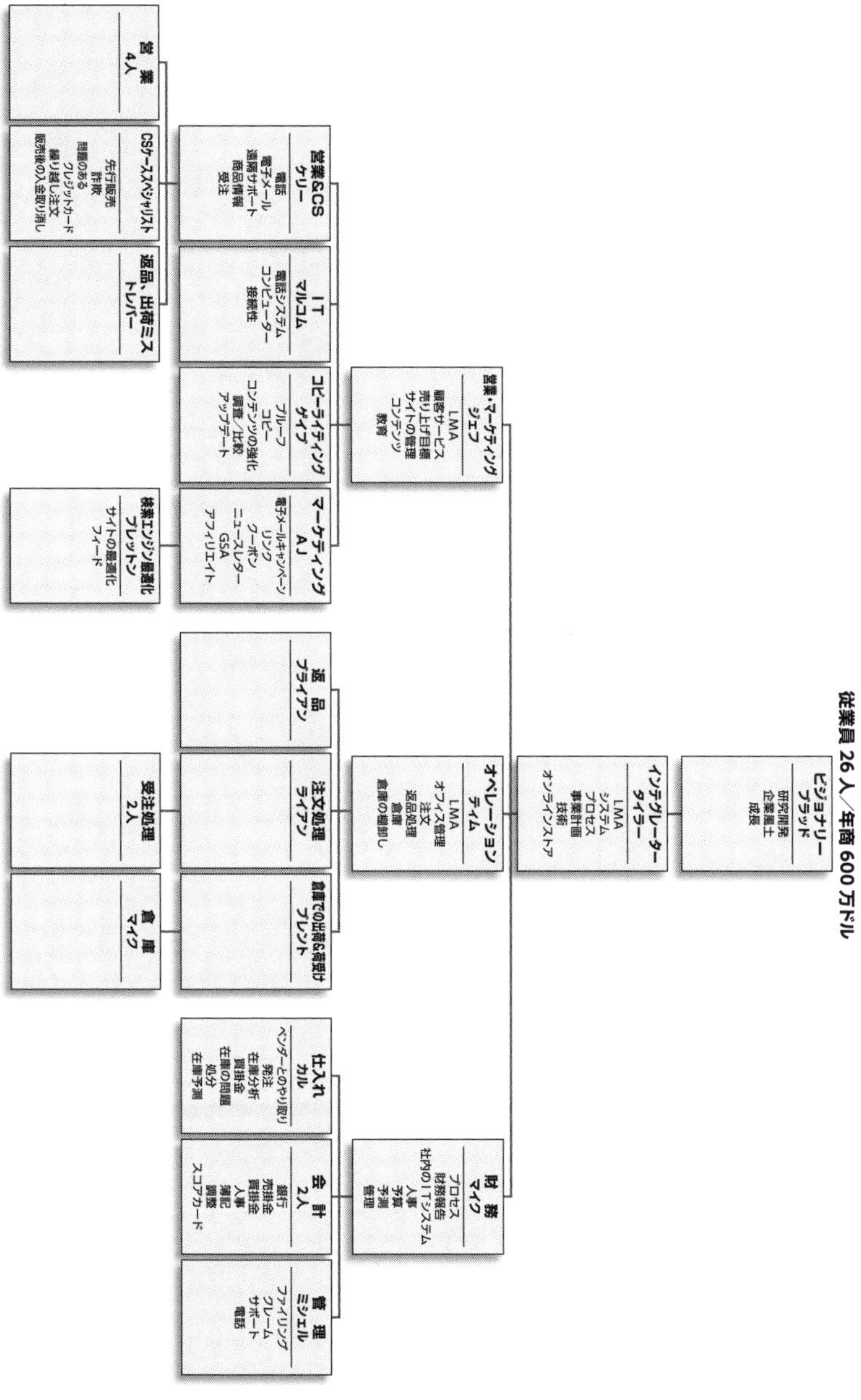
3年目
従業員 26 人／年商 600 万ドル
ビジョナリー
ブラッド
研究開発
企業風土
成長
インテグレーター
タイラー
LMA
システム
プロセス
事業計画
技術
オンラインストア
営業・マーケティング
ジェフ
LMA
顧客サービス
売り上げ目標
サイトの管理
コンテンツ
教育
オペレーション
ティム
LMA
オフィス管理
注文
返品処理
倉庫
倉庫の棚卸し
財務
マイク
プロセス
財務報告
社内のITシステム
人事
予算
予測
管理
営業&CS
ケリー
電話
電子メール
遠隔サポート
商品情報
受注
IT
マルコム
電話システム
コンピューター
接続性
コピーライティング
ゲイブ
プルーフ
コピー
コンテンツの強化
調査／比較
アップデート
マーケティング
AJ
電子メールキャンペーン
リンク
クーポン
ニュースレター
GSA
アフィリエイト
返品
ブライアン
注文処理
ライアン
倉庫での出荷&荷受け
ブレント
仕入れ
カル
ベンダーとのやり取り
発注
在庫分析
買掛金
在庫の問題
処分
在庫予測
会計
2人
銀行
売掛金
買掛金
人事
簿記
調整
スコアカード
管理
ミシェル
ファイリング
クレーム
サポート
電話
営業
4人
CSケーススペシャリスト
先行販売
詐欺
問題のある
クレジットカード
繰り越し注文
販売後の入金取り消し
返品、出荷ミス
トレバー
検索エンジン最適化
ブレットン
サイトの最適化
フィード
受注処理
2人
倉庫
マイク

5年目
従業員43人／年商1410万ドル

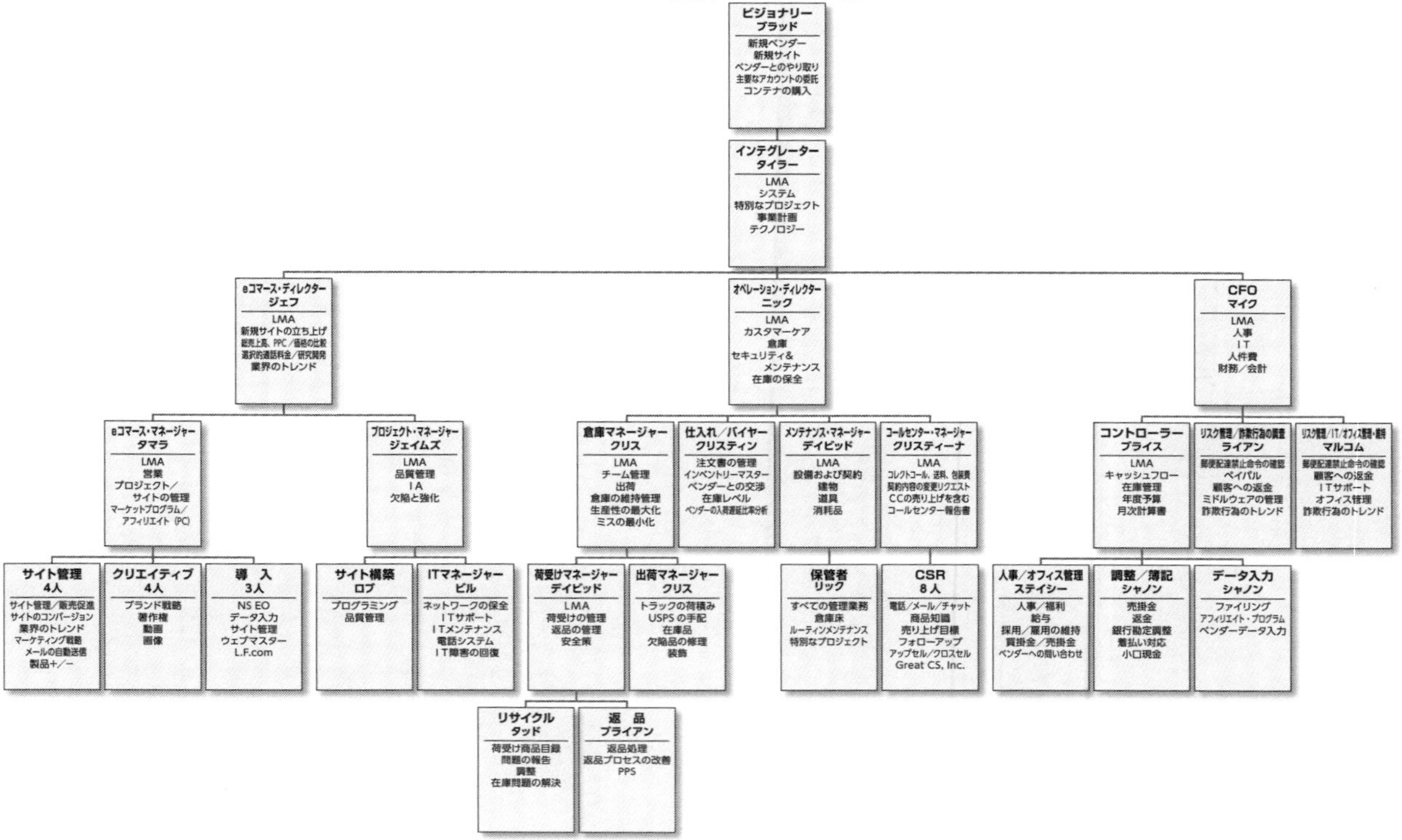

たとえばニッチ・リテールの五年目のアカウンタビリティ・チャートを見ると、コールセンター・マネージャーの下にＣＳＲ（顧客担当）が八人いるのがわかる。

◆現在の組織図について

現在の組織図はどうしたらいいのかと疑問に思う人もいるだろう。その組織図の代わりに完成したてのアカウンタビリティ・チャートを使い、組織構造を説明するときのツールにしよう。この図には、指揮系統、各機能の役割や責任が明確に描かれている。シンプルにまとめよう。次に、この図を組織の全員と共有しよう。これを見れば、従業員は自分の立ち位置と、自分がどんな責任を負っているかがわかるようになる。そのうえで、従業員がコア・バリューを共有し、業務に対する理解力、やる気、能力（ＧＷＣ）も備えているのであれば、あなたはつるを手放して（業務を手放して）、権限を委譲しよう。

◆解雇について

注意点を一つ。組織の構造がクリアになった結果、組織に合わない人がはっきりしてしまう。すぐにその人たち全員を解雇してはいけない。そんなことをすれば組織は批判の的となり、大きな痛手を負うだろう。

人事異動については、経営チームが同じ認識を共有していることを確認しながら、秩序立った方法で段階的に進めていこう。といってもそれを逃げ道にしてはいけない。段階的にやるのは、業務に穴を開けないようにするためだ。改革しなければならないことに変わりはない。解雇までの適切な順序とはなにか？　103ページでスリー・ストライク・アウトルールを紹介しているので、参考にしてほしい。

組織は植物に似ている。枯れそうになった植物にはたくさん水をやればいいというものではない。しおれた枝を切り落とすことで息を吹き返すことも多い。パフォーマンスを発揮できない人をセミナーに通わせたり、ハッパをかけるのは枯れそうな植物に水をやるのと同じだ。

◆三十六時間の苦痛

退社させなければならない社員がいるものの、解雇するのがつらくて先延ばししているなら、次の話を読んで決意を固めてほしい。ニッチ・リテールが進化する過程を前述したが、タイラー・スミスはある社員を一年長くとどめていた。その社員を解雇する決断がなかなか下せなかったからだ。創業間もない頃から長年勤めてきた従業員だったので、タイラーは大いに悩んだ。だが、その従業員にとって会社は大きくなりすぎた。本人もそれに気づき、徐々に不機嫌な態度を取るようになった。経営チームはようやくピープル・アナライザーを取り出したが、その結果、他に選択肢がないことが判明した。彼はもはや組織にふさわしい人ではなかったのだ。ひどく悩み苦しんで考えた結果、タイラーは彼を解雇するという難しい決断を下した。数日後、タイラーは私に電話をかけてきて、その時のことを「三十六時間の苦痛」だったと打ち明けた。これは今やEOSのお決まりの言葉となっている。

解雇に至るまでの時間と解雇そのものは苦痛だったが、やがて彼は組織全体のために下した決断のなかで最善の決断の一つだったと気づいたという。なぜもっと早く決断しなかったのかと思ったほどだ。職場環境がはるかに改善し、緊張感がなくなったと皆が感じたのだ。タイラーはほっとした。

他の従業員は、難しい決断を下した彼にお礼を言ったという。彼は一年間悩み続けたが、今思えば、双方共に三十六時間の苦痛で済ませることもできたのだ。ついでながら、解雇された男性は今はうまくいっており、夢に向かって邁進しているそうだ。あの決断はみんなにとって最善のものだったのだ。ピープル・アナライザーによって組織に間違った人がいることが判明したら、決断しよう。もちろん、その決断は苦痛を伴うが、ほんの三十六時間の我慢だ。

留意してほしい要点が二つある。

一．何を望むかは慎重に選ぶこと。望むことは、かなってしまうからだ。会社を成長させたいなら、誰もが永遠に同じ席に座り続けられるわけではないと認識しておこう。

二．好きだからという理由で従業員を維持することは、組織にとって有害だ。会社にも、他の従業員にも、当事者にも害となる。冷たく聞こえるかもしれないが、正しい席に座る人が増えればそれだけ、みんなが、そして特に本人が幸せになれる。

◆三つの問い

クライアントがアカウンタビリティ・チャートを完成させると、私たちは完璧な人員配置ができたか確証を得るために、次の三つの質問をする。あなたの経営チームにも訊いてみてほしい。

一．我が社がレベルアップするのに適切な構造だろうか？

二．全員が正しい席に座っているか？

三．全員が仕事をきちんとこなすのに十分な時間があるか？

三つとも「イエス」なら、アカウンタビリティ・チャートが完成したことになる。

偉大なリーダーが成功したのは良き人々に恵まれたおかげだと言う意味が、これでわかったはずだ。正しい人（コア・バリューが合致する人）が正しい席（ＧＷＣとユニーク・アビリティの条件を満たすこと）に座っているからできたことなのだ。

ビジョンを共有し、正しい人を正しい席に座らせたところで、次にするべきなのは、会社の進歩を測定し、ビジネスに強固なリズムを持たせることだ。それにはデータを活用する必要がある。

まとめ

人のモジュール

正しい人

- コア・バリュー
- ピープル・アナライザー

正しい席

- アカウンタビリティ・チャート
- GWC（その業務を理解している、やる気がある、能力がある）

第5章

データ

――数値で冷静さを取り戻す

小さな飛行機が大西洋の上空を飛ぶところをイメージしてほしい。その途中で機長がこうアナウンスした。「良いお知らせと悪いお知らせがあります。悪いお知らせですが、計器が故障しました。私たちは完全に五里霧中でして、どの方角にどんな速度で進んでいるのかも、あとどれだけ燃料が残っているのかもわかりません。次は良いお知らせですが、私たちは予想よりも早く進んでおります！」

どこかで似た話を聞いたって？

おそらくあなたの会社の経営状態と似ているのではないだろうか。自分の位置、目的地、正しい方向に進んでいるかを評価するデータもなく、当てずっぽうに飛行している。にもかかわらず、いつも楽観的だ。

生産的な議論や意志決定の根拠を提供してくれるのは、事実に基づくデータだけであると認識しなければならない。

本章では、データを作成して管理する方法を伝授する。これであなたは継続的に会社の脈拍を正確に測り、効果的な行動を取れるようになるだろう。今後は、憶測や主観的な意見や感情やエゴに振り回されることもなくなるだろう。

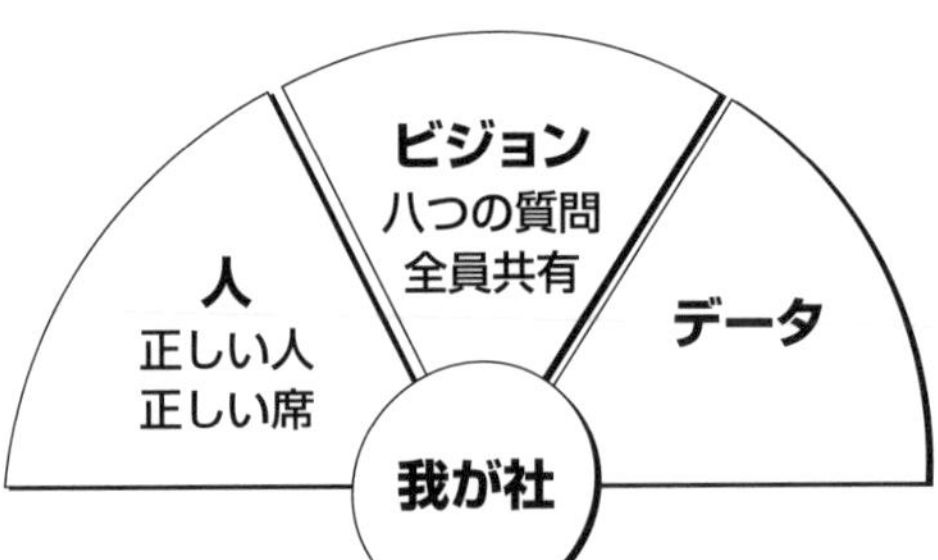

優秀な経営者は、厳選された一握りの数字を使って会社を管理している。その数字を使えば週単位で会社をモニタリングできて、順調な活動とそうでない活動をすぐに察知できるようになるからだ。気になる数字をしばらく追跡すれば、その数字のパターンと傾向から未来を予測することも可能になる。

ＥＯＳのデータのモジュールでは、「スコアカード」というツールを導入して、業績を定量化する。会社の脈拍を正確に測れるようになれば、最終的に「つるから手を離し」ても、会社の動向を敏感に感じ取れるだろう。さらに、組織の全員が数字目標を持つようになる。測定および管理ができる有意義な数字目標を持つことで、従業員は方向性をしっかり認識し、生産的に働くようになる。

――スコアカード

ビジネスに関する古い格言によると、測定し、見える化できるものは向上するという。スコアカードを使って管理するという概念はかなり前からある。このアイデアはさまざまな名前で呼ばれてきた。たとえばダッシュボード、フラッシュレポート、スコアボード・メトリクス、測定可能な指標、重要業績評価指標（ＫＰＩ）、スマートナンバーなど。

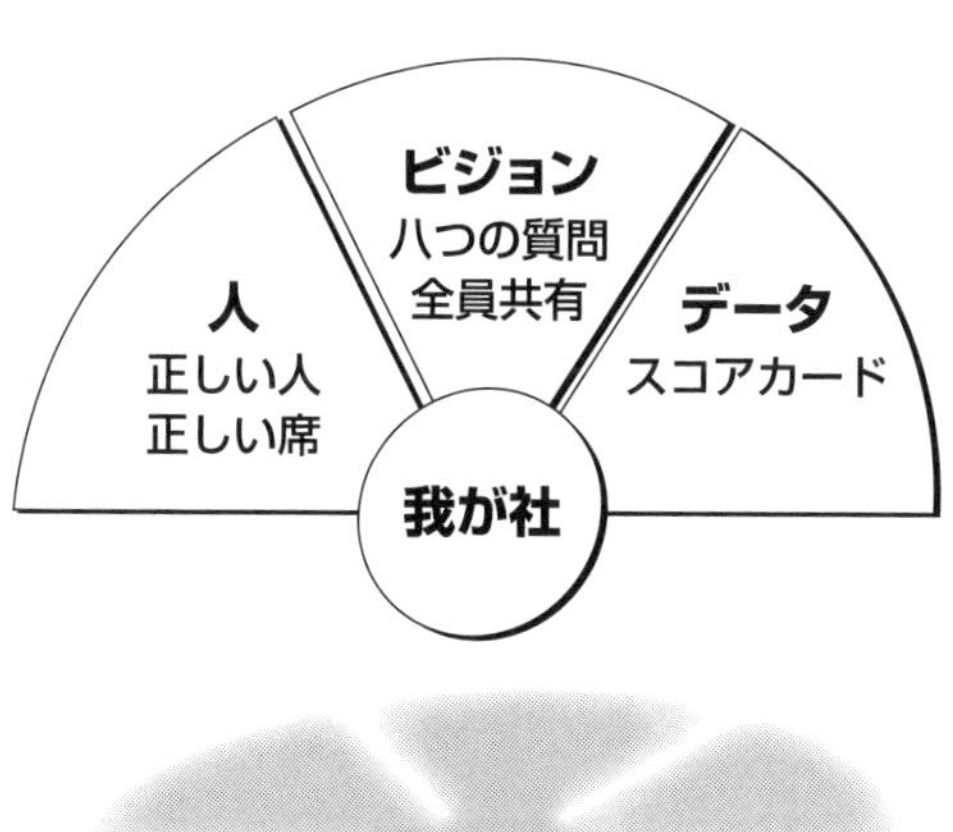

どう呼ぼうが構わないが、要するに一目でビジネスの状況を把握できるいくつかの数字のことだ。

残念ながら、ほとんどの組織にはスコアカードがない。会社の状況を定期的に評価するための活動基準の数字がないのだ。損益計算書を基に事実を把握する会社もあるだろうが、それではリアルタイムに修正できない。損益計算書は遅行指標である。損益計算書は結果が出たあとに作られたものだし、どう頑張っても過去は変えられない。しかしスコアカードを使えば、未来を変えられる。

では、最も手強そうな野獣をスコアカードを使って管理した例を見てみよう。元ニューヨーク市長のルドルフ・ジュリアーニだ。著書『リーダーシップ』（講談社）の「どんなときも、全員が説明責任を負うこと」という絶妙なタイトルの章のなかで、ジュリアーニはニューヨーク市の市長を引き継いですぐに取りかかった仕事のなかに、「コンプスタット」の導入があったと述べている。コンプスタットはマルチレベルな管理ツールであり、ニューヨーク市警察（NYPD）の警察官は、これを使うことで一日または一週間単位で具体的な犯罪件数を報告している。

ニューヨーク市警察は、コンプスタットのおかげで各警察管区の指揮官が犯罪のパターンや傾向を把握したうえで対応し、必要な地域に警官を配置できている。かつてのニューヨーク市警察は、検挙数や緊急通報電話を受けてから対応するまでの時間を追跡したが、どちらも遅行指標だ。四半期または一年ごとにこれらの数字の報告を受け取る頃には、犯罪パターンが変わっていることもしばしばだった。コンプスタットのシステムは一日または週単位で犯罪行為を追跡したため、ニューヨーク市警察は犯罪行為の脈拍を測り、犯罪を報告するだけでなく、犯罪防止もできるようになったとジュリアーニは言う。

殺人事件数は八年間で七〇%ほど減少し、犯罪件数も全体的に六五%ほど減少した。一九九六年、コンプスタットはハーバード大学ケネディ・スクールの行政改革賞を受賞。今では多くの都市で同じようなツールが使われている。コンプスタットが成功したあと、ジュリアーニは「カップスタット」と呼ばれる市内全域を網羅するスコアカードを発表した。これを使えば、市内二十の管轄区域の警察官のパフォーマンスを詳しく評価できる。

もちろんビジネスでも応用できる。私の会社では、十四の数字を使って会社全体を管理しているが、いくつの数字を追跡するべきかは、会社によって異なる。九千社を越えるEOSのクライアントには、九千もの異なるスコアカードがある。あなたの会社のスコアカードは独特なものになるだろう。独自のスコアカードを作るプロセスを紹介しよう。

ステップ一 ――

経営チームはどこかの無人島にいる。Eメールも電話も使えない。一握りの数字が書かれた一枚の紙だけが、手元にある。その数字は、会社の脈拍を正しく測れるものでなければならない。

一握りの数字とはなにか？　ビジネスの脈拍をきめ細かくフォローするために、週単位で追跡しなければならない数字を指す。それはどの数字だろうか？　経営チーム全員で1時間かけて話し合い、決めて欲しい。たとえば週間売り上げ、現金残高、週単位の営業活動、顧客満足度、顧客の問題、売掛金、買掛金、クライアント計画、生産状況などの項目だ。

経験則から言うと、おそらく五～十五項目ほど見つかるだろう。もちろん、少ない方が望ましい。情報が多すぎるのは問題だ。どの数字を載せるか決めたら、それをスコアカードのテンプレートに組み込もう。次ページに一例としてスプレッドシート形式のテンプレートを掲載しておいた。項目の見出しの下にさまざまな項目が並んでいるのがわかるだろう。

ステップ　二――左側の欄に、各項目の責任者を書こう。最終的には、各項目の責任を負うのは一人、一般的にはその部署のトップとする。責任者とは、数字を入力する人ではなく、毎週数字を報告する義務を負う人のことだ。たとえば、営業活動の数字の責任を負うのは、それを達成しなければならない営業・マーケティング部門の部門長であって、毎週スコアカードに数字を入力する財務部の担当者ではないということだ。

ステップ　三――各カテゴリーについて、週ごとに期待できる目標を決めてシートに書き込もう。「ビジョン・トラクションシート」が完成したら、スコアカードの目標には「1年計画」に直接結びつく数字を書き込もう。

スコアカード

責任者	項目	目標	1月				2月				3月				
			5	12	19	26	2	9	16	23	2	9	16	23	30
	週間売り上げ														
	現金残高														
	営業電話														
	営業ミーティング														
	提案														
	成立した取り引き														
	給与総額														
	顧客の問題														
	顧客満足度														
	売掛金														
	買掛金														

ステップ　四――翌週からスコアカードをつけられるよう、最初の日付欄に翌週の日にちを記入する。

ステップ　五――毎週数字を集計し、それをスコアカードに記入する担当者を決める。各従業員がその担当者にどう数字を報告するかも決めること。

ステップ　六――使う！　毎週スコアカードをレビューして、「ビジョン」の実現に向けて順調に進んでいることを確認しよう。スコアカードを使うことのメリットは、週単位で会社を管理できるだけではない。あなたは間もなく十三週間（三か月）の結果を一目で見られるようになり、そこからパターンや傾向を読み取れるようになる。数字が増えるに従って、つまり十四週目の数字を追加すると、第一週の結果が見えなくなるだろう。このような結果は残しておいて、将来的に過去の実績として参照しよう。

◆スコアカードの三つの目安

一．スコアカードの項目は、週単位の活動基準の数字であって、損益計算書に記載されているような専門的な数字ではない。数字は活動を表す。言い換えれば、スコアカードから損益計算書が予測できるのだ。何を活動基準の数字に選べばいいか？　わかりやすくするために、いくつか例を紹介しよう。

ひとつのカテゴリーは売上関連の数字になるだろう。もし「売上額」のみにしているなら、すぐに改めたほうがいい。売上額は、遅行指標だからだ。

ではどんな基準がいいのだろうか。営業プロセスを遡って検証してみよう。大抵の場合、もっと早い段階で測るべき数値があることに気づく。マーケティング活動で獲得した見込み顧客の数、顧客に連絡した回数、予約を入れた商談数、実行された商談数、提案数、契約数等だ。活動を表す数値を観測するのだから、どのプロセスが重要かを見極めよう。

たとえば、マーケティング活動で獲得した新規見込み顧客の数を選び、スコアカードでその数を追跡するとする。新規顧客の数を把握することで、そのうちの何人と連絡が取れるようになり、そのうちの何人が商談に結びついたかを把握できる。こうした決まり切ったやり方とその割合を理解することで、この先二、三か月後、場合によっては四か月後の契約数を予測できるようになるだろう。究極的には、即座に何人の見込み顧客を開拓する必要があるかがわかるようになる。

顧客満足度などの数値化が難しいケースでも応用できる。やりがちな失敗は、顧客のクレーム件数や失った顧客数を追跡する手法である。クレーム等も遅行指標である。ではどうするべきか。ある会社は、お客様アンケートの10点満点評価欄を参考にしている。ある分野のサービスで10点満点中平均8・5点の評価を得ているとして、突然3週連続で平均点が7点に評価が下がったら、何か問題があることがわかる。これなら顧客を失う前に問題を解決するチャンスがある。

二. スコアカードは事前対策に秀でたツールであり、問題が実際に起きる前に予測するのに役立つ。だが、それでも月次決算書か四半期ごとに財務諸表を確認し、毎月または四半期ごとに予算をチェックする必要がある。

三. 多くのクライアントは、スコアカードを使った管理方法は、危険信号が点った不調なカテゴリーに対応するのに役立つと感じている。危険信号が点るのは、数字の一つが週の目標を達成できなかったときだ。その数字に濃淡をつけて、目立たせよう。多くの人は赤色を使う。これはスプレッドシートで設定してもいいし、手動でやることもできる。こうすることであなたはその数字に注目して意識するようになり、週次ミーティングで緊急性の高い問題として扱うようになる。

スコアカードは進化する。試行錯誤を繰り返して、観測する指標を入れ換えよう。後続の章を参考にスコアカードを活用すれば、平均すると、三か月もすれば一〇〇%正しい項目が並ぶだろう。スコアカードを活用する最大のメリットは、未来の問題を予測できるハードデータが手に入ることだ。問題の起点を知り、根本的な原因に直接アプローチして、小さな問題が経営課題になる数歩手前から解決する癖をつけよう。

――測定可能な数字

全従業員が数字目標を共有して仕事の指針にしなければ、天井を突き破ることはできない。数字目標は、透明性を確保し責任感を生み出す。だからこそ、曖昧な評価ではなく、測定可能な数字にこだわることが大切だ。スコアカードの各数字は、必ず一人の人間が責任をもたなければならない。

◆誰もが一つの数字を持つ

ミシガン州にある大きな証券会社とオンライン住宅ローン会社の創業者にして会長でもある男性が、ある日、起業家機構（ＥＯ）で講演を行った。十六年前のことで、当時私は最初の会社を経営し、彼は七十五人の従業員を抱えていた。彼は何でも測定しようとする人だったが、ある時「皆が数字を持ってるんだよ」と言った。それから彼の組織では全員が、受付係ですら、数字目標を持っているのだと話した。例えば「電話は2コール以内でとりなさい。3コールはダメ」という目標である。彼の講演は私を目覚めさせた。オフィスに戻ると、私は数字で測れる項目を見つけ出して、全員に数字目標を課した。以来私はこの規律を全クライアントに教え、彼らはかなりの成果を上げている。

デール・カーネギーの『人を動かす』（創元社）に、数字目標がいかに人々を動かすかを物語る事例が紹介されている。一九〇〇年代前半、チャールズ・シュワブはベスレヘム・スチール・カンパニーを経営していたが、当時の工場長は従業員たちに作業ノルマを達成させられずにいた。ある日、シュワブは彼に「きみはなかなかのやり手だと思っているのだが、案外、成績が上がらないのは、どういうわけだろう?」と訊ねた。工場長は答えられなかった。彼はすでにいろいろな方法を試していたのだ。その会話が交わされたのは一日の終わり、ちょうど夜勤組が出勤する直前だった。シュワブは工場長からチョークを一本借りると、一番近くにいた従業員に、今日

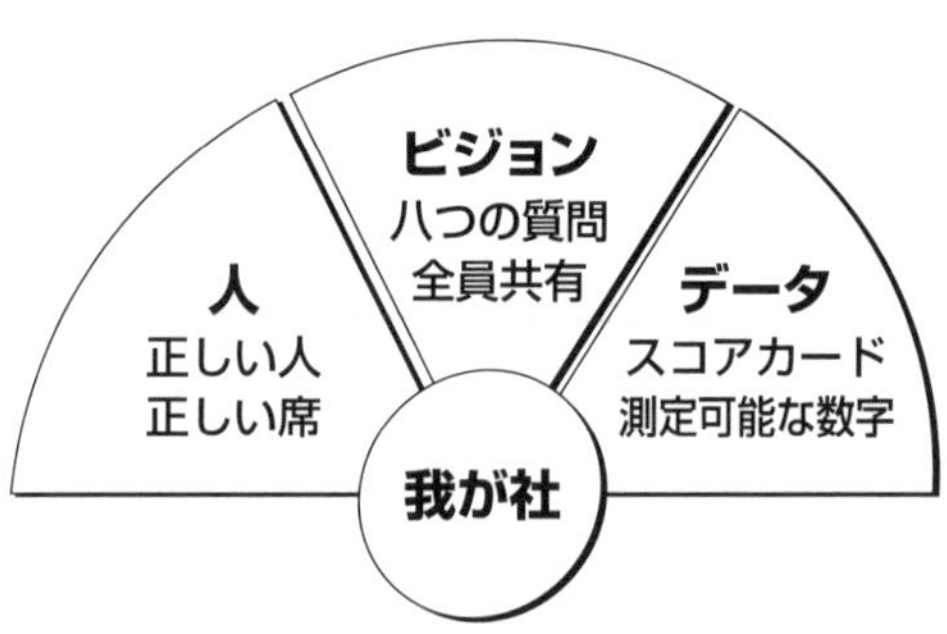

は何回鋳物を流したかと訊ねた。その男性は六回と答えた。シュワブは黙って床に大きな字で六と書くと、工場から出て行った。

夜勤組が出勤してきた時、彼らは六の字を見て、これはどういう意味かと訊ねた。昼勤組は、経営者のチャールズ・シュワブが鋳物を流した回数を訊ねたあと、その回数を床に書いたのだと説明した。翌朝、再び工場にやって来たシュワブは、夜勤組たちが六という字をこすり落として、大きな字で七と書き直していることに気づいた。同じ日の朝、出勤してきた昼勤組も床にチョークで書かれた七という字を見て、夜勤組たちを負かしてやろうと考えた。作業員たちは勢いよく仕事に取りかかり、彼らが作業を終えて出て行ったあとには、巨大な字で「十」と書かれてあった。生産性で著しく後れをとっていたこの工場は、間もなく他のどの工場よりも生産量が高くなった。

このことから、全員に数字目標を与えることの影響力の強さがわかる。実際に、全員が数字目標を持つことで得られるメリットは八つある。

一．数字を使うと、マネージャーと部下の間のあいまいで主観的なコミュニケーションを省ける。

たとえば前週の販売活動について、かつては営業部のマネージャーと営業担当者は「すごいです！良くなってきています！」などとあいまいに答えていたが、新しい数字基準で答えると「私は三件獲得しました」と明快になる。その会社にとって三件が良い数字なら、先週は好成績だったことになる。十件取らなければならないなら、解決すべき問題がありそうだ。その問題が、二か月後に売り上げの減少という形で損益計算書に表れる前に、今から解決した方が良いだろう。数字は人のためにあるだけではない。数字は比較の基準となったり、論理的な会話を生み出したり、最終的には結果をもたらすことで、マネージャーと直属の部下との間のコミュニケーションツールとなる。

二．**数字は結果責任を伴う。**数字目標を設定すると、誰もが自分は何を期待されているのかがわかる。結果責任は明確な期待によって生じるし、数字ほど明確なものはない。たとえば、経理部の従業員に「回収」を期待するようではあいまいだ。しかし、売掛金の回収日数を四十日以下にする、売掛金残高を十万ドル以下に抑える、または滞留売掛金を五万ドル以下に抑えるなどと求めれば、期待は明確になる。従業員は自分たちの目標をしっかり認識できる。

三．**責任がある人は数字目標を高く評価する。**間違った席に座っている間違った人は、数字目標に反発するものだ。正しい席に座っている正しい人は、明確さを好む。達成しなければならない数字を認識すると、彼らは全員が責任を負う企業風土の一員で良かったと感じる。数字目標は団結心を生み出し、会社を成功に導こうと皆が懸命に働くようになるだろう。正しい人は勝ちたいと思うものだからだ。

四．**数字目標は透明性と約束を生み出す。**従業員が自分の数字目標を明確に認識してそれを達成することに同意することは、あなたと約束することでもある。グレーゾーンはない。その最たる例として、百貨店大手のノードストロームは販売員に時間単位の売り上げ目標を課している。数字は給与明細に明記され、売り上げに応じて報酬が支払われる。ノードストロームの販売員は、時間という細かい単位で自分たちに期待されている売上金額を把握しているのだ。

五．**数字は競争を生み出す。**チャールズ・シュワブは、両シフトのメンバーに目標となる数字を知らせることで、競争を生み出した。確かに、彼らは困惑して少しストレスも感じたかもしれないが、ちょっとしたプレッシャーなら問題はない。

六．**数字は結果を生み出す。**ルドルフ・ジュリアーニがニューヨーク市の治安状況を好転させたのと同じように、あなたもすばらしい成果を生み出すことができる。カスタマーサービス部門に、顧客の問題を一〇〇％解決することを課せば、彼らがこの数字を達成することで、あなたは最終的に顧客離れを防ぎ、顧客満足度も上がるだろう。あるいは、カスタマーサービスの担当者に「ついで買い」の売り上げの責任を課すこともできる。「ついで買い」の売り上げ目標を達成するには、一日につき一千ドルの売り上げが必要だとわかれば、彼らが目標を達成する可能性は高くなるし、少なくとも数字を課さないよりも売り上げは上がるだろう。監視できるものは、改善できるのだ。

七．**数字はチームワークを生む。**正しい人が正しい席に座ったチームが、ある数字目標を達成することに応じると、彼らは「どうすれば達成できるか？」を話し合ううちに、友情と仲間同士の圧力が生まれる。技術者から成るチームが、四時間以内に皆で仕事を終わらせてくれと頼まれたら、彼らはその数字目標を達成しようと協力して知恵を絞るだろう。努力せずに数字目標を達成した人は、努力したメンバーたちから非難されるだろう。

八．**問題を早く解決できる。** 活動基準の数字が思わしくなければ、あなたはそれに着手して積極的に問題を解決できる。最終結果ベースの数字とは違って、判明したときには遅すぎて変えられないということもない。さらに、データを使うことで主観的で感情的な意見を排除できるため、あいまいさが生じることも、正しい決定を下すまでに時間がかかることもない。

ザクセ建設のトッド・ザクセは、全従業員に数字目標を課すことの重要性をすぐに理解したが、経営チームにはその価値を理解してもらえずにいた。経営チームのメンバーは、従業員から反発されると思い込んでいたのだ。私は数字目標を設定することの利点を皆に説明し、なんとか合意を得た。「現場監督は、残工事リスト（パンチリスト）のタスクを十五日間で終わらせる」、「経理部の従業員は、売掛金を三十日以内に回収する」、「受付係は、手紙を開封して四時間以内に配る」と具体的で明確な数値目標を設定した。するとみるみるうちに業績は改善し、わずか1年で一五〇％の成長率を達成した。

どうしても設定するべき明確な数字が見つからない人のためにヒントを与えよう。参照すべきは、完成した「アカウンタビリティ・チャート」だ。従業員の目標部分から、各機能の五つの役割を見てほしい。五つの役割のうち、一つか二つ、または三つぐらいは数字で測れるものがあるだろう。たとえば、あるプロジェクト・マネージャーの役割が次の五つだとしよう。

●期日までにプロジェクトを終わらせる

●各プロジェクトの粗利目標を達成する
●顧客満足
●毎週予定通りに報告する
●品質基準をクリアする

時間厳守、粗利、顧客満足、そしておそらく品質基準も測れる。これは一例だが、きっと参考になるはずだ。

まとめ

データのモジュール

スコアカード

●毎週管理すべき五～十五の数字
●これを使えばビジネスの脈拍をフォローし、今後を予測できるようになる

測定可能な数字

●全員に数字目標を持たせる
――全員に数字を持たせると、八つのメリットを期待できる

第6章

課題

――決める!

組織で課題が生じたときは、規律を持ち解決への方策を検討しなければならない。明確な「ビジョン」があり、適切な人材がそろっていて、データを管理していれば、何が組織の足かせになっているかが見えてくる。成功している企業は問題を何週間、何か月、何年も放置することはない。問題とはキノコのようなものだ。暗くて雨が降っていると増殖する。明るい光の下では減少する。隠れる場所のない組織では、問題はたちまち明るみに出てしまう。ＥＯＳはそのような強い光を生み出す。

人間は、難しい決断を先延ばしにしがちだ。選べるのであれば、ほとんどの人はできれば問題に対処したくない、問題が自ずと解決すればいいのにと望むだろう。このような消極的な姿勢は実に見苦しい。ナポレオン・ボナパルトが言ったように、「決断できること以上に難しく、それゆえに尊いものはない」のである。

つまるところ成功できるか否かは、問題解決能力にかかっている。これは何ら新しい話ではない。ナポレオン・ヒルは名著『思考は現実化する』（きこ書房）のなかで、失敗を経験した二万五千人を分析したある調査を引用している。彼らが失敗した

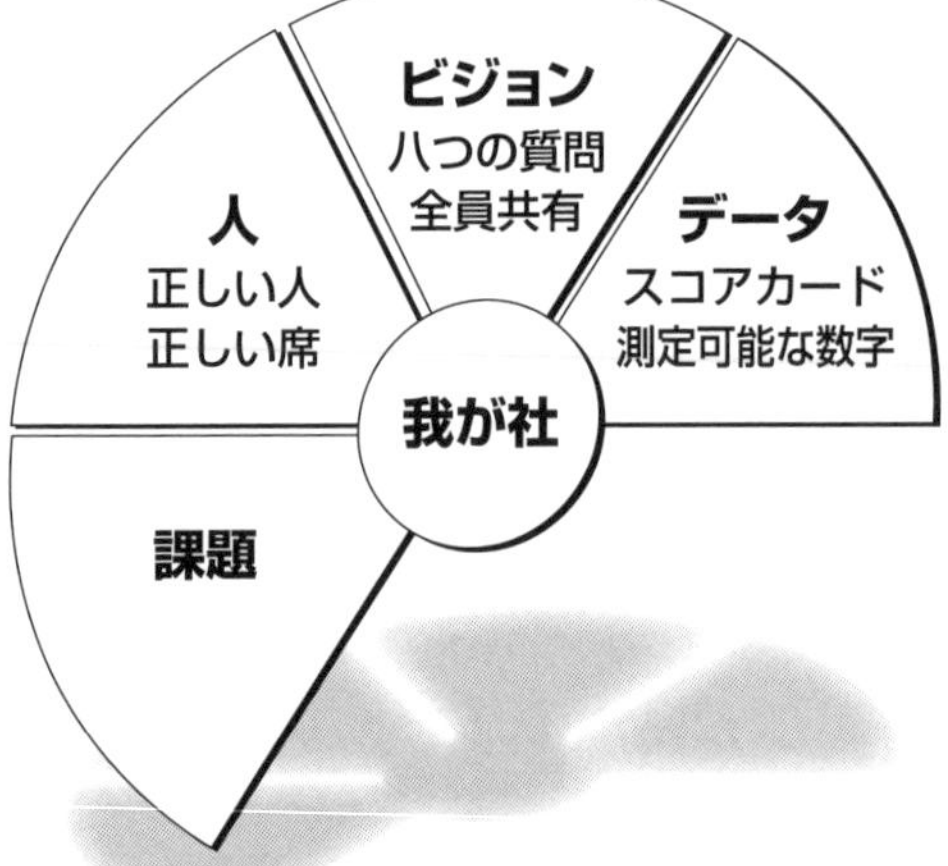

主な原因の一つは、決断力不足、つまり先延ばしにしたことだった。対照的に、数百人の億万長者を分析した結果、彼らが皆迅速に決断を下し、決断を変える必要性がある場合はゆっくりと変えたことがわかった。

ほとんどの経営チームは、議論にばかり時間を費やし、問題を解決することはめったにない。いつも時間がないのはやるべきことがたくさんあるからではなく、未解決の課題を抱えているからだ。これから教えるプロセスを実行すれば、経営チームはすばやく問題の根本を突き止め、解決策を議論し、決断できるようになる。かくして組織は前に進み続け、重荷が減って勢いを取り戻すだろう。かつて父は私に「何を決断するかよりも、おまえが決断することの方が重要だ」という処世訓を教えてくれたが、これは本章の内容をうまく要約している。間違った決断を下すよりも、優柔不断でいることの方が失うものは多いのだ。

ほとんどの新しいクライアントは、このプロセスの初期段階で主要な問題を解決する際に、「これは何年も前からあった問題でして」とか、「ずっとその問題を解決しようとしてきたのですが」と言う。未解決の課題は未完成のプロジェクトのようなものであり、組織を圧迫し、足かせとなる。組織のキャパシティには限度があるし、未解決の課題は時間とエネルギーを奪う。最終的に組織は、その重荷に耐えられずに内破するかもしれない。だから一刻も早く解決への道筋を立てる必要がある。

課題解決をテーマとする本章では、会社の成長を阻む障害を取り除くための二つのＥＯＳツールを伝授する。一つは規律正しく「課題リスト」を作成すること。もう一つは「課題解決トラック（ＩＤＳ）」だ。これらを活用すれば、障害を克服できるだろう。

——課題リスト

問題があるのはごく自然なことだ。他社に劣っていると考えたり弱点と捉えたりしてはいけない。問題があることを早く認めれば、それだけ早く前進できる。幸いにも、会社の問題はいつも数えるほどしかない。多いように見えるのは、同じ問題が何度も発生しているからだ。だが、問題解決能力は会社によって様々だ。重要なのは、問題を公にしやすい環境があるかどうかだ。

そのために最初にすべきことは、従業員が問題を指摘しやすい職場環境を作ることだ。経営チームがそのような環境を心地よいと感じなければならない。私がＥＯＳのクライアントに唯一期待することは、お互いにオープンで正直であることだ。経営チームがオープンで正直であればあるほど、組織も同じような性質になりやすい。

問題を公にしたからといって死ぬ人はない。失うものは何もない。得るものしかない。経営チームが隠し立てなく正直に話し合えば、やがては組織全体に浸透していくだろう。その結果、誰もが何でも正直に話せる環境ができあがる。

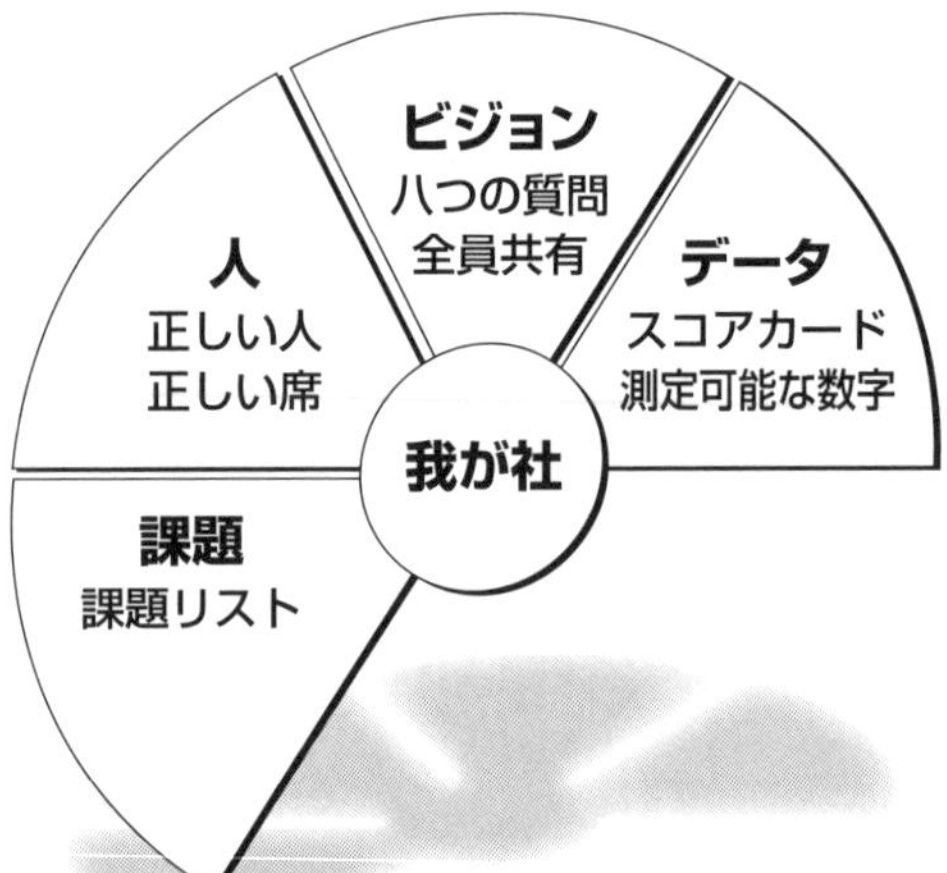

他方で、経営チームが見栄っ張りでプライドが高ければ問題は影を潜めてしまう。パトリック・レンシオーニは、著書『あなたのチームは、機能してますか？』のなかで、健全で機能的なチームを作るための土台は高い信頼感だと強調する。『一分間マネジャーの価値経営――幸福な企業をつくる三つのステップ』のなかで、著者のケン・ブランチャードとマイケル・オコーナーは、「安全な職場環境を作れば、コミュニケーションは自然と生まれる」と書いている。

組織の従業員が問題を報告するとひどい目に遭うのではないかと恐れるようでは、安全な職場環境とはいえない。したがって、あなたは率先して、「なんでも正直に」話そう。ミスや問題を率直に認め、それを一緒に解決しようと呼びかけるのだ。課題があってもそれは誰のせいでもない。ただ修正するべき課題がある。それだけだ。

誰も課題リストに有益な課題を記さないようでは意味がない。重要な課題をリストアップするには、オープンで正直なチームを作る必要がある。「アカウンタビリティ・チャート」が完成すると、組織が一握りのチームで構成されていることがわかるだろう。経営チームを始めとして、それぞれが健全なチームでなければならない。各チームが健全になるにつれて、問題がスムーズに耳に入ってくる。

オープンで正直な組織では、課題リストは、課題をすべて公にして一か所にまとめる規律を生み出すツールとなる。組織の課題リストは三種類ある。

一．**「ビジョン・トラクションシート」の課題リスト**。ここに含まれる課題はすべて、九十日以上保留できる課題だ。これらの課題は「四半期ミーティング」で取り組もう。今週中または今期中に取り組む必要のない優先度の低い課題は、忘れないようどこかに記録しておく必要がある。そこでビジョン・トラクションシートの課題リストだ。このリストには、新製品のアイデア、主要な人事問題、テクノロジーの必要性、オフィスの移転、運転資金不足、評価基準の策定など、多種多様な課題が含まれる。あなたには他にもっと重要な仕事があるのだから、今期中に解決する必要のない課題は、ビジョン・トラクションシートの課題リストに入れよう。

二．**経営チームの週次課題リスト**。このリストには緊急性が高い課題が含まれる。どれも週次から四半期にかけて解決する課題であり、上層部が取り組まなければならない。これらの課題は経営チームの週次ミーティングで取り組むことになるだろう。経営チームは部署の問題は扱わず、一般的にもっと戦略的な性質の課題を扱う。部署レベルで解決できる課題は各部署に任せること。経営チームが取り組む課題は、会社の「石」（優先事項）がおろそかになっているとき、「スコアカード」に悪い成績があるとき、主要な人事問題、主要なクライアントの問題、プロセスまたはシステムに関する問題など、多岐にわたる。

三．**部署別の課題リスト**。現場に近い人たちが取り組むべき課題のこと。その週に生じた部署に関わる課題で、各部署の週次ミーティングで解決すべき課題など。営業チームの課題リストには、ターゲット顧客に営業電話をかけること、プレゼンテーション、契約の締結、マーケティング、プレゼンテーション資料が記され、オペレーションチームの課題リストには、注文通りに完了すること、仕入れ、顧客からのクレーム、生産量の低さが記されているだろう。

あるクライアントがすばらしいアイデアを教えてくれた。彼は、部門のメンバーに課題の特定や解決について隠し立てなく正直に話させようとしたが、うまくいかなかった。そこで、次のミーティングでは全員が課題を二つ挙げることを義務づけたのだ。課題を二つ挙げられない人は、ミーティングに出席できないという条件で。その結果、彼のチームはこれまでで最も充実したミーティングを行ったという。きっかけを作ることで、これまで以上に健全なチームになったのだ。

オープンで正直な文化と三つの課題リストが確立すれば、課題はどんどん出てくるようになるだろう。それぞれの課題を適切なリストに分類しよう。組織で発生した課題はそれぞれの分類先に振り分けられるのだから、課題解決に向けて着手しよう。最も効果的なやり方は課題解決トラック（ＩＤＳ）に従って問題を解決する方法だ。

――課題解決トラック（ＩＤＳ）

ほとんどのチームは、課題を解決する際にさまざまな難題に悩まされる。よく見られるのが対立への不安、集中力不足、規律不足、やる気のなさ、エゴなどだ。課題解決モデルや方法はたくさんあるが、ほとんどは複雑すぎて時間もかかる。なかには、大量

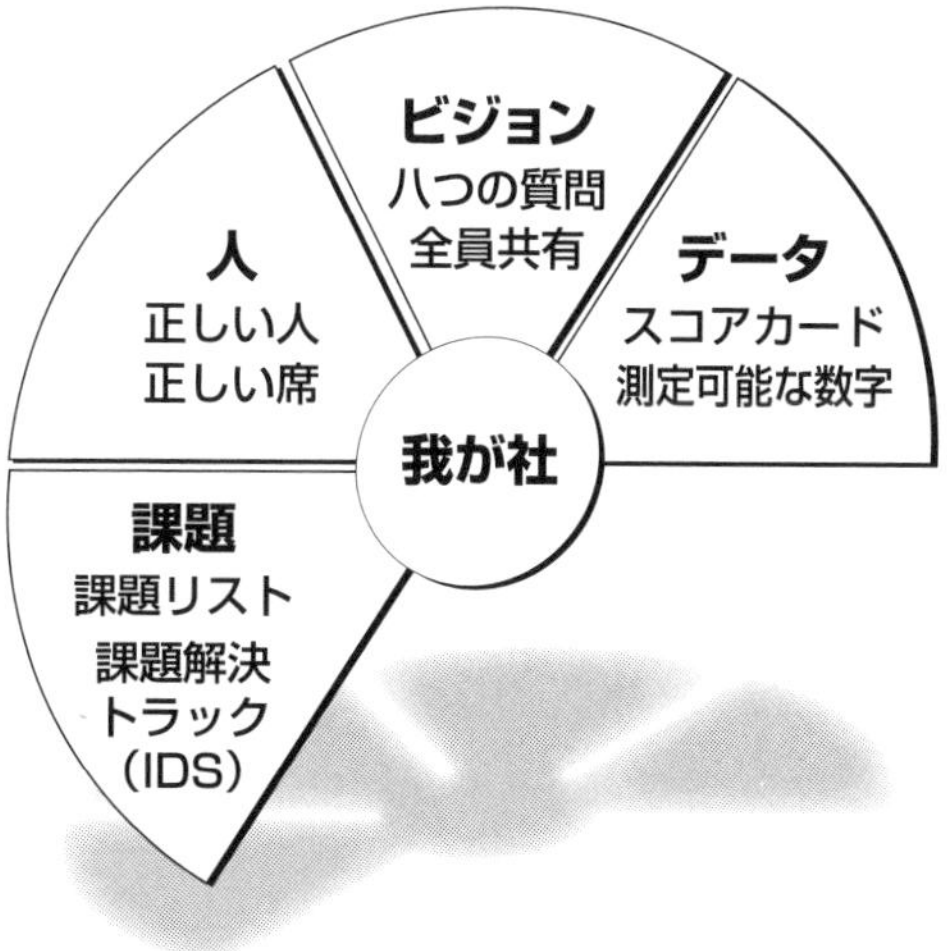

の事務作業をして何時間もかけて準備しなければならないものもある。だが、もっと速くて効率的でより良い方法がある。それが「課題解決トラック（ＩＤＳ）」と呼ばれるツールだ。

課題解決トラック（ＩＤＳ）は三つのステップから成る。

一．原因を追究する（Identify）
二．議論する（Discuss）
三．解決する（Solve）

まずは課題リストを調べて、優先順位の高い課題をすばやく三つ選ぼう。ただし、課題リストの一番上から順に取りかかってはいけない。一番重要な課題がリストの七番目にあるかもしれないからだ。また、優先度の高い問題を解決すれば、その派生的な問題も同時に解決できるため、リストから複数の課題が消えるかもしれない。たとえば一番重要な課題は、営業からオペレーションへの連絡がうまくいかないことだと判断したとする。その課題を解決したあと、リストの一番目と二番目の問題――「営業チームに対する不満」と「プロジェクトの開始が遅いこと」――が自ずと解決していたことに気づくだろう。

最も重要な課題を三つ選んだら、早速課題解決トラック（ＩＤＳ）に従って一番重要な課題に取りかかろう。

ステップ　一――原因を追究する（Identify）

誰かが提起した課題が根本的な課題であることはめったにない。解決すべき真因はその何層か下にあるだろう。ほとんどの場合、提起された課題は根本的課題の一症状に過ぎない。だが、その課題について議論を重ねれば、真因にたどり着けるだろう。

少し居心地の悪い思いをする覚悟をしておこう。真因は人にある場合がほとんどだからだ。経営チームの誰か、またはその部下に責任がある場合、議論によって誰かが精神的な苦痛を覚えるかもしれない。口にしにくい問題を話し合う必要がある。だからこそ信頼関係が重要なのだ。互いにもっと弱みをさらけ出して、率直に話し合えるようにならなければならないと再三指摘している理由がここにある

原因の追求に費やす時間が、ステップ二やステップ三に費やす時間よりもはるかに長くなったとしても、問題はない。根本的な課題がいくつもの課題を引き起こしている可能性があるからだ。言い換えれば、根本的課題を特定してしまえば、「話し合いと解決」のステップは数分で済むだろう。

一つ事例を紹介しよう。倉庫を管理しているジョンの顧客は要求が厳しすぎた。顧客は商品を注文してから二日以内で到着するものと思っているのだが、ジョンは無理だと不平を言っている。この課題を議論するうちに、顧客の要求が厳しすぎるという考えから、ジョンは顧客とのコミュニケーションが不足しているのではないかと気づいた。原因をさらに追求すると、プロセスがうまくいっていないことに気づく。そしてさらに追求すると、真因はジョンにあると気づくのだ。

原因を追求していった結果、ジョンが間違った席に座っていることが判明した。実際には、二日で配達してほしいという顧客の要求は非常に合理的なものであり、それができなければ会社は顧客を失う。ジョンは時間通りに発送できないのだ。彼にはその能力が足りないのである（「ＧＷＣ」を思い出してほしい）。間違った席に座っている人がいた場合、どうすればよいのだろうか。皆さんはその答えを知っているはずだ。

原因を追求するときは、課題には三種類あると認識しておくといいだろう。一つ目は、解決しなければならない根本的な課題、つまり真因。二つ目は情報に関する課題で、これを解決するにはチームに周知して同意を得ればいい。三つ目はアイデアや機会に関する課題で、これを解決するにはチームからのフィードバック、ブレーンストーミング、洞察、許可が必要だ。そのため、原因を追求する段階では、提起された課題はどの種類に属しているのか明確にしなければならない。

ステップ 二――議論する（Discuss）

原因を追求して真因をしっかり特定すれば、目の前の課題解決に集中でき、脱線しにくくなる。無駄に時間がかかる議論とはおさらばできる。前述したジョンの例について、次に何をすべきだろうか？ ジョンを「ピープル・アナライザー」にかけて分析し、面談して彼に問題点を改善する意志があるかどうかを判断し、「スリー・ストライク・アウトルール」を適用することだ。

ステップ二の議論の段階は、全員がその課題について自由に発言するチャンスだ。聖域のないオープンな雰囲気が大切だ。

誰もが考えを述べるべきだが、相手を打ち負かすディベート大会ではないので、主張は一度だけにしておこう。議論は、自分のためではなく、会社全体の利益のためにある。もし課題があなたに関わるものだとわかり、解決策に不安を覚えても、自分に有利になるような解決策を推してはいけない。それは単に自分の縄張りを守ることであって、会社全体の利益のために戦うことではないからだ。たとえあなたが一時的につらい思いをしようとも、一番良い解決策を見つけよう。
ステップ三に移る前に、脱線について簡単に説明しておこう。

◆脱線注意！

私のクライアントのRE／MAXファーストは、他のどのクライアントよりも議論中に脱線することが多く、私の方策が尽きてしまうほどだった。最後の手段として、私は辞書で脱線の定義を調べ、それを大きな文字で書いて彼らに見せた。休憩から戻ってきた彼らが最初に見たものはこれだ。

脱線：当初の目的や進路から外れること。的外れを参照

これは功を奏した。今や彼らは高い集中力を維持できるようになり、生産性も格段に向上した。ちなみにそのミーティングのあと、同社は過去最高益を更新した。

ほとんどの会議が時間の無駄に終わる第一の理由は脱線だ。一つの課題を議論するうちに十回も脱線したチームを私は見たことがある。元々売り上げアップについて話し始めたのに、五回脱線して、気づくとレターヘッドについて話し合っている、ということもある。会話は次のように展開する。売り上げが落ちているので、何とかして改善しなければならない。その後、誰かが営業部隊や彼らの仕事ぶりについて話しだし、そこから営業担当者のジャックの話になる。ジャックの話題だったのが、今度はジャックと会計担当のスーは仲が良くないという話になる。それが今度は「スーは支払期限を過ぎた顧客に催促状を送ったか？」という

問いに発展し、それが「スーは新しいレターヘッドを使ったか？」という質問になる。あなたはただ座っていてはいけない。誰かが脱線し始めたら、「脱線注意！」と警告しよう。

少し脱線してしまったが、次にステップ三の解決について解説していく。

ステップ　三——解決する（Solve）

解決の段階では、その場で結論に至るか、誰かが何らかのタスクをやるという解決策となる。タスクは「Ｔｏ Ｄｏリスト」に登録され、タスクが完了すると、その課題とは永遠におさらばできる。

一九八三〜一九九四年までミシガン州立大学でヘッド・フットボール・コーチを務めたジョージ・ペルレスが、イベントでディナートークをしたことがある。私も出席したそのイベントで、彼は一九七〇年代にピッツバーグ・スティーラーズの全盛期に同チームでアシスタントコーチを務めていた頃のスローガンを教えてくれた。それは「私たちはスーパーボウルに臨むのと同じような真剣さですべての決断をした」というものだったが、彼は実際にスーパーボウルで四回優勝した。これこそが経営チームがやるべきことだ。大舞台での真剣勝負と同じぐらい真剣に、すべての決断を下すべきだ。

決断は、明確なビジョンに基づいて行われる。ビジョンがなければ、課題はすぐに解決することはできないので注意しよう。ビジョン・トラクションシートが未完成で、経営チームの意見が一致していないなら、そもそも課題解決の前提条件を満たせていない。それはまるで車を運転しているのに、目的地が定まらず、行き当たりばったりに道を曲がるようなものだ。目的地がわからなければ、どちらに道を曲がるべきか判断できない。

根本的な問題の解決には時間がかかる。しかし、もし解決できれば、将来付随的に起きるかもしれない問題を排除でき、すべての部署がかなりの時間を節約できる。仕事を間に合わせるために課題を来週に後まわしにする日々は、もう終わりだ。その場しのぎのやり方とはおさらばできる。効率的な組織を築くには、ビジョンに沿って長期的な視野で根本的な課題を解決しなければならない。

課題解決トラック（ＩＤＳ）から出される解決策は、三種類に分かれる。一つ目は、課題を解決するときに行動が必要なもの。たとえば、「ジョンが売掛金の催促状を修正して、新しい文言を入れる」という解決策だ。ジョンがそのタスクを引き受けて完了すれば、問題は解決する。二つ目は、単なる認識の問題であり、全員がその認識に同意すれば終結する課題。たとえば、「了解しました。それではミーティングは定刻通りに始めることに全員が賛成ですね」と同意を得る。三つ目は、さらなる調査や事実が必要なケースだ。この場合、誰かが調査して次のミーティングで発表しなければならない。たとえば、「ビルに過去二年間の顧客データを集めてもらい、来週のミーティングではこの課題を最優先事項として皆で議論する」など。

課題解決トラック（ＩＤＳ）の三ステップをマスターして、課題をうまく解決できるようになるためには、チームの皆で課題解決のための十戒を心得ておこう。

◆課題解決のための十戒

一．全員一致で決めるべからず

ビジョンが明確で、全員が共通認識を持つ健全なチームでは、十回のうち八回は全員が解決策に合意するだろう。とはいえ合意に達しない時もあり、その場合は誰かが最終的な決定を下す必要がある。全員一致の合意形成はうまくいかない。全員の合意にこだわると、最終的に廃業に追いこまれるだろう。意見が分かれる状況では誰もが満足できるわけではないものの、最終決定者が決断し、あとは一致団結して前進するしかない。

全員一致の合意形成の最悪のケースを紹介しよう。いわゆる二代目経営者の例だ。その会社の成長は伸び悩み、収益性を回復するには厳しい決断が必要だった。経営チームは誰かを傷つけることを恐れて厳しい判断を先送りにしたり、「投票で決めよう」などと言い出した。そんな状況が何年も続いた。彼らはとても心優しい人たちだったのだ。にもかかわらず、いやだからこそ、毎回の会議では同じ課題を何度も、同じ優しいやり方で先送りにし、うまくいかないとぼやいた。彼らはもっと率直に話すべきだったのだ。一年が経過したところで、ついにビジネスオーナーの一人が「インテグレーター」として立ち上がり、厳しい決断を下し始めた。ようやく船の方向が定まり始めたのだ。

私は難しい決断を下す場面を数え切れないほど見てきたが、経営チームの意見が分かれる状況で、インテグレーターが多数派に従っていたら間違っていただろうシーンが何度もあった。『フォーチュン』誌の意思決定に関する記事のなかに、ジム・コリンズの言葉が引用されている。彼は何年にもわたって調査してきたが、「私たちが調査した主要な意思決定のなかで、全会一致で決まったものは一つもなかった」と述べている。

二．弱気になるべからず

解決策はいつもシンプルだが、それを実行するのはいつも容易とは限らない。強い意志と確たる決意を持って、自ら進んで難しい決断をすること。

三．決断力を発揮すべし

『思考は現実化する』で紹介されていた調査結果を思い出してほしい。失敗した二万五千人は決断力に欠け、決断を先延ばしする傾向があったが、数百人の億万長者はすばやく決断し、決断したことは滅多に変えなかったではないか。何を決断したかよりも、あなたが決断したという事実が重要だということを覚えておこう。

さあ、決断の時間だ！

四．又聞きの情報に頼るべからず

複数の人が関わる課題は、当事者が全員出席しなければ解決できない。課題に関わる人が会議室にいない場合は、全員が参加できる日にミーティングを設定しなおそう。ニッチ・リテールのタイラー・スミスは、当事者のいない議論を「ただのおしゃべり」と呼んでいる。誰かが他者に関する問題か、又聞きの情報を話し始めると、彼は「おしゃべりの時間だ」と言って議論をやめさせる。そして後日関係者全員を招集して解決している。

五．会社全体の利益のために闘うべし

エゴ、肩書き、感情、これまでの信念は忘れよう。組織のビジョンに集中すること。そうすれば体裁だの、性格だの、利害だのを切り捨てて考えられるようになる。会社全体の利益に集中すれば、より良い決定を迅

速に下せるようになるだろう。

六．すべてを解決しようとするべからず

課題は優先順位の高いものから順に、一つずつ取り組むこと。量より質が重要だ。すべてを解決することはできない。そのことを理解していれば、課題に対して冷静でいられる。

七．父から教わったすばらしい教訓がもう一つある。**課題の解決には三つの選択肢があること**だ。その問題を我慢するか、終わらせるか、変えるか、のいずれかだ。他に選択肢はない。それを理解した上で、どれにするかを決めよう。その問題に耐えられない場合、あなたには二つの選択肢がある。それを変えるか、終わらせるかだ。それを実現するだけの能力がなければ、文句を言う資格はない。

八．短期的な苦痛を選ぶべし

長期的な苦痛も短期的な苦痛も、どちらも苦痛を伴う。「三十六時間の苦痛」のルールを思い出し、後まわしにせずに今すぐ問題を解決しよう。

九．危険を冒すべし

最も恐れている課題こそ、一番議論して解決しなければならない課題だ。

十．やってみるべし

やってみるとは、解決策を提案するということだ。誰かが解決するまで待っていてはいけない。もし間違っていたら、チームが指摘してくれるだろう。解決策が喉元まで出かかっているのに、誰もがそれを発言するのを恐れるために、議論が長引くことがある。チームで一つの問題を長々と議論しすぎることはよくある。彼らは行き詰まり、誰も解決策を出さないなか、突然、部屋の中で一番おとなしい人が何かを提案するかもしれない。しばしの沈黙のあと、誰かが「それは名案だ」と言い、全員が同意することもあるだろう。恐れずに試してみよう。あなたのアイデアは名案かもしれないのだ。

課題解決において重要なポイントが一つある。課題が完全に解決したら、誰かが解決声明を発表しよう。たとえば前述の能力に合わないポジションに就いていたジョンのケースでは、誰かがこんな解決声明を述べる。「バーバラはジョンと一対一で話し合い、倉庫での役割の問題について議論し、彼にアシスタントマネージャーになるか打診し、彼がその提案を受けるか確認する。彼が受けない場合は、私たちは袂を分かつことになる」。解決声明のあと、同意しますという心地よい言葉が部屋に響き渡れば、問題は解決だ。この課題は責任者（このケースではバーバラ）に任され、Ｔｏ　Ｄｏリストに追加して実行される。時折、解決声明のあとに、誰かが「ちょっと待ってください。話が違います」と言って、議論が再燃することがあるが、心配はいらない。これで課題が明確になり、全員が共通認識を持てるようになるだろう。我慢の時だ。

課題解決トラック（ＩＤＳ）はいつも、「Identify」、「Discuss」、「Solve」の3段階を踏む。これは頭文字を取ってＩＤＳと呼ばれている。ＥＯＳの「6つのモジュール」をマスターしていくうちに、ＩＤＳは会社を経営する日々の業務のなかでも重要なツールになるだろう。今後は、問題に直面したら「ＩＤＳしよう」というだけだ。

一緒にビジネスをする二人のEOSクライアントが、次のやり取りをしたが、これはIDSの影響力とシンプルさを見事に物語っている。二人はいくつかの困難な問題に直面していたため、ミーティングをすることにした。会議室に着席すると、一人がホワイトボードに近づいて次のように書いた。

I D S

もう一人は笑みを浮かべ、二人で仕事に取りかかって課題をすべて解決した。課題解決トラック（IDS）は、社内だけでなく、社外でも効果がある。「IDSにかける」ことは二人にとっての共通言語となり、迅速な課題解決にも役立っている。

個人の問題を解決するためのセッション

健全なチームはスムーズに作れるとは限らない。チームが打ち解けないのは、誰かと誰かがうまくいっていないからかもしれない。確執がある可能性もある。そんな状況になったら緊張を緩和すること。二人の間だけの不和が、機能的で結束力のあるチームを作ることを阻む唯一の障害になることもある。健全な企業であるためには、機能的で結束力のあるチームが必要だ。

個人の問題を解決するセッションが役に立つだろう。関係がうまくいっていない二人が集まって誤解を解き、意見の相違を解決するチャンスになる。このセッションの進行役は第三者がやる方が良いだろう。

一．各人に、相手の強みを三つと弱みを三つそれぞれ考えてきてもらい、それを発表する。
二．すべての問題をリスト化して解決策を出す。
三．解決策からタスクを抽出してリスト化する。
四．三十日後にミーティングを行い、タスクが完了したかを確認する。

意見の相違は、十中八九解決されるだろう。まれにうまくいかないこともあるが、あなたはチーム全体の利益を考えなければならないため、厳しい決断を迫られるだろう。枯れかかっていた植物を思い出してほしい。枯れかかった枝を切り落としてしまえば、植物は再び生い茂るようになる。チームも同じだ。時に受け入れがたい決断だが、「個人の問題を解決するためのセッション」を行って、他の選択肢をすべて試したのに改善されない場合は、解任せざるを得ない。それがチームの健全性のために最善の策となる。解任されたメンバーが、同じ組織内の別のチームに異動できることを祈るばかりだ。

健全な会社であっても、誰もが親友のように仲良くなれるわけではない。社内で生産的な人間関係を構築するのは簡単ではないし、個人的な問題が深刻すぎてチームが会社の重要課題について率直に話せないこともある。

会社では、誰もが安心して問題を提起し、課題解決トラック（ＩＤＳ）と課題リストを使って問題を文書化し、課題を解決する仕組みが必要だ。オープンで正直な文化をもつ組織が課題解決トラック（ＩＤＳ）をマスターすれば、潜在能力をフルに発揮する条件は整った。

これであなたはプロセスに取り組む準備ができた。プロセスは、順調な成功企業を築くための秘密の要素でありながら、軽視されてきた要素だ。

まとめ

課題のモジュール

課題リスト

- オープンで正直であること
- 三種類の課題リスト

課題解決トラック（IDS）

- 原因を追究する（Identify）
- 議論する（Discuss）
- 解決する（Solve）
- 脱線禁止
- 課題解決のための十戒
- 個人の問題を解決するためのセッション

第7章

プロセス

——会社のウェイ《流儀》を見つけよう

ジム・ワイカートは、一万九千人以上の営業担当者を擁し、五百以上の事業所を持つ世界最大級の不動産会社であるワイカート、リアルターズの創業者だ。成功の秘訣を訊かれたとき、彼はただひと言「一貫性です」と答えた。彼は一貫性のおかげで会社を拡大できている。結果的に、堅実な組織を築き上げ、四十年近く経った今も会社は存続している。

最初に一貫性を持たなければ、何も調整することはできないだろう。プロセス要素を強化するには、独自のビジネスモデルを構成している「コア・プロセス」（平均すると七つある）を理解する必要がある。そして組織の全員がコア・プロセスを理解し、尊重し、順守する。プロセスは最も見過ごされている要素であるが、成功者はプロセスの影響力を知っている。プロセスに細心の注意を払わなければ、お金と時間を浪費し、効率や統制力も低下するだろう。

高い位置から組織を見下ろす。そんな想像をしてみて欲しい。どう見えるだろうか？　うまくいっている部分はどこか？　そうでない部分は？　時にこうやって高い視点から自分がつくり上げた組織の具合をチェックしよう。自分が作ったものは当たり前の

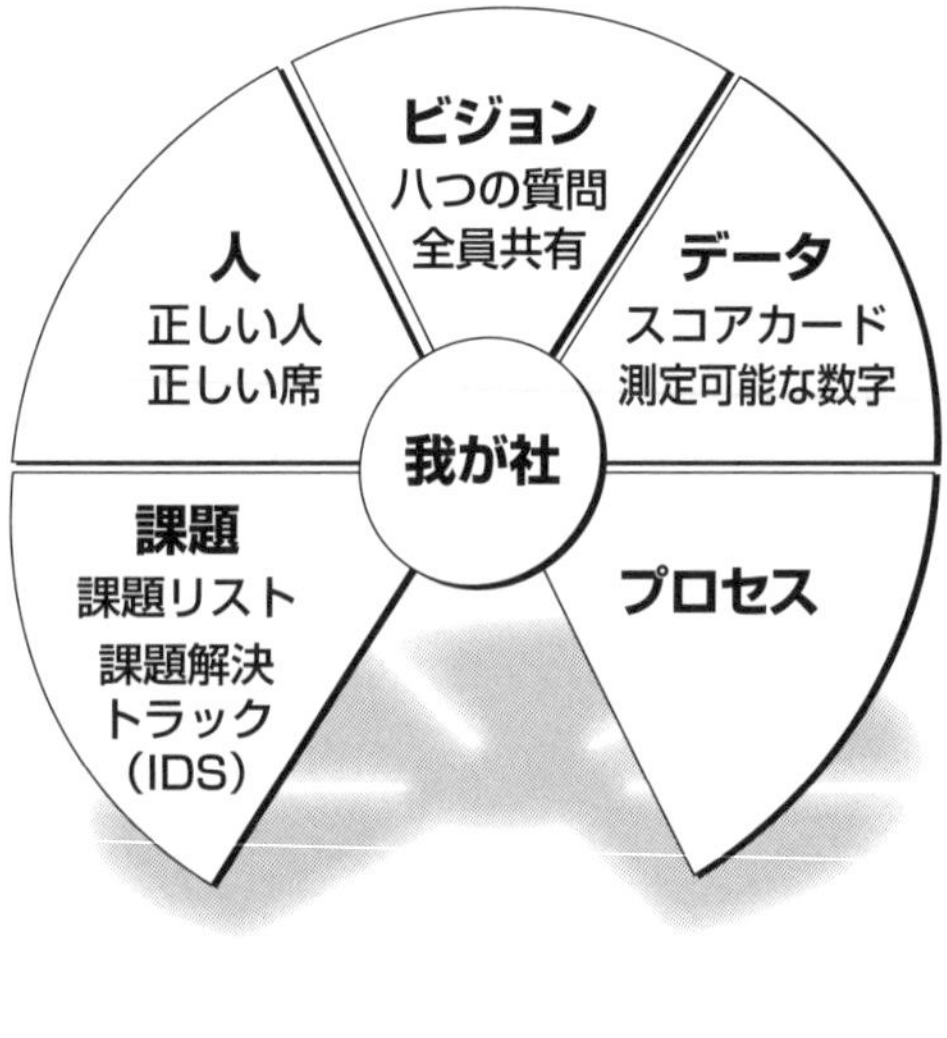

ものだと思ってしまいがちだ。哲学者のクルト・ゲーデルが言ったように「システムの中にいる人は、そのシステムを理解できない」のだ。時に顔を上げてシステムをありのままに見る必要がある。日々の業務に埋没してシステムを客観視する時間はなかなかとれないが、やってみると必ず新しい発見があるものだ。

一般的な組織は、一握りのコア・プロセスによって運営されている。これらのプロセスを連携させるには独自のシステムが必要になる。限界という天井を突き破って、効率的な組織を構築するには、システム化が必要だ。そのため本章では、組織をシステム化する方法を説明する。プロセスを改善する方法、プロセスを簡略化する方法、プロセスに技術を適用する方法、そして何よりも、組織全体で一貫性のあるプロセスを維持する方法は何通りもあることにあなたは気づくだろう。

『成功する「自分会社」のつくり方』と『はじめの一歩を踏み出そう』の著者マイケル・ガーバーは、これをフランチャイズプロトタイプと名付けた。システムを明確にして磨きをかければ、思うままに会社を動かせるようになる。会社のコア・プロセスを特定して「文書化」し、それを従業員が順守すれば、「ウェイ《流儀》」ができる。明確なウェイ《流儀》があれば、すぐに企業価値が上がり、組織に及ぼすあなたの統制力が強くなり、選択肢も増えるだろう。会社を成長させることも、誰かに経営を任せることも、売却することも、あるいは単に長めの休暇を取ることもできる。

多くのビジネスオーナーは、会社がコントロールできないとか、自由がないとこぼしながらも、プロセスに目を向けようとしない。結局のところ、すぐに動き出すほどの苦痛を感じていないからだ。死ぬわけではないし、限界が来て倒れるわけでもない。快適ではないが、すぐに状況を変えたいと思うほど不快ではないのだ。

自由が欲しいなら、立ち上がって会社のシステム化に取り組もう。多くの組織では、従業員がそれぞれのやり方で仕事をするため、無数の非効率や矛盾がシステムに組み込まれる。そのバリエーションの多さを見たら、ほとんどのビジネスオーナーはショックを受けるだろう。多くの人は、現実を明らかにするのが怖いだけなのだ。そして会社が持ちこたえてくれますようにと神頼みをする。

プロセスのモジュールをうまく活用した企業の好例に、フランクリン・コミュニティーズがある。同社は八か所のプレハブ住宅コミュニティを所有・管理している。衰退しつつある業界だったが、経営者のロンとアンディ・ブランクがそのイメージを打破して、効率的に経営している。彼らはすべてのEOSツールを厳密に導入している。オペレーション担当者で粘り強くて優秀なシェリー・テイラーの尽力のおかげもあって、彼らは自分たちのウェイ《流儀》を作ってそれを積極的に進めた。ラリー・ローソン率いる強力な営業チームのサポートの下で、八人のマネージャーは規則通りにそれぞれのコミュニティを運営している。その結果、競合他社が困惑するほど高い入居率を達成したのだ。業界の入居率が低下するなか、フランクリンはこの四年間入居率を着実に上昇させている。

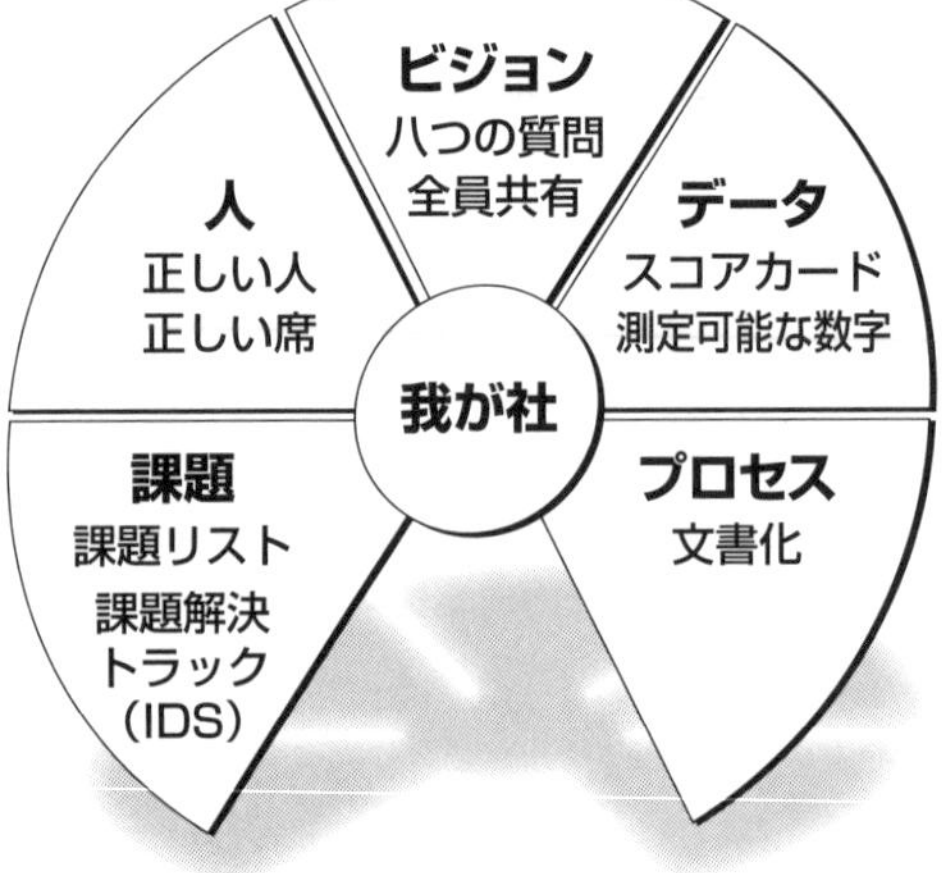

コア・プロセスを通して組織をシステム化するには、二つの工程を経る必要がある。まずはコア・プロセスを文書化すること。次に、全従業員にそのコア・プロセスを順守させることだ。まずは文書化から始めよう。

―― コア・プロセスの文書化

あなたのウェイ《流儀》を、三つの段階を経て文書化しよう。まずはコア・プロセスを特定する。それから各プロセスの工程を分解して、それを文書化する。最後に、その情報を一つにまとめて社内の全員で共有するのだ。

◆コア・プロセスを特定するには

手始めに、経営チームで一時間のミーティングを開こう。ミーティングの必要はないと言う経営者もいるが、それは間違っている。５分もあればできると豪語するリーダーも多いが、実際は一時間とかけずに終わらせた経営チームに私は出会ったことはない。

その理由を説明しよう。経営チームは、コア・プロセスを特定してその呼び名を協議して決める必要がある。議論を始めてみると、経営チームのメンバーそれぞれがコア・プロセスをばらばらの名前で呼んでいたり、コア・プロセスの数が一致しなかったりする。

一般的に、コア・プロセスには次のものがある。

- **人事プロセス**とは、人材を探し、見つけ、採用し、組織に適応させ、管理し、査定し、昇進させ、維持し、解雇するプロセスのこと。
- **マーケティングプロセス**とは、ターゲット市場にメッセージを伝えて、事業に関心を持ってもらい、見込み顧客を生み出すプロセスのこと。

●**営業プロセス**とは、見込み顧客を本物の顧客に変える（つまりセールスの）プロセスのこと。

●**オペレーションプロセス**とは、製品を作ったり、顧客にサービスを提供するプロセスのことだ。通常、オペレーションのなかには一～三つほどのコア・プロセスがある（たとえば、プロジェクト管理、物流、倉庫、流通、保守点検、顧客管理、サービスの提供、製造、品質管理、カスタマーサービスなど）。

●**会計プロセス**とは、お金の流れ、および入出金をすべて管理することだ。

●**顧客維持プロセス**とは、製品やサービスを提供したあとに、積極的に顧客をケア・フォローすることと。さらには顧客を維持することで、顧客にリピートしてもらい、さらには誰かに推薦してもらうこと。

コア・プロセスの数がいくつあろうとも、社内のあらゆる活動に関わるものを特定しよう。そしてそれらを一つの文書にまとめ、コア・プロセスの数、名前、内容について経営チームが一〇〇％同じ認識を持っているかを確認しよう。

このステップは驚くほど実りが多い。一時間のミーティングの間に、無駄な時間など一分もないと気づくだろう。なぜなら、以降は共通認識のうえで議論するようになるため、時間を投資した甲斐があったと実感できるからだ。

コア・プロセスを特定して名前をつけたら、今後は従業員全員が各コア・プロセスを共通の名前で呼ぶこと。顧客を管理する方法を「カスタマー・ケア・プロセス」と名付けたら、全員がその名前で呼ぶのである。

コア・プロセスの名前に一貫性を持たせることで、物事がよりシンプルになって組織の効率も上がる。

◆コア・プロセスを文書化するには

このステップでは、「アカウンタビリティ・チャート」を活用する。文書化するのは各プロセスの責任者だ。営業・マーケティングの部門長は、営業プロセスとマーケティングプロセスを文書化する。オペレーションの部門長は、一つ～三つほどのオペレーションプロセスを担当する、といった具合だ。通常、「インテグレーター」はプロジェクト全体を管理し、全員が正しく理解して順調に作業を進めているかを確認する。

時間を浪費しないために、ステップ一のコア・プロセスを特定する作業を終えてから文書化に取りかかるといいだろう。その理由を説明するために、一つの例を紹介しよう。あるクライアントがステップ一を飛ばして、先に組織内のすべての手順を文書化した。作業が完了する頃には、文書化された手順が百ファイルもイントラネットに保存されていた。この作業はまったくの無駄ではなかったが、このあとでクライアントがステップ一をやったところ、七つのコア・プロセスが決まった。すると、百種類の手順書がどれも七つのコア・プロセスの一部であることが判明し、突然これらの手順が意味を持つようになった。クライアントによると、その手順はきちんと整理されて、百二十人の全従業員に共有されたという。それでも最初にコア・プロセスを特定しておいた方が、多くの時間と労力を節約できただろう。

プロセスを文書化するときは、「八〇対二〇の法則」に従おう。つまり、結果の八〇％を生み出す二〇％の手順を文書化するのである。言い換えればあまり細かく書く必要はないということだ。五百ページの文書を作成してはいけない。八〇対二〇の法則に従うと、投資した時間に対して最高のリターンがもたらされる。

多くの組織は、すべてを一〇〇％文書化しようとして貴重な時間を無駄にするという過ちを犯す。コア・プロセスの一〇〇％を文書化したら、三〇ページになるかもしれない。最も重要な二〇％の手順を文書化したら、六ページぐらいで済むだろう。

同じような問題として、詳細に至るまで文書化しようとするケースもよく見る。やりすぎるケースだ。問題は従業員がしばしば意図せずに工程を省略することなので、プロセスの基本的な工程を押さえるだけでいい。工程が省略されると、数週間または数か月後に気づいた時には、問題が深刻化していることがある。騒動になってしまうと、根本的な原因（誰かが工程を省いたこと）ではなく、枝葉末節にのみ対処してしまうことになる。私がこうした事実を話すと、いつも居心地悪そうな笑いが起きる。文書化するときは、大まかな工程を挙げて、各工程の下にその手順を箇条書きで書くこと。これで全従業員がプロセス通りに作業をしているかを確認できる。

完成した文書は、社従業員が社内で一貫性を持って効率的に働くための基本的なめやすとなる。文書化されたプロセスの一例を紹介しよう。

人事プロセス

ステップ　一――人材探し

- 役割／職務記述書／給与（「席」）を定義する
- 検索手段を決める
- 検索を始める
- 同じ業界の人／同業者に電子メールを二十通送る

ステップ　二――面接
●書類選考
●一次面接／プロファイリングツール
●二次面接
●推薦状の確認
●CEO面接／「コア・バリュー」のスピーチ

ステップ　三――採用
●八時間の業務トライアル
●決定
●九十日間の試用期間

ステップ　四――オリエンテーション
●人事方針／従業員マニュアルのチェック
●福利厚生のチェック／書式
●研修
●CEOによるオリエンテーション（会社の沿革／企業風土）

ステップ　五――四半期評価

●マネージャーが「ピープル・アナライザー」を記入して評価の準備をする
●評価チェックリストに従って実行する
●ピープル・アナライザーの結果を評価する
●評価結果を文書化し、関係者全員の署名をもらう
●人事部で評価結果を保管する

ステップ　六――解雇

●「スリー・ストライク・アウトルール」を文書化して適用する
●スリー・ストライク・アウトルールに伴って解雇する
●顧問弁護士に連絡する
●従業員との面接／人事部に同席させる
●退職者面接
●解雇を文書化し、関係者全員の署名をもらう

ステップ　七――現行の福利厚生の管理

●確定拠出年金（４０１Ｋ）の管理
●ボーナス制度

●健康保険
●従業員ファイル

最終的に各コア・プロセスは、二～十ページほどにまとめられるだろう。通常、一番長いのはオペレーションのプロセスだ。八〇対二〇の法則にこだわりすぎないこと。必要だと思うものは記入しておこう。シンプルにまとめるよう心がけよう。

文書化を始めると、隠れていた何かが見つかるだろう。不要な工程が見つかるかもしれない。その工程がプロセスに含まれるようになった経緯もわからない。従業員に理由を訊ねると、「いつもそうやる決まりでして」といった返答が返ってくるだろう。

ある男性が、妻の実家で感謝祭を祝ったときのことだ。食事の準備中、彼は妻が七面鳥をぶつ切りにしてからオーブンに入れるのを目撃した。不思議に思った彼は、妻にその理由を訊ねた。妻は「伝統よ。我が家では昔からこうしてきたのよ」と答えた。そこへちょうど妻の母親が帰って来たので、彼は義母のところへ行ってぶつ切りにする理由を訊ねた。義母は「伝統よ。我が家では昔からこうしてきたのよ」と答えた。幸いにも、その場には妻の祖母もいたため、彼は義祖母のところに行って同じことを訊ねた。すると彼女は「昔はフライパンがとても小さかったから、ぶつ切りにしなければフライパンに収まらなかったんだよ」と答えた。

従業員がこれまでのやり方を踏襲するだけでは十分ではない。効率的な組織を築くと決めたなら、あなたは従業員により良い方法を示す必要がある。

単純化する際に、コア・プロセスが複雑すぎると気づくことが多々ある。プロセスを文書化するうちに、余分な工程を省いて、混乱を招くものや込み入ったものを取り除くなどすれば、プロセスを簡略化できる箇所がいくつも見つかるだろう。目標は合理化することだ。

工程を省き、工程を簡略化し、可能な限りチェックリストを使おう。プロセスのなかの一部の工程は容易にチェックリストに変えられるし、チェックリストなら屋内外で使える。誰一人として混乱しないように扱いやすいプロセスを作ろう。

私のクライアントは一貫性、品質管理、同じ結果を出し続けるのに非常に効果的なツールとしてチェックリストを活用している。コア・プロセスを文書化する際には、この点を十分に考慮してほしい。パイロットや医療従事者がチェックリストを使うのには理由がある。チェックリストを使う場合と使わない場合とでは、結果にかなりの違いが出ることは数多くの研究で証明されている。たとえば企画書、イベント、プロジェクト管理、顧客管理などでチェックリストを活用してほしい。

各プロセスを簡略化するもう一つのメリットは、技術を応用できる場所が見つかることだ。コア・プロセス同士を関連づけたり、コア・プロセスを強化したりすると、業務が効率的になり収益性が上がる。コア・プロセス同士を関連づけて、無駄な工程を省く優れたソフトウェアシステムもある。とはいえ、投資した時間とお金に見合うだけのリターンを得ることが重要だ。技術向上のためだけに技術を導入して、よけいな頭痛の種を持ち込んではいけない。

前の会社で、私は「四万五千ドルの失敗」をしたことがある。第3章で説明したターゲット市場（理想の顧客リスト）を作成したあと、私はそれを管理する技術が必要になった。クライアントや見込み顧客に関する膨大な量の情報や履歴を保存していたからだ。さらに、北米のすべてのトレーナーを連携させる必要もあった。

私は最新かつ最高の技術力を誇るとうたう会社と契約した。彼らは、私たちのために理想的なソフトウェアを一から作ることになった。営業、マーケティング、オペレーションを結びつけるソフトウェアだ。何か月も作業し、四万五千ドルを費やしてソフトウェアを完成させたが、そのソフトウェアは廃棄された。その代わりに既製のシンプルなソフトウェアを五百ドルで買ったが、それですべてが事足りた。私が犯した間違いは、プロセスとソフトウェアの市場をよく吟味しなかったことだ。私は、そのソフトウェア会社が並べ立てた美辞麗句に夢中になりすぎたのだ。

技術はウェイ《流儀》を改善するものでなければならない。つまり、技術を調査し、効率性と簡略化を実現できるかどうかで導入を決定するということだ。誇大広告に踊らされてはいけない。

プロセスを文書化して簡略化するもう一つの理由は、会社を自立させるためだ。あなたがいなくても運営できる会社にする必要がある。仮に明日経営チームの一人がいなくなっても、誰かがその後を引き継げるだろうか？　それができなければならないし、このステップを踏むことで、従業員は確実に引き継げるようになるだろう。

◆パッケージにするには

朗報がある。コア・プロセスを文書化し終えた今、最後となるステップ三は一番簡単なのだ。ステップ一とステップ二の成果物をパッケージにする作業だ。コア・プロセスの名前はそのまま目次になる。ステップ二で文書化された各プロセスは、それぞれが一セクションになる。そのパッケージをバインダーに入れるか、社内のイントラネットに掲載しよう。表紙には、会社名のあとに「ウェイ」と書こう。あなたの会社名がＡＢＣカンパニーなら、「ＡＢＣカンパニー・ウェイ」と書く。

これであなたの会社のウェイ《流儀》は、参照することも、研修に使うこともできるようになった。本当の魔法が起きるのはこれからだ。これで社内の全員に正しいプロセスを順守するようトレーニングできる。「ルーズベルト」というビリヤード場付きの高級パブ兼レストランがこれを実践した。共同経営者のビル・ジトレは、経営チームを結成したあと、自分たちのウェイ《流儀》を文書化して簡略化した。そのビジネスモデルは成功し、彼らは今、二店舗目を開店する準備をしている。

――全員実行

全員がプロセス通りに業務を行うと、マネージャーは管理するのも、いざこざを解決するのも、問題を特定して解決するのも格段にやりやすくなるし、会社の成長のために時間を使えるようになる。委譲できる権限も増えるだろう。プロセスの透明性が高ければ、顧客数、取引数、収益、従業員数が増えても、業務が複雑化することはない。

全員がプロセスに従わなければならない。経営者も例外ではないのだ。経営チームが従業員に対して「私はやらないが、あなたたちはやりなさい」という態度ではプロセスは根付かない。必ず失敗すると言ってもいい。

プロセスの導入は熱意を込めて発表しよう。それこそ「特別ボーナスを出す」時と同じくらいのテンションでいい。従業員がそれと同じくらい喜ぶとは言わないが、正しい人が正しい席に座っている会社であれば従業員はプロセスの価値を必ず理解してくれる。

全員実行を成功させた典型的な例として、ザクセ建設を紹介しよう。彼らは、すばらしい図を完成させた。経営者のトッド・ザクセが、組織内のすべてのプロセスが連携する様子をモデル化したのだ。プレゼンでプロセスに従うことの重要性を説いたとき、彼は一人がプロセスの工程に従うたびに、それが他の人にどう影響を与えるかを図で見せた。彼はそれを「生命の循環」と名付けた。自然界と同じように、組織の全員も互いに依存しながら繁栄する。全員がプロセスに従うことで、最終的に皆の人生がより良くなるだろう。逆もまた然りだ。誰かがプロセスに従わないと、組織内の他の人に悪影響を及ぼす。この知識を得たことで、従業員たちは協力して働こう、そして各プロセスをより良いものにしようと決意する。その結果、ウェイ《流儀》の全プロセスは、組織の全従業員によって理解され、受け入れられ、順守されている。

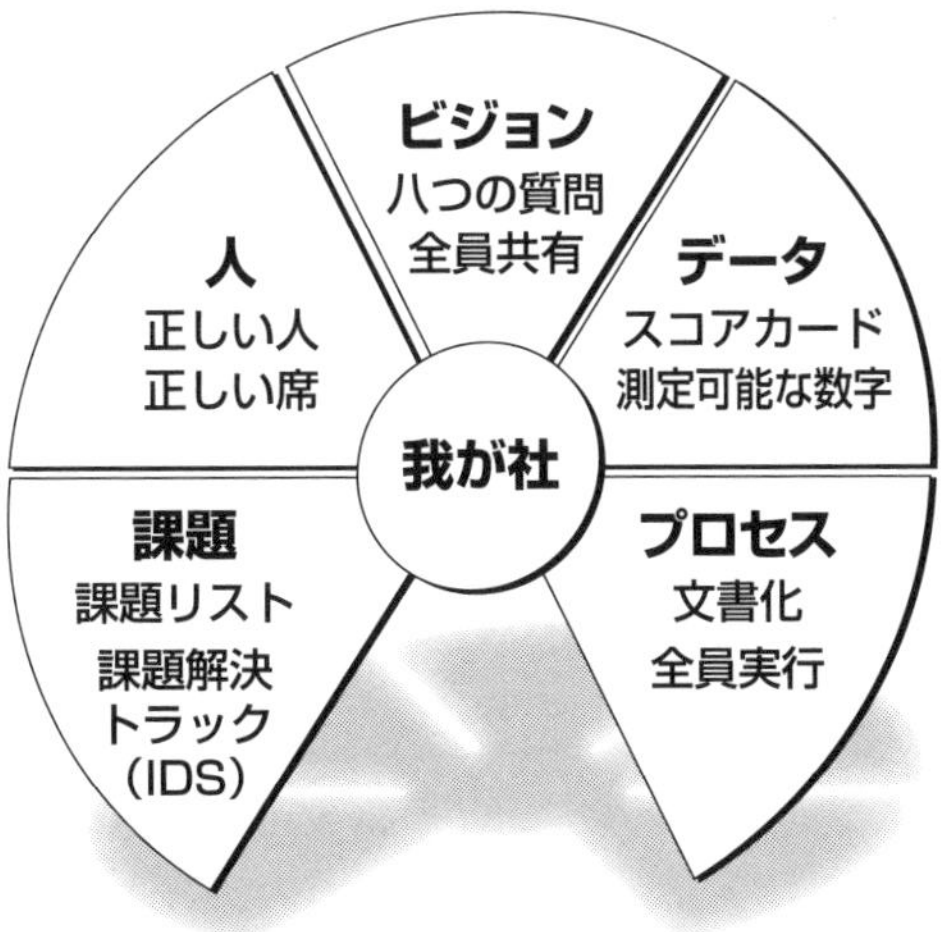

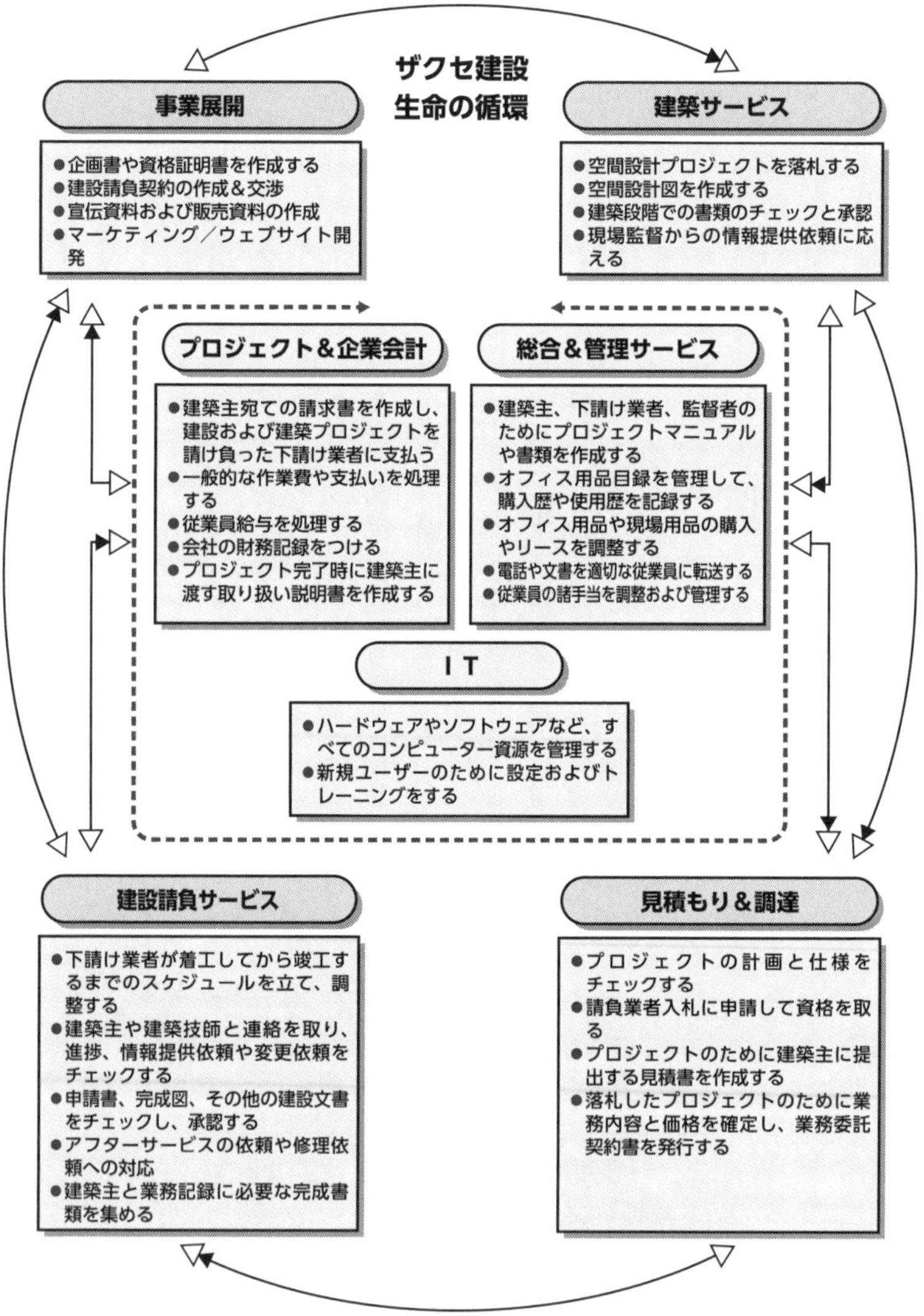
ザクセ建設
生命の循環
事業展開
●企画書や資格証明書を作成する
●建設請負契約の作成＆交渉
●宣伝資料および販売資料の作成
●マーケティング／ウェブサイト開発
建築サービス
●空間設計プロジェクトを落札する
●空間設計図を作成する
●建築段階での書類のチェックと承認
●現場監督からの情報提供依頼に応える
プロジェクト＆企業会計
●建築主宛ての請求書を作成し、建設および建築プロジェクトを請け負った下請け業者に支払う
●一般的な作業費や支払いを処理する
●従業員給与を処理する
●会社の財務記録をつける
●プロジェクト完了時に建築主に渡す取り扱い説明書を作成する
総合＆管理サービス
●建築主、下請け業者、監督者のためにプロジェクトマニュアルや書類を作成する
●オフィス用品目録を管理して、購入歴や使用歴を記録する
●オフィス用品や現場用品の購入やリースを調整する
●電話や文書を適切な従業員に転送する
●従業員の諸手当を調整および管理する
I T
●ハードウェアやソフトウェアなど、すべてのコンピューター資源を管理する
●新規ユーザーのために設定およびトレーニングをする
建設請負サービス
●下請け業者が着工してから竣工するまでのスケジュールを立て、調整する
●建築主や建築技師と連絡を取り、進捗、情報提供依頼や変更依頼をチェックする
●申請書、完成図、その他の建設文書をチェックし、承認する
●アフターサービスの依頼や修理依頼への対応
●建築主と業務記録に必要な完成書類を集める
見積もり＆調達
●プロジェクトの計画と仕様をチェックする
●請負業者入札に申請して資格を取る
●プロジェクトのために建築主に提出する見積書を作成する
●落札したプロジェクトのために業務内容と価格を確定し、業務委託契約書を発行する

◆「全員実行」のためにすべきこと

一．あなたの会社の「生命の循環」を図にする。

二．会社のウェイ《流儀》を共有するために、社内ミーティングを開く、または次の「四半期ミーティング」で共有する。

三．全従業員を再教育する。

四．プロセスに従うよう、従業員を管理する。


会社をシステム化すれば、問題が発生しても容易に解決できる。というのも、問題の多くはプロセスがらみの問題から生じるからだ。たとえば、顧客担当者が注文書のコピーを経理部に転送しなかったために、請求書を発送できなかったとしよう。問題の発生源を突き止めて、それを解決しよう。問題が起きても、すぐに欠陥のある工程に戻ってその工程を修正または省くことができる。場合によっては、新しい工程を追加するだろう。しかし、それは単なるメンテナンスに過ぎない。今のあなたは、全員にあなたのウェイ《流儀》に従ってもらうのに必要なものをすべて持っている。

プロセスのモジュールを強化すると、より多くのことを制御できるようになる。あなたには会社をどうするかについて選択肢がある——会社を成長させるか、退任するか、売却するか、維持するか、フランチャイズ化するか、他の都市に事業所を作るか。どの選択肢を選んでも、あなたの組織の企業価値は上がっており、今よりも高値がつくだろう。オーナーがいなくても利益を生む会社《ターンキーシステム》——これこそが企業の買い手が求めるものだからだ。たとえばイメージ・ワンのビジネスオーナーは、同じ業界にある十億ドル規模の上場企業から声をかけられ、最終的にはその会社に自社を売却した。買収先の当時の事業部の部長は、かつてGEのジャック・ウェルチの下で働いた経験のある人物だったが、これほど健全に経営されている会社はめったにないとイメージ・ワンを褒めたたえた。

プロセスのモジュールをマスターした今、目的地まであと一歩だ。

パズルの最後のピース――「トラクション《実行力》」のモジュール――を手に入れれば、すべてを実践する準備が整うだろう。

まとめ

プロセスのモジュール

コア・プロセスの文書化

- コア・プロセスを特定する
- コア・プロセスを文書化して簡略化する（八〇対二〇の法則）
- 文書化したものを一か所にまとめる

全員実行

- あなたの会社の「生命の循環」モデルを作る
- 全従業員を教育する
- 従業員がコア・プロセスに従うよう管理する

第8章

トラクション《実行力》

――アイデアを行動に移す

行動が本章のテーマだ。「トラクション《実行力》」をつけるということは「ビジョン」を実現することだ。現時点であなたはビジョンが明確であり、「正しい人」が「正しい席」に座っており、データを管理し、課題を解決し、ビジネスの「ウェイ《流儀》」を定義し、全従業員がそれを順守している。これでパズルの最後の一ピースである組織のトラクション《実行力》をマスターする準備が整った。最初の五つのモジュールをマスターしてから、このモジュールに取り組もう。最初の五つのモジュールを習得しなければ、たとえトラクション《実行力》をつけても間違った方向に進む恐れがあるからだ。これらのモジュールを強固にすれば、正しい方向、すなわちビジョンに向かって進めるだろう。

ほとんどの組織は、結果責任と規律をもって実行することができず、それが最大の弱点となっている。組織の結果責任のレベルを、十段階で評価してくれと言われたら何点をつけるだろうか？　成功しているリーダーは高い点数をつけるが、それは組織のトラクション《実行力》を育てる方法を知っているからだ。新しいクライアントに点数を訊ねると、彼らはだいたい四点と評価する。

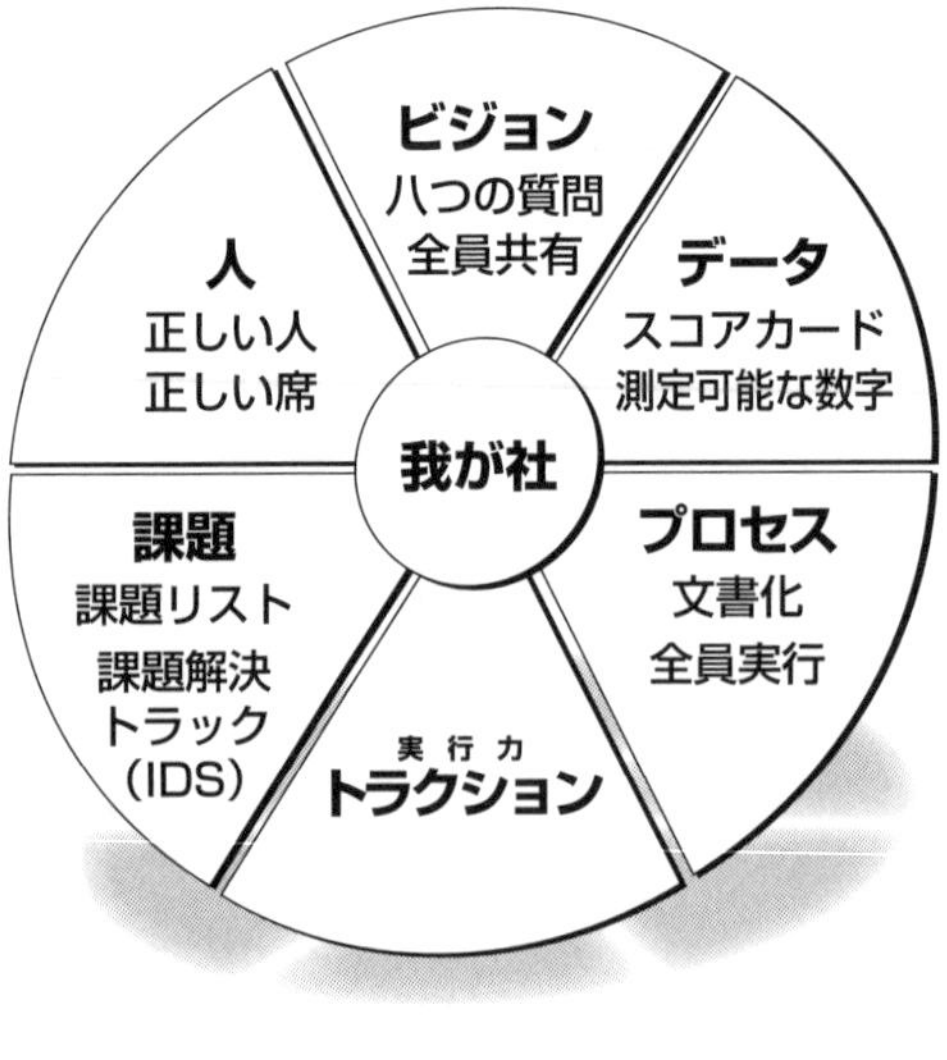

世の中にはすばらしいビジョンがたくさんあるのに、実に残念なことだ。不幸にもほとんどのビジョンが実現せずに終わるのは、トラクション《実行力》が足りないからだ。「ビジョナリー」は地上レベルではなく、天上レベルで物事を考えたがる。二十年以上失敗例を観察したあと、私はビジョンと実行の間にあるギャップを埋める方法を思いついた。

最近、この要点を捉えた言葉と出合った。「Luftmensch（ルフトメンシュ）」というイディッシュ語で、「空気」を意味するluftと、「人」を意味するmenschの二つの語が組み合わさった言葉だ。ルフトメンシュとは「空気の人」、すなわち非現実的な考えを抱く人を表す。といっても侮辱的な意味ではない。アイデアは非現実的な夢想から生まれるものだ。ほとんどのビジョナリーはこの意見に同意するだろう。それが彼らの才能であり、強みであり、価値なのだ。ビジョナリーがいなければ、何も存在しない。しかし一度ビジョンが明確になったら、ルフトメンシュから行動に切り替える必要がある。

ほとんどのリーダーは、組織に規律と結果責任を持ち込めば、従業員が少々気詰まりな思いをすることを知っている。しかし、トラクション《実行力》をつけるためには避けて通れない道だ。従業員に気兼ねしていると、組織の足を引っ張ることになる。一流の会社を作りたいなら、他に選択肢はない。従業員がしばらくの間気詰まりな思いをするという事実を受け入れられれば、解決策は実に簡単だ。そのためには二つの簡単な規律を実践する必要がある。

これまでのステップと同様に、ここでも経営チームの全面的な尽力が必要となる。表明したことを撤回して方針転換したくなるときが何度もあるだろう。だが、もし経営チームが最後まで頑張り通すことができれば、数か月以内に従業員は、結果責任を負い、コミュニケーションが改善し、業績が上がったと高く評価するだろう。従業員が居心地の悪い思いをすると心配していたが、それほど悪くなかったとわかるだろう。実のところ、反発し続ける人は、間違った人か間違った席にいる人なのである。

これはＥＯＳの秘訣でもある――私たちは、経営チームが後戻りすることを許さない。やがてクライアントたちは、後戻りさせなかった私たちに感謝するようになる。そして、このような高いレベルのトラクション《実行力》も結果責任も成果もなく、よく今まで経営を続けられたものだと語る。

では、トラクション《実行力》をつけるために必要な二つの規律とは何か？　一つ目は、全員が具体的で測定可能な優先順位を設定すること。二つ目は、社内でのミーティングの質を向上させることだ。それぞれの規律には不可欠なツールとして「石」と「ミーティングのリズム」がある。

これらの規律について詳しく説明する前に、私のクライアントたちが、これらの実行ツールを実践する前と後に、こんなことを語っていたので紹介しよう。あなたや従業員にも身に覚えのある内容かもしれない。

◆トラクション《実行力》をつける前

結果責任がない

- 「私は誰に対して結果責任を負っているのかわかりませんでした」
- 「私たちは定期的にミーティングを開くことを決めましたが、実施されませんでした。責任感と目的意識がなかったのです」
- 「『石』を導入する前は、すべてがあいまいでした」

コミュニケーション不足

- 「会社で求められることについて、私の認識は他の人と違っていました。さらに私は皆から誤解されていました」
- 「この会社で二十年以上働いていますが、『石』の導入前には、何かの決定に関与したことは一度もありませんでした」

停滞

- 「私たちは規律正しく一年間の目標を立てたものの、目標に向かって少しも前進することなく翌年度を迎えることがよくありました。年間を通して目標に集中し続けるのは容易ではありませんでした」
- 「明確な方向性も優先順位もありませんでした。すべてが重要と見なされ、その結果、私たちの努力は重要度が低いことに注がれました。『出社して働くことが目的』の典型例だったのです」
- 「すべてが優先事項とされていました」

カオス

- 「毎日のように生じる緊急案件から距離を置いて、最優先事項に集中するのは容易ではありませんでした」
- 「ミーティングは頻繁には行われませんでした。一つを決定するのに何週間もかかるし、同じ内容を何度もプレゼンしなければなりませんでした」

- 「物事が見過ごされていました」
- 「仕組みがなく、目標や問題を話し合う機会が足りませんでした。問題は解決されず、積み重なるばかり。成果を測る方式もありませんでした」
- 「私たちはその週やその月の問題の対応に追われ、反応するばかりでした」
- 「役割分担がはっきりせず、私は何もかもが自分の責任だと感じ、すべてをやらなければなりませんでした」

◆トラクション《実行力》をつけたあと

結果責任

- 「『石』を導入してから、タスクに関する全員の責任範囲と期限が明確になりました。また、各メンバーが自分の結果責任をはっきり認識しています。全員で力を合わせるようになりました」
- 「今では、ビジョンを共有する結束力のあるチームとして働くようになりました。私たちは結果責任を持って課題解決に努力しています。現在の組織構造は強みに注力できます」
- 「『石』と『ミーティングのリズム』を導入してから、私もチームも、大局的な視点から重要な項目に集中するようになったと思います。同じ時間でより多くの仕事がこなせるようになり、期限までに仕事を終わらせようと緊張感を持つようになりました」

コミュニケーション

- 「ミーティングは九十分ジャストで、延長はありません。時間はかかりますが、月次ミーティングよりも週次ミーティングの方が有益だと実感しています」
- 「少なくとも今は『石』と週一回のミーティングのおかげで、優先順位を意識し、会社の方向性も認識するようになりました」
- 「目まぐるしく変化する環境のなかで、『ミーティングのリズム』は、メッセージを段階的に伝えるための優れたコミュニケーション手段として役立っています」

組織

- 「『石』のおかげで、直属の部下に最新の状況を確認できるようになり、一貫した方法でより良い成果を出せるようになりました」
- 「『石』を導入して本当に良かった！　皆が良いチームワークを発揮し、同じ目標に向かって集中しています。やるべきことも方向性も明確です。成績が振るわない人と組織に適応できない人をはっきりと区別できるようになりました。本当に、夜と昼のように違います」
- 「『石』のおかげで、全員が集中力を維持し、一年間の目標に向かって着実に前進するようになりました。『石』は測定可能な目標となり、うちの社内用語となりました。従業員はプライドを持って真剣に『石』に取り組んでいます」

トラクション《実行力》

● 「みんなに船を漕いでもらうことで、組織の推進力が増しているのを感じます」
● 「『石』のおかげで私たちは目標を達成し、従業員に結果責任を課し、継続的に良い方向に進む方法を見つけました」
● 「今や私たちは問題を先取りしたり、予測通りに物事を進めたり、会社のシステムに取り組んだりしています。過去の問題に対処するのではなく、未来に向けて仕事をする時間が増えました」

――石

明確で長期的なビジョンを設定したら、それを達成するために、すぐにでも行うべき優先事項を設定しよう。会社にとって最も重要な三〜七つの優先事項、つまり九十日以内にやるべきことを決めるのだ。これらの優先事項を「石」と呼ぶ。

私が不動産販売の研修会社を経営していた頃のことだ。一人の生徒が、九十日間の優先順位を設定することの影響力を次のように説明してくれた。その生徒が家族で綿花を手で摘んでいた頃、彼は畑の端に立っては何エーカーにも広がる綿花を眺め、こんなにたくさん摘まなければならないのかと圧倒されたという。

作業の心理的負担を減らすために、一人が棒を拾ってできるだけ遠くまで投げたそうだ。皆はかがむと、棒のところまで綿花を摘み続ける。棒にたどり着いたら、それを拾ってまた投げる。これを繰り返すのだ。

「90日の世界」を作る理由も同じだ。ビジョンを達成するという途方もない任務に圧倒される代わりに、この方法ならビジョンを石という作業に細分化できる。

あなたの会社は石を持ち、経営チームの各メンバーも石を持ち、従業員も石を持つ。石は三〜七項目（少ないほど良い）に絞るが、それはすべてを一度にまとめてやろうとする習慣を断ち切るためだ。そんなやり方はうまくいかない。優先事項を絞れば、最も重要なことに集中できる。限られた数の石に注力することで、従業員はより多くのことを達成できるだろう。すべてが重要なときは、何も重要ではないということだ、という古い格言を思い出してほしい。会社を前進させるには、九十日間で一歩進むことだ。

アル・ライズが著書『フォーカス！』のなかで、集中力をレーザー光線にたとえた話を前に紹介したが、石も同じような短期的な集中力を作り出す。皆が一つの方向に集中すると、レーザー光線のような集中力が生まれ、目標に向かって実行できるようになる。

ビジョンが明確になれば、より良い石を設定できるだろう。優先事項を設定するのが簡単になる。会社の石を設定し、経営チームの石も設定したら、その石を組織全体に伝えて、従業員にそれぞれの石を設定してもらうのだ。このプロセスによって連携が生まれる。本章では、経営チームが石を設定し、それから組織全体

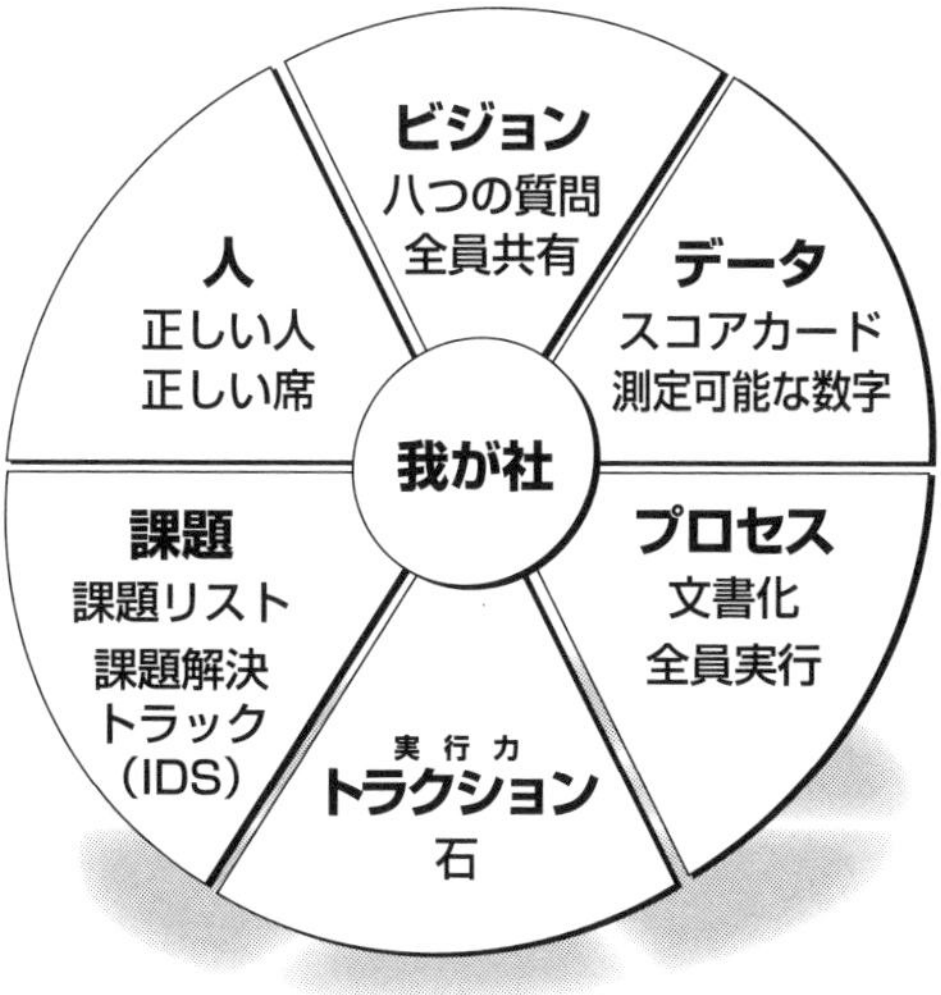

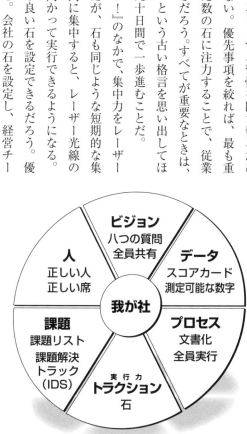

でこのプロセスを展開するための具体的な方法を説明する。

ところで、優先事項は何と呼んでも構わないが、多くの会社は「石」という名前を好んで使う。私に「石」という言葉を教えてくれたのは、『会社が急成長するロックフェラー式「黄金の習慣」』の著者、ヴァーン・ハーニッシュだ。ヴァーンがこの言葉を知ったのは、スティーブン・コヴィーの著書『七つの習慣・最優先事項――生きること、愛すること、学ぶこと、貢献すること』（キングベアー出版）にあったたとえ話からだった。

テーブルの上にガラスの広口瓶が置いてあるのをイメージしてほしい。瓶の隣には石、小石、砂、水の入ったコップがある。ガラスの瓶は一日のうちのあなたの労働時間を表すとする。石はあなたの最優先事項、小石は日々の責務、砂は割り込み、水はあなたが就業時間中に遭遇するその他すべてを表している。多くの人と同様に、あなたも最初に水を入れ、二番目に砂を入れ、三番目に小石を入れ、最後に石を入れたら、どうなるだろうか？　優先順位の高い石は瓶に収まらないだろう。それがあなたの典型的な一日だ。

逆をやったらどうなるか？　大きいものから入れるのだ。まずは石を入れる。次に、日々の責務である小石を入れる。それからさまざまな割り込み、つまり砂利をどさりと入れる。最後に水を注ぎ込むのだ。これですべてが瓶の中に完璧に収まる、つまりあなたの一日に完璧に収まるのだ。要するに、あなたの「石」、すなわち最優先事項から先に取り組まなければならないということだ。その他のことは何とかなるだろう。

少ない方が常に効果的であるように、優先事項も多いよりも少ない方が良い。少なく絞り込んだ方が、より多くを達成できる。多くの組織は、山のような優先順位を抱えて一年をスタートさせるが、年度末にはわずかしか達成できていない。四半期ごとに石を設定することで、「90日の世界」ができあがる。

そのプロセスはこうだ――経営チームは九十日ごとに全日ミーティングを開く。そこで自分たちのビジョンを見直し、組織が次の九十日間もそのビジョンに向けて進み続けるために、何を石に設定するべきかを決める。

◆組織の石を決めよう

ステップ　一──経営チームで「ビジョン・トラクションシート」を確認して、同じ目標を持っていることを確認したあと、九十日間で達成すべきことをすべて、ホワイトボードにリストアップする。完了させたいタスクは、平均で十～二十項目ほど出てくるだろう。もっとも、七十五項目も出したクライアントもいるが。

ステップ　二──目の前にある十～二十項目のリストについて、皆で議論を重ね、次の九十日間で最も重視すべき優先事項を決定する。四半期の会社の石として、残すか、削除するか、他の項目と組み合わせて一つの項目にするかを判断しよう。三～七項目に絞り込まれるまで、優先順位の低そうなリストの項目を下げよう。結果的に、適切な項目が上位に残るだろう。

ステップ　三──リストを絞り込んだら、石の期限を設定する。四半期末（三月三十一日、六月三十日、九月三十日、十二月三十一日）が一般的だ。目的を明確にしてから、それぞれの期限を定める。これは必須作業だ。

石は具体的で、測定可能で、達成可能なものにすること。たとえば、「三社の大口顧客と契約する」とか

「新しい経理担当者を雇う」といった感じだ。石は、期限のないタスクやあいまいなタスクであってはならない。「カスタマーサービスのプロセスに取りかかる」では具体的でも、測定可能でも、達成可能でもないため、良い石とは言えない。

四半期末に達成したか否かをはっきり判断できるよう、石を明確に設定すること。一例として、ある会社が設定した四つの会社の石を紹介しよう。

三月三十一日までに終わらせる会社の石

一．新規事業で一億円を達成する

二．納品プロセスを文書化し、全従業員を教育する

三．CFOの候補者を二人に絞る

四．新しい情報システムソフトウェアを導入する

ステップ　四——それぞれの石の責任者を決める。各々に明確な結果責任を負わせるためにも、これは不可欠だ。会社の石は三～七つほどになるが、各石の責任者は一人で、経営チームのうちの一人でなければならない。一つの石の結果責任を複数の人が担うと、誰も責任を負わなくなるからだ。責任者とは、予定を立てたり、ミーティングを招集したり、従業員に指示したりして、四半期中に石を完了させる人を指す。四半期末に、皆から石を達成できたかを訊ねられる人でもある。

ステップ　五——会社の石が決まったら、経営チームもそれぞれの石を設定する。先に会社の石を自分

の石に入れてから、自分にとって最も優先順位の高い項目を三～七つ見つけよう。ステップ二で落とされた石のなかには、経営チームメンバーの個人の石になるものもある。項目は三～七個以下にとどめるよう心がけること。石の候補として最初のリストに挙がったものの選ばれなかったものは、ビジョン・トラクションシートの「課題リスト」に登録して、次の四半期に繰り越すことができる。

ステップ　六――満足のいくリストができたら、「石のリスト」を作成しよう。石をざっと一目で確認できる一枚の用紙だ。一番上には会社の石、その下には経営チームメンバーのそれぞれの石を書く。この石のリストを週次ミーティングに持参して、自分の石の進捗を確認する。これがあれば結果責任が明確になり、組織の最優先事項に注力しやすくなる。今期の優先事項が決まったら、新しい優先事項を追加することはでヽヽヽヽヽヽヽきない。もし誰かが他のものを投げ込もうとしたら、それを投げ返そう。というのも現在の石は、今四半期で最も重要な優先事項として皆の同意によって決まったものだからだ。この四半期中に出てきた新しいアイデアや思いつきは、次の四半期のビジョン・トラクションシートの課題リストに載せておこう。この方法なら、組織はレーザー光線のような集中力で石に取り組むだろう。次ページに効果的な石のリストの一例を紹介しよう。

ステップ　七――会社の石を組織全体で共有しよう。ビジョンのモジュールで説明したように、ビジョンは全員で共有する必要がある。四半期ごとに全従業員を集めて四十五分以内の「四半期ミーティング」を開き、達成したこと、進捗状況、ビジョン・トラクションシートを共有し、その四半期の会社の石を発表し

2007年3月31日を期限とする石

会社の石	責任者
1．新規事業で1億円を達成する	B L
2．納品プロセスを文書化し、全従業員を教育する	A M
3．CFOの候補者を二人に絞る	J K
4．新しい情報システムソフトウェアを導入する	S P

ビルの石

1．新規事業で1億円を達成する
2．有望そうな新規の見込み顧客を10人獲得する
3．新しい営業担当者を雇う

ジョンの石

1．CFOの候補者を二人に絞る
2．新入社員研修会の計画を立てて実践する
3．総債権額を1億円に増やす

エイミーの石

1．納品プロセスを文書化し、全従業員を教育する
2．顧客からのフィードバックシステムを作る
3．データベースを更新する
4．上位10社のクライアントに積極的に連絡を取る
5．アカウンタビリティ・チャートを見直しして再周知する

サムの石

1．新しい情報システムソフトウェアを導入する
2．会社の新しいウェブサイトを公開する
3．売掛金と買掛金の方針を全員に再教育する
4．新規顧客との契約を確定させる

よう。前述したように、人間は七回同じことを聞かされて初めてそれを認識するものだ。この方法なら、従業員もやがてビジョンを共有するようになるだろう。

ステップ　八――各部門でもチームで石を設定してもらおう。経営チームが石を設定するのと同じように、各部門のチームもまったく同じ手順に従って、自分たちの石を設定するのだ。最終的には、全従業員がそれぞれの石を持つことになる。なお、会社と経営チームは三～七つの石を持つが、それ以外の従業員は一～三つとすること。

◈石に関する注意事項

あなたの組織で石を決めてそれを実行する際には、以下の問題に注意しよう。

●**ゴミを入れれば、ゴミが出てくる。**起業家のための経営システム（ＥＯＳ）のどのツールも、結果はあなたが入力したものに影響される。間違った石を設定したら、その四半期を通してあなたは間違った方向に進んでしまうだろう。必要なだけの時間をかけて、正しい石を設定すること。このプロセスを急いで片付けてはいけない。

●**石をマスターするには半年が必要だ。**このプロセスを最初から使いこなすことはできないだろう。そこで、全従業員に石のプロセスを実践してもらう前に、経営チームだけで二度の四半期に渡ってこのプロセスを練習する必要がある。何度かミスを犯すだろうが、従業員の良き師となるためにも、まずはミスから学ぶことが重要だ。

●**熱意が冷める。** 石のプロセスを始めたら、皆が全力で打ち込んでいるか四半期ごとに確認しよう。最初は勢いよく始めたものの、やがて所定の手順をしっかりやらなくなるクライアントがいる。結果的に皆と石を共有しなくなり、従業員たちは石のプロセスを単なる気まぐれだったのだと見なしてしまうだろう。

●**石が多すぎる。** 経営チーム以外の人に石を三つ以上持たせないこと。ほとんどの従業員は途方に暮れて対応できないだろうし、少ない方が効果的だという鉄則に反している。

イメージ・ワンのロブ・デューブは、蓄積された石の影響力をこう説明してくれた。「年に一度の全社ミーティングのとき、私は会議室をまわって、全従業員にその年に達成した『石』をいくつか発表してもらうことにしました。一人ずつ発表する間、私はホワイトボードに彼らの『石』を書きました。最後にはホワイトボードに書ききれなくて、フリップチャートの紙を何枚も使ったほどです。我が社のように三十五人から成るチームの場合、一人が四半期ごとに二つの『石』を達成すれば、合計で七十になります。これに一年間の四半期の数である四を掛け合わせると、二百八十になります。これは驚くべき数です。この十二か月間で私たちは正しい方向に二百八十歩進んだことになるのですから。すごいではありませんか」

――ミーティングのリズム

ミーティングはおもしろくないとか、時間の無駄だとか、すでに多すぎるぐらいだといった誤った考えをやめよう。実際には、うまく運営されるミーティングは結果責任を問う場となる。トラクション《実行力》をつけるには、今よりもミーティングの回数を増やす必要があるだろう。

パトリック・レンシオーニは、著書『決める会議』（パンローリング）の冒頭で、ユーモアまじりにこう述べている。レンシオーニは、多くのリーダーが会議の愚痴を言い、「会議に出なくてもいいのなら、もっと仕事が好きになれるのに」とぼやくのを聞いたという。だが、もし手術を前にした外科医が「手術がなければ、この仕事を好きになれるのに」と看護師に愚痴ったら、あなたはどう思うだろうか。それから、組織を率いて管理する立場の人は、仕事の大部分を会議が占めるという事実について考えてほしいと彼は訴える。

時間の節約になるような、きわめて生産的なミーティングを実施することは可能だ。本章では、「90日の世界」に「10点満点ミーティング」という強力なツールを組み合わせる。これらを組み合わせることで、コミュニケーション、結果責任、チームの健全性、業績の向上を可能にする質の高いミーティングができるだろう。ミーティングを増やして、ミーティングのリズムに従えば、皆がより多くのことを達成できるようになる。ミーティングに時間を費やすことで、前に進むための時間が生まれるのだ。

ミーティングのリズムは組織にとっての心臓の鼓動だ。とりとめのない長ったらしいミーティングではなく、全部署を通して具体的なアジェンダとミーティングのリズムを活用すれば、組織の健全性を維持できるだろう。ミーティングのリズムの働きは、心電図に描かれるスパイク（訳注：とがった波形を持つ電気信号）のようなものだ。ミーティングまでに何かを完了しなければならないとき、人はミーティングの直前に慌ててそれを完了させる——ここでスパイクが起きる。ミーティングの間隔を短くすればするほど、より多くのスパイクが起きて、より多くの業務を完了できる。最初は定期的なミーティングに抵抗があるかもしれないが、習慣化すればすぐに受け入れるようになる。このミーティングなしでよく今までやって来られたなと驚くかもしれない。どのクライアントもそのような反応をする。ミーティングは不思議な力を発揮するのだ。

ミーティングのリズムは、二種類のミーティングで構成されている。一つ目は四半期ミーティング、二つ目は毎週のミーティングだ。まずは四半期ミーティングから説明しよう。

◆90日の世界

本書では、ビジョンの一環として「3年イメージ」を作った。その後「1年計画」を作ったが、今度は「90日の世界」の番だ。このモデルを次のページに描いておいた。九十日間というアイデアは自然の現象から生まれた。人間はおよそ九十日ごとにつまず

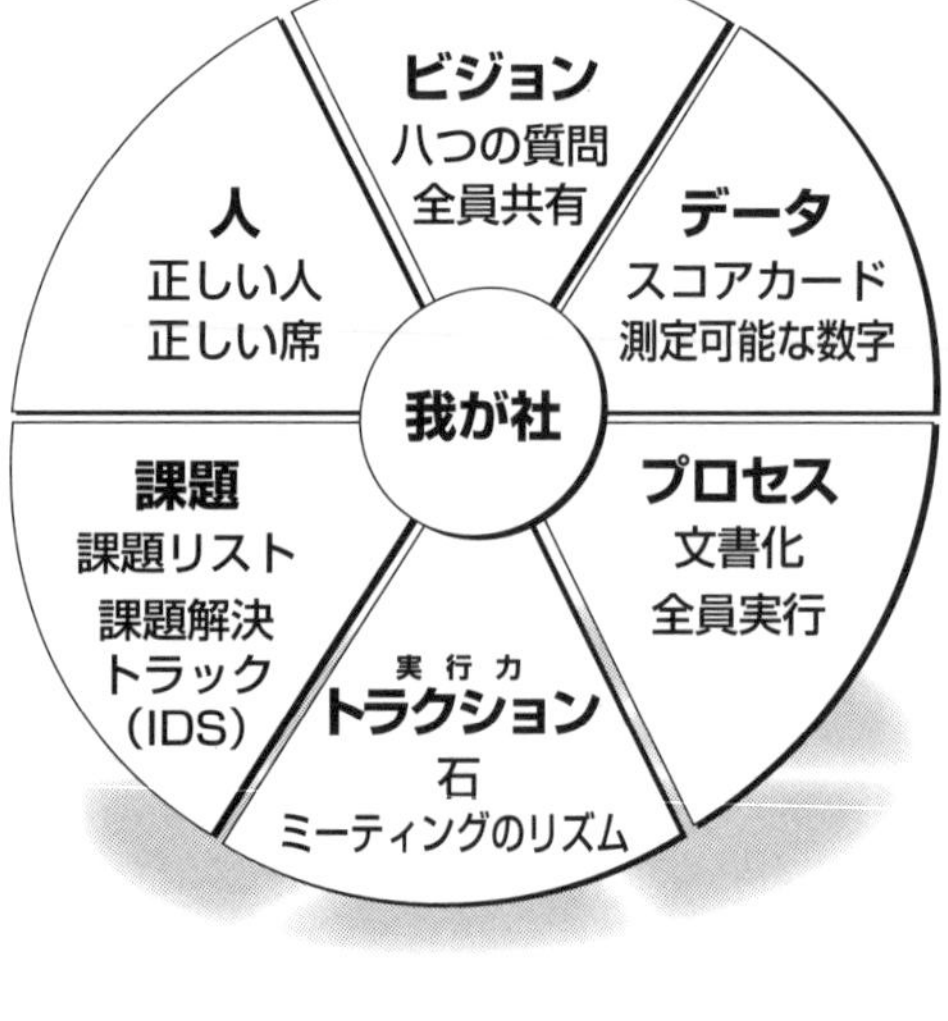

き、軌道から外れ、集中力を失う傾向があるのだ。このような人間の傾向に対処するには、組織全体で特定の手順を導入して90日の世界を作る必要がある。

私が初めてその効果に気づいたのは自分の会社だった。経営チームと初めての全日ミーティングをやったあと、私たちは皆、組織として目指す目的地やるべきことに集中して取り組むことにした。私たちは協議のうえで役割と責任を決め、共通の認識を持ち、情熱にあふれていた。しかしその九十日後、どういうわけか私たちは脱線し始めていた。その理由がわからなかったため、私はもう一度全日ミーティングを開き、再び全員で集まった。私たちは熱意の込もった激しい議論を交わし、生産的なミーティングを行って、再び軌道に戻った。だがその九十日後にはまたしてもチームとしての団結力が失われていたため、私はまたもやミーティングを開いた。「九十日前のミーティングで真剣に議論していた人たちに一体何があったのか？」と首

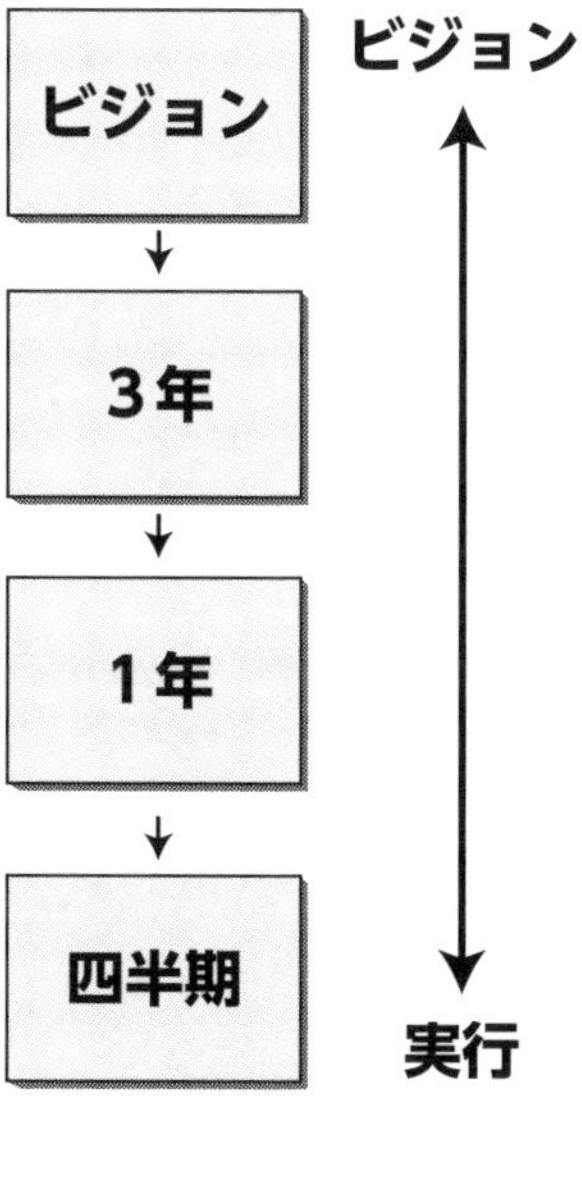

をかしげたほどだ。これ以上チームをばらばらにするわけにはいかなかった。だがいつもと同様、ミーティングが終わる頃には私たちは再び奮い立ち、チームとしてまとまっていたのだ。

私はすぐにそれがごく当たり前の周期だとわかった。よくよく考えてみると、「起業家機構」のフォーラムグループも、友人も、家族も、同じ周期の影響を受けていることに気づいた。それが人間の性《さが》らしい。私はこれまでに一千三百回の全日セッションを実施したが、そのうちの九百回以上が四半期のセッションだ。前回の四半期セッションでは目標に集中していた人が、次のセッションでは集中力を欠いていることがあった。ある経営チームは、前の四半期には核心的な問題について完全に同意していたのに、今回のセッションでは意見がばらばらになっていた。だがセッションが終わる頃には、全員が再び軌道修正した。場合によっては、同意したことを覚えていない人もいる。幸いにも私がしっかり記録を取っていたため、皆が同意したことを証明できたのだが。

この周期が普通なのだと気づいたとき、私は考え方を改めた。まずはいらいらするのをやめて、こうした変化を受け入れた。次に、私は毎回影響力のある四半期ミーティングになるよう、優れたアジェンダをまとめることにした。今ではすべてのＥＯＳクライアントが、四半期ごとにこのアジェンダに従ってくれている。最後にもう一つ。四半期ごとに方向性を調整しなければ、組織はばらばらになって軌道から外れるだろう。優秀な従業員が次々と去っていき、ビジョンを見失い、最終的には振り出し――つまりカオスに戻ってしまうだろう。

繰り返すが、人間が目標に集中し続けられるのはおよそ九十日間だ。それが人間というものなのだから、もがくのをやめて四半期ミーティングのリズムに従って課題を解決し、会社のために90日の世界を作ろう。

また、四半期ミーティングはオフサイト（訳注：いつものオフィス以外の会議室や宿泊施設など）で開催することをお勧めする。オフィスでやると、気が散る要素が多すぎて業務に引き戻されてしまうからだ。オフィスから離れた場所でやれば、チームが真摯に会社に取り組むための絶好の機会になる。

四半期ミーティング

- 参加者：経営チーム
- 場所：オフサイト
- 時間：八時間
- 頻度：九十日ごと
- 事前準備：ビジョン・トラクションシートを完成させる（全員が自身の課題と次の四半期に向けての優先事項案を用意しておくこと）

◆四半期ミーティングのアジェンダ

- 切り替え
- 前四半期の振り返り

●ビジョン・トラクションシートの見直し
●次の四半期の石を設定する
●重要な課題に取り組む
●次のステップ
●締めくくり

切り替え

これは九十日間会社で一生懸命働いたあと、今度は会社について取り組むための転換点となる。全員で次の三つを共有しよう。（一）この九十日間における仕事に関する最高のニュースとプライベートなニュース、（二）組織のなかで順調なことと、順調でないこと、（三）ミーティングに期待すること。これらを共有することで、全員が意欲的にビジネスに取り組むようになるだけでなく、四半期ミーティングを始める準備も整うだろう。

このセクションで、一人がこんな発表をするかもしれない。「仕事に関する一番のニュースは、ＡＢＣ社との契約を取り付けたことです。私が順調だと思うことは、新しい顧客管理ソフトです。順調でないと思うことは、発送日数、顧客サービス部門、在庫システムです。私が期待することは、この三つを徹底的に解決することです。さらに、もっと健全な経営チームを作りたい」。こうした発表が、みんなの発表と相まってミーティングの雰囲気を作り出す。

前四半期の振り返り

前四半期の数字（四半期の売り上げ、利益、粗利益率、その他の重要な数字）と石（「石のリスト」に書かれた会社と経営チームの優先事項）をすべてチェックして、達成できたことと達成できなかったことを確認する。各項目について「達成」か「未達」とだけ言うと良いだろう。これで自分たちのパフォーマンスについて、白黒はっきりとしたイメージが持てるからだ。四半期ごとに石を一〇〇％達成できるものと思い込んではいけない。それは完璧主義的な考え方であり、現実的ではないからだ。八〇％以上の達成を目指して常に努力しよう――八〇％を達成するだけでも十分な成果だ。

八〇％を達成できなかった場合は、達成できなかった理由を認識し、その経験から学ぶ必要がある。達成できなかった石について考えよう。なぜ達成できなかったのかを議論すること。石を達成できなかった理由で最も多いのは次の二つだ。

- 詰め込みすぎて限度を超えてしまった――つまり、予測が甘かったケースだ。この場合、あなたのチームはもっと現実的な石を設定する必要がある。初めて石を設定するときは、ほとんどのクライアントは決まって高すぎる石を設定しようとする。
- 誰かがやり切らなかった――言い換えれば、達成可能な石だったが、責任者が全力を出さなかったケースだ。この場合は結果責任に問題があり、それを課題リストに載せて解決する必要がある。長期的には経営チームの誰もが石を任されたら、常に最大限に努力するようになるだろう。

未達成の石に関しては三つの選択肢がある。

一．石を次の四半期に繰り越す。
二．石を九五％達成した場合、残った五％の業務は「ＴｏＤｏリスト」に載せる。
三．石を他の人に割り当て直す。

ビジョン・トラクションシートの見直し

四半期ごとにビジョン・トラクションシートを見直しするのは、ビジョンを思い出して、全員が今も同じ認識でいることを確認するためだ。共通認識があれば、次の四半期に向けてより良い石を設定できる。意見が一致しない場合は、一致するまで自由に議論を重ねよう。

> 四半期ミーティングでは、必要なだけ時間をかけてビジョン・トラクションシートを見直して共通認識を新たにしよう。こうすることで、会社全体の利益のために何をすべきかが明確になるため、セッションの後半で課題をスムーズに解決できるようになる。

オープンで正直な環境では、ビジョン・トラクションシートの内容で理解できないこと、同意できないこと、気になることがあれば、誰もがそれを発言しなければならない。混乱が生じたら、直ちに全員が一致するまでその問題を解決すること。どれだけ議論する必要があるかにもよるが、ビジョン・トラクションシートの質が高ければ、三十分～二時間程度で見直しが終わるだろう。課題リスト（八つ目のセクション）を更新してから、ビジョン・トラクションシートの見直しを終えること。解決した課題は削除して、新たな課題を追加しよう。これでその日の課題リストは完成だ。

次の四半期の石を設定する

切り替えでミーティングの準備が整い、前四半期の石の見直しで成果が明らかになり、ビジョン・トラクションシートの見直しでビジョンが明確になり、課題リストも作成した。次は、本章の前半の説明に従って石を設定しよう。

今期中にやるべきことをすべてリストアップしよう。リストに挙がった項目は、残すか、削除するか、複数の項目を組み合わせるかして、会社の石を三～七つに絞り込んで、それぞれの責任者を決めよう。それから経営チームメンバーの石を設定し、メンバーの一人が石のリストを作成する。

重要な課題に取り組む

ビジョン・トラクションシートの見直しと石の設定にかかった時間にもよるが、石を設定したあと、ミーティングの残り時間は一～四時間となる。早速、今期に関わるすべての課題に取り組もう。ミーティングの成功は課題の解決にかかっている。まずは、すべての課題がリストにあるかを確認しよう。ミーティングの前半で共有されなかったが気になる課題がないか、チームに訊いてみよう。

あなたがまとめた課題リストには、ミーティングの前半で出された課題と、前のミーティングから繰越された古い課題などがすべて含まれている。新しい石を設定して、解決した課題はすべて削除しよう。

「課題解決トラック（ＩＤＳ）」のプロセス――原因・根本を追究する（Identify）、議論する（Discuss）、解決する（Solve）――に沿って、残りの課題に取り組もう。最も重要な課題を三つ選び、一番重要なものから優先順位の高い順に話し合おう。それぞれの課題について、根本的な問題を明らかにした上で、その問題のあらゆる側面を率直に議論し、脱線することなくすべての意見を出し合おう。それからその問題に終止符を打つべく議論する。残り時間と課題の重要度にもよるが、一～十五項目ほどの課題を片付けられるだろう。

解決できなかった課題はすべて、優先度に応じて週次課題リストかビジョン・トラクションシートの課題リストに繰り越そう。すべての課題が片付くことはめったにない。重要なのは優先度の高い順に解決していくことだ。

次のステップ

四半期ミーティングのなかでも、このセクションは短時間で終わることが多い。次のステップ（誰が何をするかなど）について全員で話し合い、ミーティングの決定事項に基づいて組織に伝えたいことがあれば、ここで言おう。

たとえば、切り替えのセクションで挙がった顧客サービス部門の課題を解決したとしよう。次なるステップとしてあなたは、オペレーション部門のトップに、顧客サービス部門のスタッフ全員と面談して、みんなで今期中に新たな戦略を練り、世界レベルの顧客サービス部門を作る計画を実行する意思があるかを確認することもできる。

締めくくり

ミーティングの締めくくりとして、次の三つを全員で共有しよう。（一）ミーティングに関する意見、（二）期待に添う内容だったか否か、（三）ミーティングに対する評価を一～十点で採点してもらう。標準から平均である八点以上が望ましいだろう。

四半期ミーティングは非常に強い影響力を持つ。全員が漕ぐべき方向に向かって集中するようになる。やる気が出てきて次の四半期の役割を遂行する準備が整うだろう。

だが、決まったように九十日後にはまた脱線し始めるだろう。今期はミーティングは必要ないと思う時もあるだろう。私もパートナーたちから「どうしてまたミーティングをやるんだ？　経営がうまくいってないというのか？」と訊かれて、何度も彼らを説得しなければならなかった。このような罠にはまってはいけない。しばらくはのんびりして負担を軽減したいという要望に屈してはならない。クライアントのなかには、四半期ミーティングの前になると時々電話をかけてきて、ミーティングは不要だと言ってくる人がいる。私は彼らにミーティングをやるよう説得するが、どのケースでも、最終的に彼らはミーティングをやって良かったと報告してくる。四半期ミーティングを終えたあと、クライアントが「やれやれ、今期は特に話し合うことはないと思っていたのですがね」と言うのを、私は何度聞いたことか。

四半期ミーティングは、毎回同じ手順を繰り返そう。ミーティングは徐々に上達していくものだ。これを定例行事としたうえで、毎年の年末には、四半期ミーティングの前に年間計画を練るための日を確保しよう。年間計画は、チームの健全性を確保し、ビジョンをリセットし、翌年に向けて明確な計画を立てるチャンスだ。

年間計画

●参加者：経営チーム
●場所：オフサイト
●時間：二日間
●頻度：毎年
●事前準備：完成した「ビジョン・トラクションシート」を持参する、来年度の予算案、来年度の目標について考えておく。

◈「年間計画」のアジェンダ：一日目

●切り替え
●前年度の振り返り
●チームの健全性を築くエクササイズ
●SWOT分析／課題リスト
●ビジョン・トラクションシート（1年計画を通して）

切り替え

経営チームの各々が次の三つについて意見を言う。（一）前年度に組織が達成した最大の成果を三つ、（二）

前年度に個人的に成し遂げた最大の成果、(三) 二日間の「年間計画」セッションに期待することだ。

年に一度の切り替えをやることで、リーダーたちは会社で働くモードから会社について考えるモードに頭を切り替えるだけでなく、数分間立ち止まって、前年の会社の成功と進歩を振り返ることができる。切り替えのあと、あるクライアントは「私は冴えない一年だったと思っていましたが、みんなでビジネスの成果を共有してから考えが変わりました。実際にはかなり好調な一年だったんですね」と語った。切り替えのあとには、大抵このように意識が変わって、ミーティングをやる雰囲気ができる。

前年度の振り返り

前年度の目標、前年度の数字（前年度の売り上げ、利益、粗利益率、その他の重要な数字）、前四半期の石を見直そう。真の一流企業になるには、目標の八〇％以上を達成する必要がある。あなたとチームが将来を予測できるようになるには、結果を振り返って、うまくいったこととうまくいかなかったことを分析すると良いだろう。

今年の目標を見直すときは、石の見直しと同じ手順を踏む。各項目について白黒はっきりと「達成」か「未達」と答えよう。そのためにも目標を具体的にする必要がある。その年の目標の一つが「営業重視の組織を作る」だったら、達成したか否かをどう判断できようか？　営業目標が「営業チームの新規顧客の売り上げが二億円、営業マネージャーの売り上げが三千万円」なら、達成されたかどうかを確実に判断できる。

ただし、目標は一年前に設定されものだ。ほとんどの人は、どんな意図で設定したか覚えていないだろう。具体的で測定可能な目標であれば、それを設定した意図を覚えておく必要はない。

具体的である方が望ましい理由はもう一つある。自分たちのやり方を評価するのは、自分の成功や失敗の度合いを正確に判断して、次回は改善させるためだ。結果があいまいで議論の余地があるようでは、何がうまくいって、何がうまくいかなかったかをはっきりと見極めることが難しくなる。かくして、自分の方法を合理化して、今年は前よりもうまくいったと解釈する。改善すべき点を正確に指摘する方法がなければ、向上することはないだろう。そのため、たとえ最初に的外れな——かなり的外れなものもある——目標を設定したとしても、やり続けてほしい。実践を積めば、具体的かつ測定可能で、達成可能な目標を設定できるようになる。やがてあなたは優れた予測力を身につけ、最終的には堅実で経営状態が良く長続きする組織ができるだろう。

チームの健全性を築くエクササイズ

チームビルディングのための優れたエクササイズはたくさんある。あなたもすでに導入済みかもしれない。もし、そうでなければ、私が「ワン・シング」(One Thing)と名付けたエクササイズがお勧めだ。経営チームの各メンバーが、自分の最大の強みか賞賛に値する能力、それから自分の最大の弱点か会社の成功を妨げそうな欠点について、他のメンバーから1つだけ指摘をもらうのだ。このエクササイズは、経営チームの全員がそろった場所でオープンに行う。匿名での評価は、益よりも害の方が大きいと私は思う。ワン・シングはさまざまなチームで数え切れないほど実施されたが、いつも長期的にすばらしい成果をもたらしてきた。クライアントのなかには、年間計画セッションでこのエクササイズを4年連続でやっている人もいるが、やるたびにパフォーマンスが改善している。

全員がチームメンバーから指摘をもらったあと、各人は、それに基づいて来年度はやり方を変えたいことを一つ選んでそれを約束する。このエクササイズはシンプルですぐに終わるが、非常に影響力が強くて効果があるし、チームでオープンで正直に話し合うことで大きな洞察が得られる。このエクササイズは二時間以内に終わらせよう。

クライアントに約束を実行してもらう訓練として、四半期ミーティングのたびに簡単なフィードバックエクササイズをやってもらっている。各々が約束したことを発表し、他のメンバーがその人がどれだけその約束を守っているかをひと言で評価するのだ。評価は「良くなった」、「悪くなった」、「前回と同じ」のいずれかだ。これが心地よい刺激となって、人々の物事を達成しようとする意欲が大幅に増す。

ＳＷＯＴ分析／課題リスト

これは、組織の「強み（Strength）、弱み（Weakness）、機会（Opportunity）、脅威（Threat）」に関する全員の意見を共有する機会となる。これは標準的なＳＷＯＴ分析、すなわち組織をしっかり観察して、良い面も悪い面も含めた現状を明確にするためのマネジメントツールだ。ＳＷＯＴ分析の最大の成果が課題リストだ。組織の強み、弱み、機会、脅威に関する全員の意見をリストアップしたら、それらに関連する課題を、来年度のためにすべて抽出して課題リストを作り、年間計画セッションの二日目で活用する。このリストは、このセッション中に追加されたすべての課題と一緒に課題リストに追加され、翌日の課題解決トラック（ＩＤＳ）で議論される。

ビジョン・トラクションシート（1年計画を通して）

このセクションでは、会社のビジョンの妥当性を議論する。これは「年間計画」セッションであり、聖域はない。ビジョン・トラクションシートに目を通して、会社のコア・バリューをしっかり検証し、コア・フォーカスは本当にこれでいいかを問い、全員が今も十年後の理想に向かって進んでいるかを確認し、マーケティング戦略が今も独自性があって顧客にとって価値があるかを確認しよう。意見が合わない場合は、全員の意見が一致するまで議論を重ねよう。

全員の同意の下で、3年イメージの古い内容を捨てて、真新しいものを作ることを決めたとしよう。その場合は、今から三年後の組織の姿について、皆が同じイメージを抱いてそれに合意していることを確認するといいだろう。全員が同じイメージを思い描ければ、実現できる可能性も高くなる。

新しい3年イメージが明確になったら、来年度の計画に取りかかろう。来年度の売り上げ、利益、その他の数字目標を設定し、さらに三～七つの重要な目標も設定しよう。何度も言うが、少ない方が効果的だと肝に銘じておこう。1年計画の立案に二時間以上かかることはほとんどない。考えすぎてはいけない。ビジョンがはっきりしていれば、数字や目標もすぐに出るはずだ。それを紙に書いて同意するだけでいい。さらに、その計画を後押しするための予算があるか、全員が来年度のそれぞれの役割と責任をしっかりと認識しているかも確認しよう。「アカウンタビリティ・チャート」を指針にしよう。

クライアントのなかには、3年イメージの古いバージョンを捨てて、一から新しいバージョンを作るのに苦労する人がいる。3年イメージを更新することが重要なのは二つの理由からだ。一つは、丸一年が経って状況が変わったため、新しいビジョンにあなたのあらゆる知識や経験も取り入れることが重要だからだ。もう一つは、あなたが一年前よりも賢くて優秀で迅速な立案者になっているため、より良い計画が立てられるからだ。

3年イメージの古いバージョンに強いこだわりがある場合は、古いバージョンを切り取って保存してもいい。それを個人的な目標にして、自分の成果を判断すると良いだろう。いずれにせよ、前述のアプローチの方が効果的でお勧めだ。

◆「年間計画」のアジェンダ：二日目

- ●次の四半期の石を決める
- ●重要な課題に取り組む
- ●次なるステップ
- ●締めくくり

このアジェンダの項目に関する詳細は四半期ミーティングのアジェンダを参照してほしい。

◆「年間計画」に関するアドバイス

多くの場合「ビジョン・トラクションシートの1年計画の一部が二日目に持ち越される。それで構わない。

このプロセスを急いで終わらせてはいけない。必要であれば、二日目に時間を割いてこのアジェンダを終わらせよう。

一日目の最後に、経営チームで夕食を共にしよう。一日中真剣に考えたあとの緊張をほぐすだけでなく、チームの健全性を維持するためにも、この機会を利用しよう。

「年間計画」はオフサイトで開催しよう。国を横断するほど遠い場所で開催する必要はないが、一〜二時間離れたホテルでやれば、より有意義なミーティングができるだろう。オフィスから離れれば、丸二日間、現実の世界から離れることができる。

◈高揚感

四半期ミーティングと年間計画を規則正しく実践すれば、90日の世界ができて、組織は多大なメリットを享受できる。私がクライアントにも教えていない隠れたメリットもある。それは「高揚感」だ。経営チームが丸一日かけてミーティングをするという期待から、従業員は無意識のうちに念入りに準備する。彼らのエネルギー、不安、思い、話題性、アイデア、そして興奮といったものが、すべてこの特別なイベントに向かって蓄積されていく。その結果、ミーティングはより一層効果的なものになるのだ。

四半期ミーティングでは日々の業務の中で見過ごされていた問題が浮かび上がることも多い。「どうして今までそれを黙ってたんだ?」というコメントも出てくる。黙っていたわけではなく、四半期ミーティングの高揚感のおかげで思考が刺激されて出てくるのだ。

◆週次ミーティング

四半期の優先順位を設定したら、集中力を維持し、課題を解決し、コミュニケーションをはかるために週単位でミーティングをする必要がある。その週が順調に進めば、その四半期も順調となり、その四半期が順調なら、その一年も順調に進むだろう。ミーティングのリズムが心臓の鼓動のように安定したリズムを生み出すことで、会社の健全性が保てる。

◆常に10点満点ミーティングを

ミーティングを一～十点で評価すると、何点になるだろうか？　大抵の人は四点か五点ぐらいと答える。だが、それでは不十分だ。社内のミーティングのほとんどは影響力も生産性も低く、おそらくあなたの会社

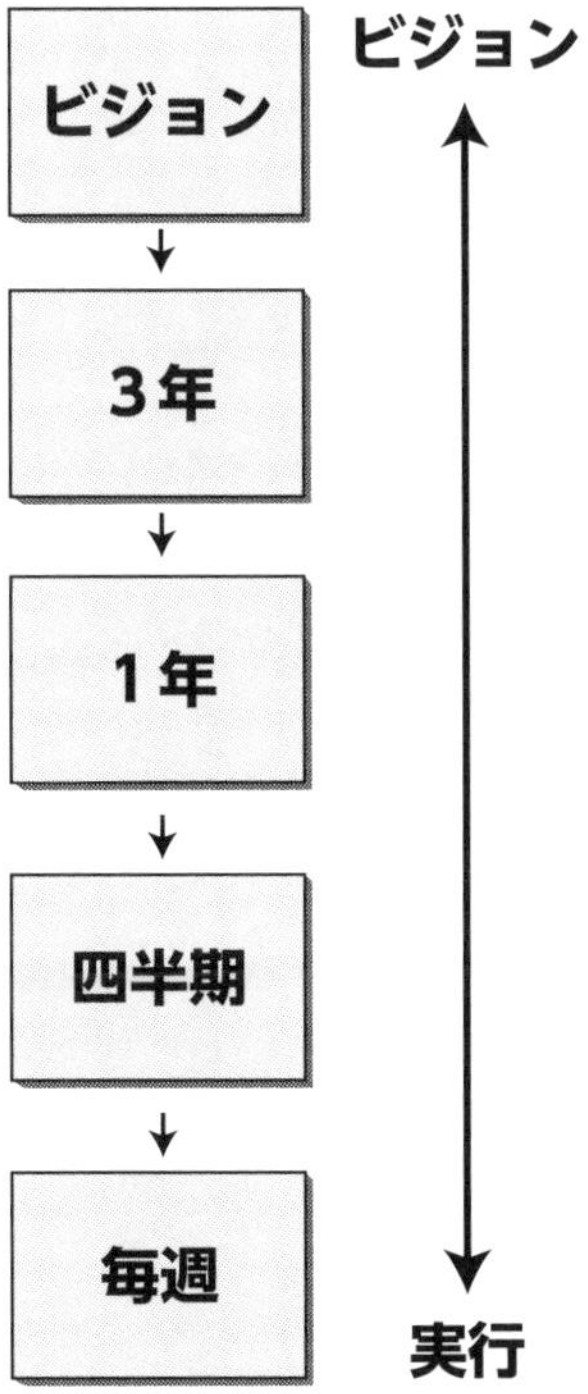

のミーティングも例外ではないだろう。10点満点ミーティングの要素を実践すれば、あなたのミーティングへの評価は十点へと上がるだろう。

10点満点ミーティングは、経営チームが週単位で最も重要なことに集中できるよう設計されている。最も重要なこととは、数字目標の達成に向けて前進し、石を順調に達成し、顧客と従業員を満足させることだ。10点満点ミーティングなら、それを最も効果的かつ効率的に達成できるだろう。

週に一度の10点満点ミーティングによって、あなたは重要なことに集中し、問題がまだ小さいうちに発見し、それを解決しようと取り組むようになる。問題を解決してこそ、ミーティングは最高のものになる。パトリック・レンシオーニはそれを的確に表現している。「ミーティングは情熱的で、激しくて、ハードで、退屈しないものでなければならない」

10点満点ミーティングは、多くのクライアントがミーティングを改善しようと取り組んだ結果、開発されたものだ。その指導原理は人間の性《さが》に基づいている。このアジェンダは、実社会での試行錯誤とさまざまな方法論の実験によって生まれたものだ。今ではＥＯＳのすべてのクライアントがこのアジェンダを実行している。

週次ミーティング

●参加者：経営チーム
●場所：社内の会議室

●時間：九十分
●頻度：毎週
●事前にやっておくこと：石を決めて石のリストを完成させておく。スコアカードを完成させておく。全員が課題解決トラック（IDS）を理解していること。

◆10点満点ミーティング　毎週のアジェンダ

切り替え	五分
スコアカード	五分
石の進捗状況	五分
顧客・従業員のニュース	五分
To Doリスト	五分
課題解決トラック（IDS）	六十分
ミーティング終了	五分

10点満点ミーティングでは二つの役割が必要になる。一人目はミーティングの進行係だ。進行係はアジェンダを通してチームを動かし、進行通りに進める。二人目はアジェンダの管理係だ。管理係は、ミーティン

グのたびにアジェンダと「スコアカード」と石のリストが更新され、皆に配布されていることを確認する。アジェンダのＴｏ Ｄｏリストと課題リストは毎週更新すること。

切り替え

ミーティングはすみやかに始めよう。アメフトの元コーチ、ヴィンス・ロンバルディは、「早く来るのが時間通りで、時間通りに来るのは遅刻だ」という有名なモットーを掲げた。集中して試合に臨むためには数分早く到着しろ、ということだ。週に一度の10点満点ミーティングを欠席するのは、休暇の時か死亡した時（vacation or death）だけだ。たとえ誰かがミーティングに参加できなくても、やめてはいけない。予定を変更したり、中止したりしないこと。

全員が目の前にアジェンダのコピーを置こう。印刷されたアジェンダに、Ｔｏ Ｄｏリストと課題解決トラック（ＩＤＳ）の項目を付け加えておく。一枚で管理できるよう、アジェンダを一枚の紙に収めよう。もう議事録を取る必要はない。議事録は過去の遺物だ。ミーティングで取り上げられた内容を知りたい時は、その週のアジェンダをチェックしよう。

経営チームの皆で良いニュースを共有して、頭をミーティングに切り替えよう。いつもと同様に、一週間ずっと仕事をする状態から会社に取り組む状態へと切り替え、日常的な業務とのつながりを絶とう。すべての電子機器の電源を切って業務を切り離し、深呼吸し、ギアチェンジしてミーティングに取りかかることが重要だ。

切り替えセクションは、自分たちはお互いに人間であることを再認識できる時間である。このセクションは五分以下にとどめよう。

スコアカード

スコアカードをレビューするこのセクションは、経営チームが組織にとって最も重要な数字五〜十五項目について客観的に検証し、目標に向かって順調に進んでいるかを確認する機会だ。順調でない数字は課題リストに落として、課題解決トラックで扱う。スコアカードのセクションでは議論を避けること。ここは報告の時間であり、問題のある領域を特定するにとどめよう。ほとんどの経営チームは、つい議論を始めてしまい、問題を解決しようとする。議論したいという衝動と戦って自制しよう。そうすればミーティングは順調に進む。課題解決セクションでは問題を議論して解決する時間が十分にあるし、一度にまとめて問題に取り組む方が、生産性がぐんと上がる。スコアカードのレビューは五分以下で終わらせよう。

石の進捗状況

経営チームは次に、石に焦点を当てて順調に進んでいるかを確認する。石の進捗状況は一度に一つとし、最初に会社の石を、次に個人の石の進捗を確認する。各々が自分の石の進捗についてオントラック（進捗に乗っている）またはオフトラック（進捗に遅れている）のいずれかで報告するが、議論は禁止だ。議論はあとで行おう。石の進捗が不調の場合は、課題解決セクションで扱う。オントラックとは、責任者が四半期末までにその石を達成する見込みがあるという意味だ。たとえ石の進捗が順調でも、誰かが最新情報を知りたがった時や、不安を抱く時は、課題解決セクションで取り上げる。「石の進捗状況」のセクションは五分以内に終わらせよう。

顧客・従業員のニュース

顧客か従業員に関する良いニュースや、良し悪しを問わずその週の話題を簡単に共有しよう。たとえば、「我が社の最高の顧客、ジョーは私たちが先週やった仕事に満足しています」とか、「ダーラは新しい福利厚生プログラムに決定したことに腹を立てています」など。良いニュースを報告する時間は自分を褒めるチャンスだ。問題や悪いニュースや懸念事項は、アジェンダの課題解決トラック（ＩＤＳ）のセクションで議論しよう。一部の企業には、顧客／従業員による公式のフィードバックシステムがある。あなたの組織にそのようなシステムがある場合は、ここでフィードバックを報告しよう。このセクションは五分以内に終わらせよう。

Ｔｏ Ｄｏリスト

先週のミーティングのＴｏ Ｄｏリストを確認しよう。このリストにある項目は七日間のうちにやるべきアクション・アイテムだ。週に一度のレビューがあるため、従業員は結果責任を意識する。ミーティングにこのアジェンダがあることで、経営チームはより多くのことを達成できるだろう。石とＴｏ Ｄｏリストを区別するには、石は九十日間の優先事項で、Ｔｏ Ｄｏリストは七日間のアクション・アイテムだと覚えておこう。Ｔｏ Ｄｏリストとは一週間の間にやるべきタスクであり、通常は記録に残らないものだ。たとえば「明日、印刷業者に電話する」、「今夜発送する」、「従業員に金曜日までにリスト上のすべての見込み顧客に連絡させる」など。

Ｔｏ Ｄｏリストの各項目を、「できた」か「できてない」かの観点からすばやくチェックしよう。完了した項目はリストから削除し、未完了の項目はリストに残しておくこと。ここで留意点がある。アクション・アイテムはＴｏ Ｄｏリストに2週間以上残っていてはいけない。さらに、毎週アクション・アイテムの九〇％を完了させて削除すること。

Ｔｏ Ｄｏリストがあると、経営チームは前の週にやると約束したすべてのタスクに対して結果責任を負うことになる。人間は生まれつき先延ばししたがる傾向がある。組織の全従業員が、やりますと約束したことをすべて実行したらどうなるか、想像してみてほしい。まったく違う世界になるのでは？　Ｔｏ Ｄｏリストの力はすさまじいものがある。かつて私が、あるクライアントの週次ミーティングの運営方法を実験したときのことだ。私は参加者たちが前週にやると言ったことが、約束通りに実行されていないことに気づいた。皆は電話をかけるとか、商品を出荷するとか、報告書を仕上げるなどと約束したが、一週間後、約束した十項目のうち実行されたのはわずかだったのだ。かくして私はＴｏ Ｄｏリストをミーティングに取り入れることにした。全員が翌週に報告しなければならなくなった途端、完了したタスクの数は十項目中数項目から九項目に増えた。皆が結果責任を問われることを認識した結果、生産性が上がったのだ。

毎週の約束をＴｏ Ｄｏリストに記録し、翌週に約束が完了したかを確認することで、トラクション《実行力》と結果責任が生まれる。かつては誰からも確認されないと知りながら、何かをやりますと約束していたが、そんな日のことはすぐに記憶から薄れるだろう。このアジェンダは五分以内に終わらせよう。

課題解決トラック（ＩＤＳ）

ここでは不思議な力が起きる。いよいよ課題リストに取り組む時が来た。充実したミーティングは課題を解決することで生まれる。六十分で課題を解決しよう。ミーティングのほとんどをこのセクションに割く。

平均してリストの課題の三～五項目ほどは、先週のミーティングで出されたものだ。今週の進捗報告によって、平均で五～十項目ほどの新しい課題が追加される。通常、課題リストには五～十五項目ほどの課題が並ぶ。課題リストはアジェンダに記載されているが、ホワイトボードかフリップチャートに課題を書いて皆の目の前で見せると効果的だ。多くのクライアントは、全員がうつむいて課題リストを見るよりも、この方法の方が積極的に議論できると言う。

どの課題が一番、二番、三番か優先順位を決めよう。経験則として、どれだけの数の課題を解決できるかわからないため、最初は上位三項目だけに取りかかること。

優先順位が一番高い課題を取り上げたら、原因を追究する（Identify）・議論する（Discuss）・解決する（Solve）に従ってその課題が解決するまで、一つだけに集中して取り組もう。一つの課題しか解決できない週もあれば、十の課題を解決する週もあるだろう。どっちに転ぶかわからないが、優先順位の高い順に取り組めば、会社の最大の障害に取り組むことができる。

問題が特定され、議論され、解決策が出されたら、通常その解決策はやるべきタスクとしてＴｏ Ｄｏリストに掲載される。一つの課題を解決するためのタスクは、一～三つ程度だろう。翌週のミーティングでは、タスクが実行されたか、問題が完全に解決されて、もう悩まされずに済むようになったかを確認しよう。

課題解決トラック（ＩＤＳ）に従うことで、経営チームは重要なことに集中できるし、誰かの勘違いによって実際には優先事項ではないことに時間を費やさずに済む。ミーティングの肝となるこのセクションは、熱意にあふれた激しい議論になるだろう。社内政治的な忖度は禁止だ――全員がビジョンを共有し、会社全体の利益のために戦いながら、隠し立てなくオープンで正直に議論しなければならない。その週の重要な課題をすべて解決することで、あなたは強い決意と達成感を覚えるだろう。

ミーティング終了

残り時間が五分になったら、ミーティングを締めくくろう。これはミーティング全体をまとめる機会だ。議論された内容を簡潔にまとめ、未解決の項目がないか確認すること。

このセクションは二つのパートに分かれる。まずは新しいＴｏ Ｄｏリストを要約しよう。リストにあるすべてのアクション・アイテムをすばやく読み上げて、全員が自分のアクション・アイテムが書かれていることを確認する。このステップを経ることで結果責任を強化できる。次に、今日の決定事項に基づいて、組織の従業員に伝えるべきメッセージがあるかどうか、それをどのようにどう伝えるかを話し合おう。かつては知らない間に物事が変更して従業員を驚かせたかもしれないが、このステップを踏むことでそのようなコミュニケーション上の問題を大幅に減らせる。

ミーティングを締めくくるための三つ目の項目として、その場で参加者にミーティングのフィードバックをもらうことをお勧めする。全員にミーティングを一点～十点満点で評価してもらうのだ。八点以上を目標としよう。

ミーティングの終わりにはやり切った達成感を覚えるだろう。ミーティングは時間通りに終了する。ミーティングが長引いたために、次の予定が押して、誰かの予定が台なしになるといったドミノ効果を防ぐためだ。さあこれが10点満点ミーティングの内容だ。

◆週次ミーティングに関する五つのポイント

ミーティングのリズムを生産的なものにするために、次の五つの基準を満たそう。すなわち、ミーティングは……

一．同じ曜日
二．同じ時間
三．同じアジェンダ
四．オンタイムにスタート
五．オンタイムに終了

ミーティングを同じ曜日の同じ時間にやると、習慣化する。同じアジェンダを使えば、すでに確立されたアジェンダを作り直すという無駄を省ける。よって効果的なアジェンダがあれば、それを使い続けよう。おまけにミーティングの一貫性を保つのにも役立つ。時間通りに開始しよう。ミーティングの開始時間が遅れると、課題解決の時間が短くなる。課題解決はミーティングのなかで一番重要なアジェンダだ。これでは重要なパートの時間を縮めることになる。さらに、次のミーティングの開始を遅らせないためにも、時間通りに終わらせよう。

週次ミーティングは辛抱強くいこう。初めてのミーティングはぎこちないかもしれないが、真剣にやり続けるうちに気楽に進行できるようになる。チームの健全性、コミュニケーション、成果のレベルが向上していくだろう。

◈週次ミーティングを全部署で展開する

経営チームの皆が週次ミーティングをマスターしたら、次は各部署で実践してもらう番だ。経営チームが先に習得しなければならないため、大抵のクライアントは組織全体で週次ミーティングを導入するのに三か月ほどかかる。部署ごとの週次ミーティングは一般的に三十分から六十分ほどかかる。部門別のミーティングのアジェンダは10点満点ミーティングのアジェンダを参考にカスタマイズしよう。ただし、ミーティング時間の五〇％以上を課題の解決に充てること。

10点満点ミーティング　毎週のアジェンダ*

切り替え	5分
スコアカード	5分
石の進捗状況	5分
顧客・従業員のニュース	5分
To Do リスト	5分
●ジョンはABC社に電話する。	
●ビルはサラとミーティングをする。	
●スーはサプライヤーに電話する。	
●ジャックはコア・バリュー・スピーチを修正する。	
課題解決トラック（IDS）	60分
●冬の売り上げが減少した。	
●ABC社の配送日に間に合わなかった。	
●60日以上が経過した売掛金。	
●チャールズがプロセスを順守しない。	
ミーティング終了	5分

＊To Do リストと課題の項目が最初からアジェンダに記されている。

◈ミーティングのリズムの実践にあたって

一．四半期セッションはできるだけ四半期の末日付近に実施し、それ以後も四半期ごとに行うこと。四半期ミーティングのアジェンダと石の設定プロセス通りにやり、そのあとは部署ごとに石を導入する。

二．経営チームで週次ミーティングの日にちを決める。毎週全員が集まるのに理想的な曜日と時間を決めよう。決まりはないので、自分たちに最適な日を選ぼう。

三．一か月間10点満点ミーティングを厳密にやる。一か月が経ったら、この章をもう一度読む。微調整をして、もう一か月続けよう。その後またうまくいかなかった場合は、必要に応じて何度でも本章を参照して集中力を維持しよう。

四．ミーティングの進行係を決める。進行係を務めるのは一人だけだ。進行係は、参加者が脱線したときに、退出を促したり、アジェンダ通りに進行したりすることを厭わない人でなければならない。

五．アジェンダの管理係を決める。管理係は、ミーティング中にＴｏ Ｄｏリストと課題リストを更新する。また、ミーティングが始まる時には、アジェンダ、石のリスト、スコアカードのコピーを毎週全員の机の上に置くこと。

石を設定し、90日の世界と一週間の集中力を生み出すミーティングのリズムを実践することで、あなたはビジョンに向かって大きく前進できるだろう。

あなたが今やっていることは、成功企業と同じことだ。これまでの欲求不満がなくなり、前進し、やがては天井を突き破るだろう。混沌とした組織は、効率的な組織へと進化する。これであなたの旅は完了だ。それとも始まったばかりだろうか？

まとめ

トラクションのモジュール

石

- 今後九十日以内にやらなければならない、
  最も重要な三～七つの項目
- 石のリスト
- 全員が石を持たなければならない

ミーティングのリズム

- 90日の世界
- 年間計画と四半期ミーティング
- 毎週の10点満点ミーティング
- 毎週の同じ曜日と時間。同じアジェンダ。
  オンタイムに開始し、オンタイムに終了する。

第9章

すべてのモジュールを合わせてEOSを実践する

──壮大な旅

EOSの仕組みが明確になった今、あとは「6つのモジュール」をすべてマスターするだけだ。あなたはEOSを一〇〇%達成しようと着々と前進している。マスターするというのは、経営チームが各ツールを理解したうえで、それらを適切に実行するという意味だ。

ミーティング、計画立案、問題解決、人材育成、優先順位のつけ方をテーマとする本は多数出版されている。この『トラクション』が斬新なのは、これらの分野が組み合わさって、起業家が組織を経営するための完全なシステムが構築されている点にある。個々のツールは全体ほど重要ではないが、組織を飛躍させるには、EOSを構成する6つのモジュールすべてと「EOSモデル」を理解し、マスターする必要がある。

多くのクライアントと同様に、あなたも6つのモジュールを忘れないようにするために、EOSモデルの図を目の前に置いておきたいと思うかもしれない。その場合は www.eosworldwide.com/model から無料でダウンロードできる（日本語版はこちら https://download.eos-japan.org/model）。

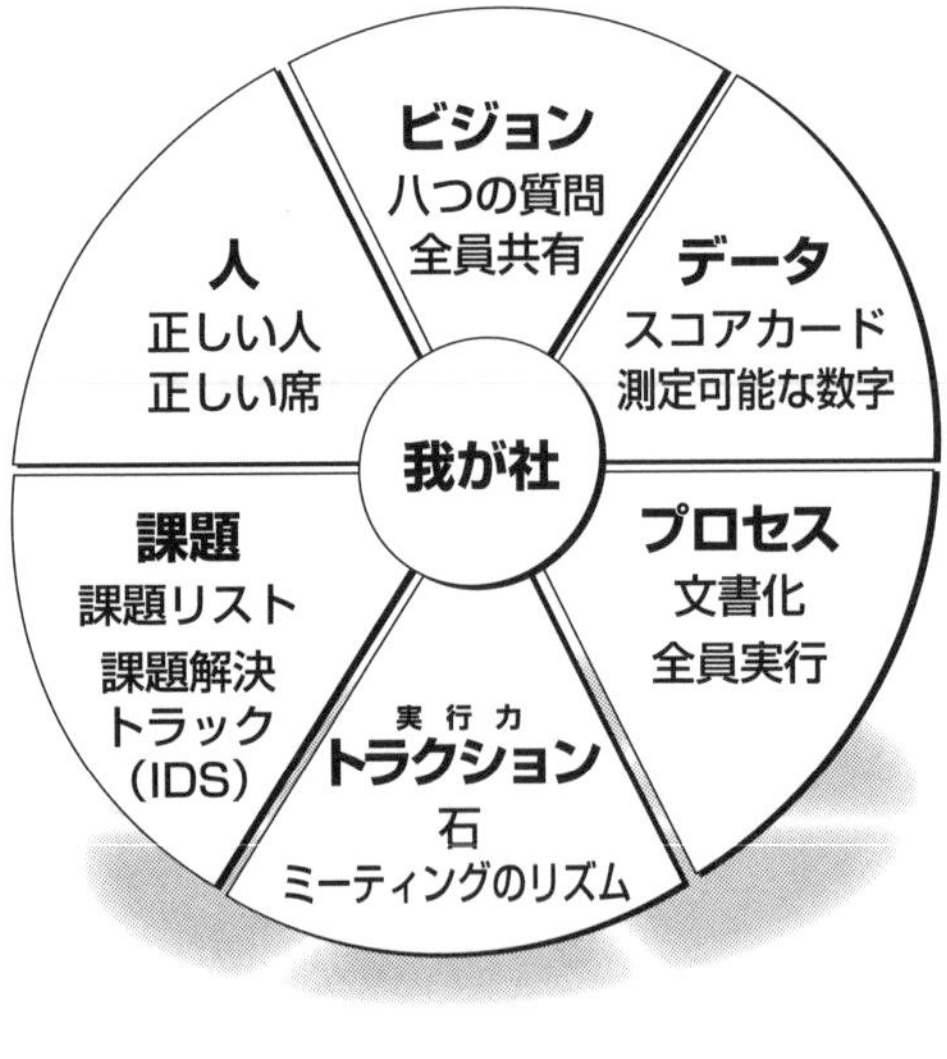

「ビジョン」、「人」、「データ」、「課題」、「プロセス」、「トラクション《実行力》」という6つのモジュールを強化して組み合わせると、いよいよ本当のイノベーションが起きる。私は本書を執筆するにあたって、成功している起業家は意識的であれ無意識的であれ、会社の6つのモジュールを強化する習慣があることを前提として、誰もが同じことができれば一流の組織を作ることができると考えた。EOSを導入すれば、自分の時間や会社を思うようにコントロールできないという不満はなくなるだろう。「正しい人」が「正しい席」に座っていれば、社員への不満も減るだろう。組織の成長を阻んでいた天井をようやく突き破り、日々の業務を変革し、最終的には組織のビジョンを実現するだろう。その時あなたが、私の前提は正しかったと気づいてくれることを祈っている。

経営チームがこれらのツールを導入して活用しても、なかなか進歩を実感できないかもしれない。成果はすぐに損益計算書に表れるとは限らない。初期の段階では、問題がたくさん見つかって、やや戸惑うこともあるだろう。ハーバード・ビジネス・スクールの教授で、ベストセラーとなった『「確信力」の経営学』（光文社）の著者ロザベス・モス・カンターは、「何事も、その途中では失敗のように見える」と語り、この現象をカンターの法則と名付けた。あなたも、旅の途中でうまくいかないと感じるかもしれない。だとしても、最後まであきらめないでほしい。マスターするには全面的なコミットメントが必要であり、実行に移すには完全なオペレーティング・システムが必要だ。

ここまでは、組織をカオスな状態から6つのモジュールを強化する方向へ転換する方法を学んだ。そろそろ負担を少し取り除こう。一〇〇％を達成するにはすべてを完璧にしなければならないが、それは現実的ではない。実を言うと、八〇％達成できればすばらしい会社になるだろう。というのはEOSを使って会社を経営するという作業は、完結することもなければ、自動的にできるものでもないからだ。何かの健全性を維持するのと同じように、会社も育て、ケアし、ルーティンを維持する必要があるのだ。

今後あなたが優れた会社の経営方法や構築方法を学ぶときは、どれもＥＯＳモデルの内容に当てはまるだろう。取り組むべき課題は、会社全体の利益に合致するものは何で、合致しないものは何かを判断することだ。常に会社の「コア・バリュー」、「コア・フォーカス」、「10年目標」を指針として判断しよう。

経営チームと共に少なくとも年に二回は「組織のチェックアップ」をやって、自分たちの進捗状況を確認することをお勧めする。そうすれば、あなたたちが〇～一〇〇％のうちでどの程度達成したかをざっと確認することができる。目標は、常に前進することだ。

実質的な目標は八〇％以上を達成することだ。八〇％以上達成できれば、組織はトラクション《実行力》のある効率的な組織と言える。これまでの最高得点は八八％で、達成したのは従業員十人を擁するザ・ベネフィット・カンパニーだ。私が知るなかでもトップレベルの小規模企業だ。ビジネスオーナーのロブ・タンブリンは典型的な「ビジョナリー」で、福利厚生事業の分野で最高のサービスを提供する会社を作るというビジョンを持っていた。

「ＥＯＳプロセス」を開始してからこの五年間というもの、ザ・ベネフィット・カンパニーは毎年平均三〇％の成長率を遂げてきた。勢いを増していると言っても過言ではないだろう。

最低でも年に二回組織のチェックアップをやれば、組織がどれだけ進歩しているかを確認できる。経営チームと共に、組織の現在地と目標地点との間にあるギャップを見つけよう。そのギャップは、「課題リスト」に載せられる課題となる。次に、その課題が優先度の高い課題かどうかを判断しよう。優先順位が高い場合、それを解決することを来年の目標や、「石」や、「Ｔｏ Ｄｏリスト」の項目にする。

たとえば、組織のチェックアップの五つ目の「ターゲット市場（理想的な顧客）は明確で、マーケティング活動と営業活動はすべてその市場に注力している。」という問いに、あなたは五点満点中三点と評価したとする。営業マネージャーにターゲット市場を再定義させ、見込み顧客を顧客に転換するためのプロセス（パイプライン）を刷新させ、営業担当者全員をトレーニングさせることを、その四半期の石に設定するだろう。

あるいは、一つ目の「ビジョンは明確に文章化されていて、社内全員に周知され、共有されている。ビジョンは明確に文章化されていて、社内全員に周知され、共有されている。」という問いに、五点満点中四点と評価したとする。すると五点を達成できないのは、全員がビジョンに賛同しているわけではないことと、ビジョンを共有する頻度が少ないせいだと気づく。その結果、ビジョンに賛同していない数人に働きかけて、彼らの今後について判断を下すことを四半期の石に設定する。さらに、誰かがミーティングを企画して全員とビジョンを再び共有し、「四半期ミーティング」で会社を再び軌道に乗せるという役割を担う。

◆組織のチェックアップ

以下の各文章について、あなたの会社を1～5段階で評価しよう。当てはまらない場合は1、当てはまる場合は5で評価すること。

1　ビジョンは明確に文章化されていて、社内全員に周知され、共有されている。
2　明確なコア・バリュー（基本理念・価値基準）に基づき従業員を採用し、評価し、報酬、解雇を決定している。
3　コア・フォーカス（中核的なビジネス）は明確である。システムとプロセスは明確で、全員で共有されており、コア・フォーカスに注力している。
4　10年目標（長期的で大きいビジネス目標）は明確で、全員に共有されている。
5　ターゲット市場（理想的な顧客）は明確で、マーケティング活動と営業活動はすべてその市場に注力している。
6　3つのユニーク（差別化要素）は明確で、すべてのマーケティング活動や営業活動においてそれを顧客に伝えている。
7　ビジネスを行うための実証済みのプロセスがある。そのプロセスには名前がついており、ビジュアルな資料にまとめられ、全員それに従っている。
8　従業員は全員が正しい人だ（我が社の文化とコア・バリューに合致する）。
9　アカウンタビリティ・チャート（役割／責任が含まれている組織図）は明確で、網羅的で、定期的に更新されている。
10　全従業員が正しい席に座っている（彼らはその業務を理解していて、やる気があり、その仕事をこなす能力がある）。
11　経営チームはオープンで正直で、お互いに信頼し合っている。
12　全従業員が石（四半期ごとの一〜七の優先事項）を持ち、それらに注力している。
13　全従業員が定期的に開催される週次ミーティングに参加している。

14　ミーティングはすべて、各週の同じ曜日の同じ時間に開始され、同じ議題について話し合われ、時間通りに始まり、時間通りに終わる。
15　会社全体の長期的な利益のために、全チームが課題をしっかりと認識し、議論し、解決している。
16　望み通りの結果を出し続けるために、コア・プロセスは文書化され、簡略化され、全従業員によって順守されている。
17　経営チームは顧客や従業員から定期的にフィードバックを受け取り、満足度を把握している。
18　毎週の数値基準／測定可能な基準を把握するために、スコアカードを使っている。
19　全従業員が最低でも一つの数字を毎週確認し、それに関する結果責任を負っている。
20　予算を定期的にモニタリングしている（毎月、または四半期ごと）。

採点の合計
合計点を出す：□点

もう一つ例を挙げよう。十六番目の問い「望み通りの結果を出し続けるために、「コア・プロセス」は文書化され、簡略化され、全従業員によって順守されている。」について、評価が五点満点中二点だったとする。このギャップを埋めるために、これを機にコア・プロセスを文書化することを今年の目標にしようとチームで合意するかもしれない。

少なくとも年に二回、組織のチェックアップをやることで、すべてのギャップが明らかになり、これらを埋めるために行動すれば、一〇〇％を目指して登り続けることができる。目標は進歩することであって、完璧にすることではない。八八％を達成したザ・ベネフィット・カンパニーと違って、もどかしい思いをするかもしれない。だが成功はあなたが現在いる場所ではなく、どこまで進歩したかどうかで決まる。去年は五五％だったが今年は六三％を達成すれば、それは成功だ。翌年には七二％、再来年には八〇％に届くかもしれない。この原則に基づいて努力し続ければ、飛躍できるだろう。

――壮大な旅には、発見、落とし穴、遅れがつきものだ

◆会社全体でEOSを実行する

経営チームがEOSプロセスのツールをマスターしたら、次は組織の他のメンバーがツールを実践する番だ。一番良いのは一階層ずつ導入することだ。最初は、経営チームの直属の部下だけにツールを教えよう。十人規模の会社なら、全員に教えることになるだろう。だが二百五十人規模の会社なら、全員に伝授する前にいくつかの階層を経ることになる。ツールを導入する時は、いわゆる基本ツールから始めることをお勧めする。以下が基本ツールだ。

- ●ビジョン・トラクションシート
- ●アカウンタビリティ・チャート
- ●石
- ●ミーティングのリズム
- ●スコアカード

その他のツールは優先度の高い順に導入しよう。優先度は、組織の現状や課題を踏まえて経営チームで決めること。

従業員にEOSとその基本ツールを完璧に理解してもらうために、私とトム・バウアーの共著『What the Heck is EOS?（EOSって何やねん？）』（未邦訳）を読んでもらおう。これはEOSを導入した会社で働く従業員のために書かれた完全ガイドだ。

自分のペースで前進する

このプロセスは忍耐が求められる。当初私は、どの会社もこのプロセスを同じスピードで進めるものと考えていた。一か月目に「アカウンタビリティ・チャート」が完成する。二か月目に完璧な経営チームが結成される。三か月目には全員が石をマスターし、しっかりとしたミーティングのリズムができあがるといった具合だ。六か月目の終わりには、すべてのプロセスが文書化されている。だが何年か経験を積むうちに、この目標は現実的ではないと気づくようになった。企業はそれぞれのペースで進む。速度を上げろと無理強いすれば、かえって悪化しかねない。

そのことは、対照的とも言える二社のEOSクライアントの例からも明らかだ。名前は伏せておくが、一方のクライアントは、プロセスを導入して三か月後には経営チームの主要なメンバーを二人変更した。つまり彼は、九十日間で組織から二人のキーパーソンを排除して、後任を入れたのだ。これは驚異的なスピードだ。もう一方のクライアントは、経営チームの一人を変えるのに二年半かかり、四年経った今もまだ二人目の交代をしていない。批判しているわけではない。これ以上彼を急がせれば、悪影響が出かねない。彼に決断を下す覚悟ができるまで待たなければならない。ちなみにその間も、会社は年率八％程度の成長を続けている。

他にも、会社の現在の状態や従業員数も前進する速度を左右する。小さな船よりも、大きな船の方が方向転換に時間がかかるものだ。十五人規模の組織よりも、二百人規模の組織の方が時間がかかるだろう。一割の従業員を入れ替えるよりも、五割の従業員を入れ替える方が時間がかかる。

ＥＯＳを導入した模範的な一例にマッキンリーがある。最初に言っておくと、マッキンリーは七百人規模の会社で、アメリカで最大規模の不動産投資・不動産管理会社だ。最初の数回のセッションを終えると、同社の経営チームは基本ツール（「ビジョン・トラクションシート」、アカウンタビリティ・チャート、石、ミーティングのリズム、「スコアカード」）を一階層ずつ導入していった。組織内の全従業員が基本ツールを理解して実行するようになるまでに丸一年かかった。二年目にはコア・プロセス――「共通のプラットフォーム」と呼ばれていた――を文書化し、簡略化し、全員に研修を行った。三年目には、全員に測定可能な指標を割り当て、各々が会社の経済的な成功にどう貢献しているかを教える一方で、貢献度に応じた報酬制度を作った。ＣＥＯのアルバート・ベリスは毎年、会社のために何に注力すべきかを定義し、一貫性を持って規律正しく実行した。三年は長いと思うかもしれないが、マッキンリーは大きな船だ。彼らはわずか三年で目を見張るほど前進した。船がもっと小さければ、もっと早く変われるだろう。

ＥＯＳのツールを最速で導入した企業に、プロフェッショナル・グラウンズ・サービスがある。造園や除雪サービスを提供する従業員百人規模の会社で、オフィスや工業地の大規模プロジェクトも手がけている。同社は、一年と経たずにツールを導入した。その間にもビジョン・トラクションシートを全員で共有し、新しい構造を導入し、経営チームからキーパーソンを一人外し、全員に数字目標を設定し、プロセスを文書化して順守させた。今では、どこよりもうまく課題を解決している。ＥＯＳを効率的に実行した企業としてお手本となるケースだ。

◆EOSはなぜ効果があるのか

ＥＯＳがどの組織でも効果があるのは、人間性に基づいているからだ。システム全体が人間の傾向に基づいて構築されている。

- **90日の世界**という発想は、人間の集中力は九十日間しかもたないという現実に由来している。
- 週次ミーティングの**To Doリスト**は、結果責任を確保するためのものだ。誰かに確認されることがわかっていると、人間は約束を果たそうとするものだ。
- **ビジョン・トラクションシート**は、わずか八つの質問に答えるだけで、頭のなかのビジョンを外に出して、他の人と共有できるようになる。
- **データ**の一環として、従業員に数字目標を設定して、彼らの達成度を測定しよう。人間は元々比較したがる傾向があるため、数字を使う方が説得力があるのだ。数字は基準を作り出す。営業部門では週に二件の見込み顧客との商談を行うという文化を作れば、従業員はその基準を達成しようと努力するだろう。測定可能な目標を設定すれば、従業員の活動を方向づけられるのだ。

●**コア・バリュー**は人間の核心に迫る。類は友を呼ぶと言うが、同じ志を持つ人同士はうまくいきやすい。人によって価値観は違うが、自分と同じ価値観を持つ人と会えば、すぐに打ち解けるものだ。

●**ミーティングのリズム**があると人々は、サム・カップが言うところの「仲間同士のつながりを維持する」ようになる。人間は連携し続ける必要がある。「去る者は日々に疎し」という言葉は、どの会社にも当てはまる。つながりが途絶えれば、あなたは道を見失い、従業員たちもばらばらの目標に向かって働くようになるだろう。

●人間は、問題が自ずと解決することを期待して言い争いを避けようとする傾向があるが、「**課題解決トラック(IDS)**」はそのような逃げ道を許さない。問題は自ずと消えることはないし、課題解決トラック(IDS)という進むべき道筋を提示することで、従業員は問題を解決し、達成感を味わえるだろう。

●**一つのシステム**があると、人々は能力やエネルギーを一方向に向けるようになる。全員が同じ言語を話し、同じルールで行動するようになる。会社は早く前進し、誰もが得をする。

◆アハ体験(気づきの瞬間)

このプロセスを導入してからどこかの時点で「アハ体験」、つまり誰もがすべてを理解する瞬間が起きる。経営チームにとっては、すべての合点がいく瞬間だ。パズルのすべてのピースが合わさり、EOSが包括的なシステムであることや、なぜ機能するのかをはっきりと理解するだろう。あるクライアントは、ゼネラルモーターズ、NBCユニバーサル、マスターロック、スタンレーなどの大企業を顧客に持つ一流のマーケティング・コミュニケーション企業だ。このプロセスを始めてちょうど一年後に、同社で大きな「アハ体験」が起きた。四半期セッションの切り替えをやっていた時のことだ。

「切り替え」でうまくいっていることを発表する際に、経営チームのメンバーは「課題を適切なチームに振り分けて解決してもらっている」、「コア・フォーカスを意識して意思決定を下している」、「会社の目標に沿った石に全員が集中している」、「すべてが明確になり、全員がこのプロセスに従うことで、コミュニケーションが向上し、ミスが減り、クライアントの満足度も上がりそうです」といった意見を共有した。私が生きがいを感じるのはそんな瞬間だ。ひらめきが起きるのだ。ＥＯＳを導入して半年～三年のどこかでその瞬間は起きるだろう。いつ起きるかはわからないが、ひらめきが起きれば、組織は飛躍するだろう。

◆やるべきことをやる

この本を読んだだけで、あるいはＥＯＳのセッションに参加しただけで、会社が良くなると期待しないでほしい。あなたにはまだやるべきことがある。従業員を管理し、クライアントと話し合い、難しい決断を下し、社内での日々の業務をすべてこなす必要がある。アスファルト・スペシャリスツ（ＡＳＩ）のダン・イスラエルは、プロセスを開始して一年後に、彼もチームもＥＯＳのプロセスをおろそかにしていることに気づいた。その状態を彼はこうたとえた――「医者に行けば治ると思って、医者には行くけれど、薬は飲まないようなものだ」。ダンがそのことに気づいたあと、彼らはすぐに重要なことを行動に移し、今ではプロセスを開始した時よりも三倍も高い利益を出している。私のおかげではなく、彼らがやるべきことをやったからだ。

◆90日の世界を維持する

会社が軌道に乗ると、経営チームのメンバーは四半期ミーティングをやる必要性があるのか疑問に思うことがあるだろう。折にふれて私は「万事が順調」なときも四半期ミーティングを行う必要がある理由をクライアントに説明しなければならない。セッションが終わると、クライアントはいつも「やはりミーティングは必要だったんですね」と納得してくれる。順調な時もそうでない時も、四半期ミーティングはきわめて重要だ。前四半期の結果を振り返り、次の四半期の石を設定することで、全員が共通の認識を持ち、ビジョンに向けて順調に前進しているかを確認する必要がある。四半期ミーティングをやらなければ、やがては最初の状態に戻ってしまうだろう。アクセルペダルから足を離すようなものだ――あとは惰性で進むだけで、最終的に止まってしまうだろう。

他にもミーティングを回避するために、忙しすぎるとか、状況が混乱しているといった言い訳もよく用いられる。それならなおさらミーティングが必要だ。何かが達成されていないからと心配する必要はない。皆で集まり、自分たちの現在地がどこかを評価し、リセットし、次の四半期に挑むのだ。

◆再び天井にぶつかったときは

実績などの数字が上がり始めると、違いを実感できるようになるだろう。勢いがついて、ビジョンに向かって前進するものだ。だが、どこかの時点で次の天井にぶつかるだろう。その時は「リーダーシップ5つの能力」を実践し続けよう。すなわち……

一．ＥＯＳツールを使って物事を単純化する。繰り返すが、少ない方が効果的だ。すべてが重要なときは、何も重要ではないのである。

二．自分や他の人たちがフル稼働だと気づいたら、誰かに権限を委譲する。

三．ビジョン・トラクションシート、スコアカード、石を設定し、課題解決トラック（IDS）に従って課題を解決して、長期的にも短期的にもしっかりと予測する。

四．コア・プロセスを一貫して管理して、システム化する。

五．会社が成長するたびにアカウンタビリティ・チャートを更新し、このツールを活用して正しく組織を構造化する。

このリーダーシップ5つの能力を磨き続ければ、天井にぶつかるたびに、それを突破できるだろう。ニッチ・リテールが良い例だ。四年前に私がこの会社と仕事を始めたとき、同社は年商四百万ドル付近で最初の天井にぶつかった。昨年も、年商一千二百万ドルで天井にぶつかった。ニッチ・リテールは組織構造と従業員に変更を加えなければならなくなり、顧客サービス部門全体をミネソタ州ミネアポリスからミシガン州に移転させるなどした。さらに財務部門を徹底的に見直し、新しいITシステムを組織全体に導入した。その結果、同社は再び飛躍して軌道に乗り、今年は年商一千八百万ドルを達成した。ニッチ・リテールと同様に、あなたも成長し続けて、やがて別の天井にぶつかるだろう。規律正しく6つのモジュールに注力し続ければ、次の天井も突破できるだろう。

◆大きい会社が必ずしも良いとは限らない

前述したように、成長のための成長は間違っている場合が多い。一億ドル規模の企業になることは、世間が言うほどすばらしいことではない。ジム・コリンズは『ビジョナリー・カンパニー2――飛躍の法則』のなかで、アメリカで最も偉大な会社を突き止めることはできないという事実に言及している。それは中部アメリカでひっそりと活動する年商一千万ドルの会社かもしれないからだ。次のことを自問してほしい――年商一千万ドルで利益率が二〇％の会社か、年商一億ドルで利益率が二％の会社か、どちらの会社が良いと思うだろうか？ 純利益は同じだが、後者の方が複雑で仕事量もかなり多くなる。答えは考えるまでもないだろう。だが、誤解しないでほしい。年商一億ドルの偉大な企業はあるし、年商一千億ドルの偉大な企業もあるが、これらは例外であって一般的ではない。年商一億ドルを目指すよほどの理由がない限り、年商一千万ドルの優れた会社を目指してはどうだろうか？

ニッチ・リテールのタイラー・スミスと彼の共同経営者は、年商約一千九百万ドル、従業員七十人規模の時に次の天井にぶつかったあと、同社を閉鎖することを決断して、周囲（私も含めて）を驚かせた。私がタイラーと腹を割って率直に話し合ったとき、彼は会社の閉鎖を決断した一番の理由は、自分のユニーク・アビリティを発揮していないと感じたからだと語った。彼らが望んだよりも会社が大きくなりすぎたのだという。彼らは九年間にわたって、うぬぼれ、興奮し、アグレッシブに行動した。得意の絶頂だった。「私たちは展示会のロックスターみたいだった。すっかり夢中になってしまってね。金と規模を大きくすることに熱中しすぎたよ」とタイラーは言う。振り返ってみると、元々はオーナー達が素敵なライフスタイルを実現しようとして作った会社だったが、早く成長しすぎたため、それまでのやり方から抜け出せなかったのだ。タイラーはテクノロジー、コンピューター、インターネットが大好きだ。だが、気づくと彼は、好きでもない業界で、好きでもない役割を担いながら、七十人規模の会社の実権を握っていた。「もうインテグレーターはやりたくないと思ったんだ」と彼は言う。不満を抱き、うんざりしていたという。「さらに悪いことに、うちの業界はウォルマートやアマゾンを始めとする競合他社や、潤沢な資金がある新会社の脅威にさらされていた。不況にも見舞われて、トリプルパンチだよ。EOSのツールがなかったら、この荒波をどう対処したか想像もできないよ。EOSはすべてを一つにまとめてくれたんだ」

それから一年経った今、タイラーと共同経営者は、自分たちのユニーク・アビリティを一〇〇%発揮するために新しい会社を立ち上げた。ニッチネクストと呼ばれるその会社は、クライアントのオンライン販売を最適化する会社だ。「もう従業員を管理したくないね。今の方が幸せで精力的に活動しているし、前よりも稼げそうな気がする」とタイラーは言う。

ここでの教訓は、誰もが一流の組織を作らなければいけないわけではないこと、誰もがインテグレーターにならなければいけないわけではないことだ。あなたは自分が何をしたいのかを知らなければならない。

ボー・バーリンガムは、著書『Small Giants――事業拡大以上の価値を見出した14の企業』（アメリカン・ブック&シネマ）のなかで、小規模を維持することの重要性を説いている。この本には、小規模の非公開企業のままでいることを選んだ企業の実例がたくさん紹介されている。これらの企業は、自分たちが築いてきたものを守って維持するために、株式を公開する機会も、多くの資金を調達して成長に投資する機会もあえて逃したのだという。彼らは、製品への情熱や、従業員や顧客や地域社会への責任感、さらには目的を明確にしてその目的に忠実であることに、自分たちの価値を見いだしているのだ。

◆時間軸の整理

ＥＯＳを導入すると、すべてのものに居場所ができる。つまり、九十日以上の長期的な課題、優先順位、行動、アイデアはすべてビジョン・トラクションシートの課題リストに記載される。今年中に達成しなければならないことは1年計画の目標となる。今期中に達成しなければならないもので、達成するのに数週間から数か月かかるものは石に設定される。その四半期中に発生した問題で、今すぐ解決しなければならないものは、経営チームの毎週の10点満点ミーティングの課題リストに載る。部署で解決すべき問題は、適切な部署のミーティングの課題リストで扱われ、一～二週間で達成すべきアクション・アイテムは10点満点ミーティングのＴｏ Ｄｏリストに掲載される。こうして目標も優先事項も課題もやるべきことも、すべてがシンプルなシステムで管理されているのだ。

◆ワンページミーティング

会社を共同で経営する場合、経営チームの意見が一〇〇％一致していることが会社全体の利益や企業風土、さらには従業員にとってきわめて重要になる。共同経営でなくても、ビジョナリーとインテグレーターの関係にも同じことが言える。経営チームの歩調が合わなければ、部下はそれを察知するだろう。子育てでも、たとえ親が不仲であることを隠そうとしても、子どもは察知するものだ。同じことは会社の共同経営者にも言える。そんなとき、私は「ワンページミーティング」を行うことを勧める。月に一度、数時間のミーティングを開いて経営者同士を再びつなげるのだ。あなたたちが抱える問題をすべて解決し、不満があれば何でも共有し、不安を口に出して言う必要がある。これらのミーティングは、平和的なものになるとは限らないが、緊張感を和らげ、問題を解決できるだろう。このミーティングを開くのは、ビジネスに臨む前に、自分の考えを伝え、相手の不安に耳を傾け、すべての問題を解決するためだ。さらに共同経営者は、全従業員の前では一致団結した態度を維持しなければならない。

トッド・ザクセと彼の共同経営者のリッチ・ブローダーの例を紹介しよう。ＥＯＳプロセスを導入した初期段階で、私がワンページミーティングを提案したところ、彼らは満足してくれた。彼らは四年ほど前から毎月開催しているが、今やその会社は爆発的な成長を遂げている。

どうしても折り合いがつかない場合は、カウンセリングかコーチングを受けることを検討してはどうだろうか。珍しいことではないし、第三者による調停は非常に効果的なこともある。あらゆる方法を試したがもはや望みはないと感じたら、別々の道を歩む時が来たのかもしれない。だがそのようなケースはまれで、一般的にはカウンセリングを通して再び団結できれば、今まで以上に関係が良くなるだろう。

クライアントのなかには、ビジョンを明確にして結果責任と規律を定めたあとに、共同経営を解消した会社もある。共同経営者のなかには、強固な会社を作るために必要なことができない人もいる。会社を次のレベルに進めようと決意しても、相手が変化する覚悟ができない場合があるのだ。私の新しいクライアントでそのような事態が起きて、三回目のセッションを終える前に袂を分かつ決断が下されたことがある。一回目のセッションで、共同経営がうまくいっていないことが明らかになった。二人の共同経営者――ここではジムとティムと呼ぼう――は、まったく異なる環境を望んだ。ジムは現状維持を望み、ティムは現在の混沌とした状態に見切りをつけて、堅固な会社を作りたいと考えていた。二回目のセッションではティムだけがビジョンを明確に定義し、ジムは関わりを持つのを拒否した。ジムは三回目のセッションに現れなかった。二回目のセッションのあと、二人は話し合って別々の道を歩むことで合意したのだ。

別の会社の例では、共同経営者たちは一回目のセッションでお互いの意見が異なることに気づき、二回目のセッションは平行線を辿り、三回目のセッションはキャンセルとなった。彼らは弁護士に相談して、会社の資産を二つの会社に分割した。今では二人とも個人事業主として別々の会社を経営している。

もっと複雑なケースもある。新規の見込み顧客で、兄弟で会社を経営していた。最初の打ち合わせをしようと私が会議室に到着すると、私を待っていたのは兄一人だけだった。彼は、打ち合わせのあと、廊下を歩いて行って弟と会って同じプレゼンをやってほしいと私に言った。二人は同じ部屋で話し合おうとはしなかったのだ。かくして私は、何よりも好奇心に駆られてプレゼンを二回行った。想像できると思うが、私たちは一歩も前進できず、私のアドバイスも彼らに聞き入れられることはなかった。

幸いにも、共同経営でこうした苦痛に満ちた状況が発生する割合は五%パーセントほどにすぎない。あなたがそのような状況に陥ったら、ワンページジミーティングをやってみよう。望みがなければ、答えは明らかだ。長い目で見れば、別々の道を歩む方が長期的にはより良い決断だとわかるだろう。

◆すっきりブレイク

冴えた頭、自信、強い集中力を保つことは、前進し続けるのに欠かせない。ほとんどのリーダーは日常的なルーティン業務に忙殺されたり、疲れ果てたり、没頭したりして多くの時間を過ごし、明日以降のことを考える余裕がない。その結果、思うように問題を解決できず、思うようにスタッフを導くことができず、彼らにとって良いお手本になれない。偉大なリーダーは時間を取って静かに考える習慣を持っている。つまり、定期的にオフィスから一時間ほど抜け出すのだ。自分自身やビジネスについてじっくり考えるうちに、欲求不満や精神的な苦痛から脱し、頭がすっきりし、自信を取り戻せるだろう。オフィスに戻る頃には、鋭い集中力を取り戻しリーダーとしての心構えができているだろう。

オフィス以外ならどこでも構わないので、自分にとって最適な場所ですっきりブレイクを取ろう。思考が邪魔されない場所へ行くこと。毎日、毎週、毎月など、あなたにとってベストの頻度で「すっきりブレイク」を取るのだ。何人かのクライアントは、朝の通勤途中にお気に入りの場所で一息つく。サム・カップは、毎朝書斎で三十分過ごすという。私は週に一度、カフェで二時間過ごしている。私の知人は月に一回、図書館で半日過ごしていたが、まさに魔法のように効いたものだ。

考えるために自由な時間を確保することは不可欠だ。ヘンリー・フォードが言うように、「考えることはこの世でいちばんきつい仕事だ。だからじっくり考える人が少ないのだろう」。すっきりブレイクを利用してビジョン・トラクションシートを見直したり、計画を見直したり、本を読んだり、戦略を考えたり、EOSモデルを見たり、組織のチェックアップをやったりしてみよう。何をすべきかわからない人は、白い紙とペンを持って机に向かうことをお勧めする。このシンプルなエクササイズで正しい考えが頭に浮かんでくると、私が約束しよう。重要なことだが、このワークは形だけのものではない。この時間中に、遅れ気味の仕事を片付けてはいけない。

すっきりブレイクを取ったあと、頭が冴えて、集中力と自信を取り戻して仕事に戻れるだろう。これで何でもできる準備が整う。問題をうまく解決でき、従業員にも明確な態度で接することができ、良いお手本になれる。問題をうまく解決できないときは、オフィスを出てすっきりブレイクを取ろう。深呼吸して、問題が明確になるまで必要なだけ時間をかけてじっくり考えよう。

手始めに、来週のどこかの一時間を選び、その時間を確保してすっきりブレイクを取ろう。適切なタイミングが来るのを待っていては、いつまで経っても来ないだろう。自分で自分のアポをとるのだ。試してみよう。とにかく一度やってみるのだ。時間の無駄だったと私に言った人は一人もいない。どうすれば一時間も空けられるのかと疑問に思う人もいるだろう。逆説的だが、すっきりブレイクに一時間を使えば、それがやがて一時間以上の節約になるだろう。考えることで物事が明確になるからだ。あなたははるかに効率的かつ効果的に物事をこなせるようになるだろう。

◆「キラキラしたもの」

ビジネスが好調で軌道に乗ると、あなたは少し落ち着きを失い、「キラキラしたもの（魅力的なビジネスモデル）」に気を取られるかもしれない。これはしばしばビジョナリーに起きる。あなたにやるべきことに集中して専念し続けてもらうための戦略的な規律が二つある。

一つ目の規律は、社内で課題を見つけることだ。あなたの「ダイヤモンド鉱山」に集中しよう。現在のビジョンを長続きさせる何かにエネルギーを注ぐのだ。コア・バリューと従業員を後押しするような文化的なプロジェクトをやってみよう。会社のコア・フォーカスに沿った新しい商品やサービスを試してみよう。優良顧客と会って、あなたが提供する商品またはサービスの良い点と悪い点は何かを訊こう。社員をランチに連れて行き、同じような質問をしよう。現在の製品やサービスをテストして、まだ社会的に意味があるかを確認しよう。これらの活動から刺激を受ければ、あなたは会社のビジョンに向けて前進できるだろう。

二つ目の規律として、あなたがコア・フォーカス以外の「キラキラしたもの」に気を取られたとしても、経営チームがあなたに協力的であれば、その「キラキラしたもの」を追究してみよう。だが、既存のビジネスに支障を来さないよう、あなたの業務時間が短縮されても「インテグレーター」に迷惑がかからないかを確認すること。会社のビジョンを達成するために必要なリソースやエネルギーを消耗してはいけない。あなたの新しいビジネスアイデアが良いもので、現在のコア・フォーカスに合わない場合は、新たなリソースを確保して新しい会社を立ち上げることを検討してみよう。現在の会社で新しいアイデアを事業化すると、人材、資金、時間などのリソースを奪われて、命取りとなることが多々ある。会社のビジョンも新しいビジネスアイデアもどちらもすばらしくても、必要なリソースがなければ、失敗に終わるだろう。

好例としてスタートラックスの例を紹介しよう。同社は、パーティーやイベントで余興サービスを提供するソーシャルイベント会社だ。ある日彼らは、企業のイベント計画に関わることになったが、顧客層も文化も形式も今までとは異なるものが求められた。勝手がよくわからなかったが、彼らはその業務を続けることにした。三年以上もの間、同社の成長は伸び悩み、一つの会社で二つの事業を苦労して手がけたあと、彼らは二つの事業を分離することを決断した。二つの事業を扱うことで、会社の業務は複雑化し、リソースを消耗していたのだ。彼らはソーシャル事業を運営してくれるインテグレーターを見つけ、彼を共同経営者にして、会社を分割した。突如彼らはそれぞれの主力事業を持つ二つの会社となり、それぞれのインテグレーターが会社の舵取りをすることになったのだ。現在、スタートラックスは順調に経営され、成長を続けている。二つ目の会社はパルス220と名付けられて、二年連続で四〇%の成長を果たしている。

「キラキラしたもの」に気を取られたときは、二つの規律のうちの一つを選び、それを一貫して実践しよう。

◆「ハナへの道」

少し前のことだが、私の友人夫婦がマウイ島で有名な観光地である「ハナへの道」を訪れた。これは長く曲がりくねった道を何時間もかけて進む行程だが、途中で息をのむような景色、滝、崖、山、ビーチなどを通り過ぎる。終点にはハナという小さな町とガソリンスタンドが一軒あるだけで、他には何もない。ようやくハナに到着したとき、友人の妻はすっかり腹を立てた。「あんな道を走ってきて、たったこれだけ？」と彼女は言った。彼女は重要なことを見落としていた。「ハナへの道」の醍醐味はその行程にあるのであって、目的地にはないのだ。

ＥＯＳプロセスでは、このような過ちを犯さないでほしい。一流企業を構築する行程の醍醐味は目的地にはない。もちろんあなたは、収益性の高い会社を作って自分や従業員を豊かにしたいと望んでいるだろう。だがその行程では、あなたが触れるさまざまな出来事を楽しもう。顧客のために作り出す価値にわくわくし、ビジネスという舞台で戦うことに純粋な喜びを感じ、構築したシステムに誇りを持とう。あなたがすべての歯車を回さなくてもいい会社――自立的な組織――を構築すれば、もっと自由になれる。旅は楽しくなければならない。急いで旅の終着点を目指そうものなら、大いに失望するだろう。

誰かにメッセージを書く時、私はいつも最後に「集中し続けてください」と締めくくる。これさえできれば、誰もがもっと幸せになり成功するだろう。私たちは情報が氾濫する世の中に生きている。「キラキラしたもの」が多すぎて集中できない。あなたにも「集中し続けてください」のメッセージを送りたい。何に集中するかはあなたが決めることだ。すべては八つの質問に答えることから始まる。

第10章 始めよう

今頃あなたは、これらのツールを自分の会社で試したくてうずうずしているだろう。短期間で速く結果を出せるよう、私がクライアントにＥＯＳの各ツールを導入する際のプロセスを説明しよう。最終的にはこれらのツールが「６つのモジュール」を強化してくれるだろう。

本書の目的は、６つのモジュールとそれらを強化するツールについて伝授することだ。できるだけ読者の学習と理解が段階的に進むよう、「ＥＯＳモデル」を使って特定の順番で紹介している。基本的にはＥＯＳモデルの上から下へ、右から左へという順番だ。これは本を書くのにも、読者の理解を促すにも最適な方法ではあるものの、各ツールを導入する順番としては一番効果的なやり方ではない。

本章の目的は、順番通りに正確なステップを踏む方法を紹介することだ。最速で結果を出すには、このプロセスに従うことが最も効率的であることは証明済みだ。もちろん、あなたが決めた順番で導入しても構わないが、私はリストの順番通りにやることをお勧めする。

まずは77ページの「ＥＯＳプロセス」の全体像を確認すると良いだろう。私自身が百二十社以上の企業の現場に出向き、さらにＥＯＳインプリメンターのチームも九千社以上の企業にＥＯＳを導入した経験から、私は最も効果的な進め方を学んだ。まずはツールを導入順に紹介し、その順番にする理由を説明しよう。ツールの具体的な使い方については前述しているので、ここでは触れない。

本書では、合計で七つの主要なツールと、十二の二次的な支援ツールを学んだ。それぞれは独立したツールだが、これらを組み合わせると、組織運営に役立つ完全で包括的なシステムになる。前述したように、まずは経営チームだけでツールを実践することをお勧めする。組織全体に導入する前に、経営チームがこれらのツールをマスターすることが重要だ。経営チームに小さなほころびがあると、他の従業員の目にはそれが大きな裂け目に見えてしまうため、このステップは非常に重要だ。経営チームがツールを完璧に理解したとして、その他の従業員に紹介する方法を説明しよう。

七つの主要なツールは、それぞれに付随する十二の二次的なツールと一緒に、次の順番で導入することをお勧めする。

一．「アカウンタビリティ・チャート」（「ピープル・アナライザー」と「GWC」を含む）
二．「石」
三．「ミーティングのリズム」（「課題解決トラック（IDS）」、「10点満点ミーティング」、「四半期ミーティング」、年間計画を含む）
四．「スコアカード」
五．「ビジョン・トラクションシート」（「コア・バリュー」、「コア・フォーカス」、「10年目標」、マーケティング戦略、「3年イメージ」、「1年計画」を含む）
六．「3ステップ・マニュアル・クリエイター」
七．全員に数字目標を持たせる

◈アカウンタビリティ・チャート（ピープル・アナライザーとGWCを含む）

まずはアカウンタビリティ・チャートを作成しよう。私たちはすべてのクライアントにここから始めてもらうが、それはこのチャートからほとんどの問題の根源が見つかるからだ。まずは大局的な視点で、自分の組織に合った構造を決める必要がある。次に、正しい人を正しい席に座らせよう。最初にこのアプローチをとれば、会社の足を引っ張っている従業員や結果責任の問題が見つかるだろう。

チャートが完成すると、誰が何の結果責任を持っているのかが明らかになる。残りのツールを適用する前にこのツールを完成させておけば、結果責任が明確になるため、他のツールがより強力で効果的なものになるだろう。たとえば、完成したアカウンタビリティ・チャートがあれば、経営チームは徹底的で現実的な組織のビジョンと計画を立てたうえで、ビジョン・トラクションシートを作成できるだろう。アカウンタビリティ・チャートがないと、誰が何の責任を負っているのかを明確に把握できない。このような環境下では、経営チームは少々高すぎる目標を設定する傾向があるうえに、虚勢を張ったり、責任感が欠如したりして、生産的な議論がしにくくなるものだ。

◆石

アカウンタビリティ・チャートが完成したら、二つ目のツールである石を設定しよう。誰が何の結果責任を持っているのかがわかれば、より良い石を設定できる。九十日ごとに石を設定してそれを達成することで、経営チームは進化するだろう。石を二番目に導入するもう一つの理由は、経営チームにすぐに最も重要な優先事項に集中させて、その達成に向けて取りかかってもらうためだ。

実を言うと、最初はありきたりな石を設定して、五割ほどしか達成できないだろう。私がそう言えるのは、十年以上にわたって、私たちのクライアントは皆そのような経過を辿ったからだ。しかし、四半期ごとに石を設定して達成するというプロセスを二〜三回繰り返すと、やがて経営チームは石の設定・達成に熟達するようになり、四半期になるたびに合計で八〇％以上を達成できるようになるだろう。

ミーティングのリズム（課題解決トラック、10点満点ミーティング、四半期ミーティング、年間計画を含む）

完成したアカウンタビリティ・チャートがあり、経営チームが石に集中するなかで、三番目に導入するツールはミーティングのリズムだ。具体的には、毎週行う九十分間の10点満点ミーティングを指す。最初はこの新しい慣習に戸惑い、慣れるまでに四～八週間ほどかかるかもしれない。だがこのミーティングを通して、チームは毎週重要な項目を特定し、優先度の高い課題を解決するようになる。

毎週行う10点満点ミーティングでは、二次的なツールである課題解決トラック（ＩＤＳ）を適切に使用することが重要になる。10点満点ミーティングでは、このツールを使って対処すべき課題をすべて特定し、議論し、解決する。そのためあなたはすぐに物事を実行せざるを得なくなるだろう。

年間計画と四半期ミーティングについては、その年の日付に合わせて始めよう。

スコアカード

勢いがついてきたところで、四つ目の主要なツールであるスコアカードを導入しよう。スコアカードは一～三か月ほどかけて、強力な予測ツールに発展させる必要がある。間もなくあなたと経営チームはビジネスの脈拍をきめ細かくフォローできるようになる。このツールを発展させる間に、測定すべき活動ベースの数字はどれで、その数字の究極的な責任者は誰かはっきりと特定すると、確たる結果責任が生まれる。それはすぐに結果と責任感という形で表れるだろう。

◆ビジョン・トラクションシート（コア・バリュー、コア・フォーカス、10年目標、マーケティング戦略、3年イメージ、1年計画を含む）

最初に導入した四つの主要なツールによって、トラクション《実行力》、結果責任、ビジョンを実行するためのプラットフォームという強力な基盤ができる。次は五番目のツール、ビジョン・トラクションシートを導入する番だ。EOSプロセスの秘訣の一つは、常にトラクション《実行力》に着手してから、ビジョンに取りかかることだ。つまり、最初の四つの主要なツールで実行するための強固な基盤を構築してから、ビジョンを構築するのだ。

率直に言うと、規律や結果責任が確立されていない環境では、ビジョンを決めるのは比較的簡単だ。堅実な基盤がなければ、ビジョンは簡単に作れる。二日間のセッションで戦略立案を指導する多くのコンサルタントがビジョン構築を楽勝だと感じるのはそのためだ。

結果責任の強力な基盤を作るという困難な作業をやると、はるかに真剣で生産的に計画を立てられるようになるだろう。今や従業員はパフォーマンスを測定され、会社の目標に対する結果責任を課されているため、組織にふさわしい計画を立てようと濃密な議論が交わされるだろう。

それでも、私はよく「ビジョンが決まっていないのに、どうやってアカウンタビリティ・チャートを作成して、『石』を設定するのですか?」と質問されるが、心配はいらない。ほとんどの組織は自分たちの目的地がだいたい見えているものだ。結局のところ、すべてをゼロから作るわけではないのだ。

真剣に問うべきなのは、これらのツールから最大のリターンを得るにはどうしたらいいか? どこへ行けば最短で最大の効果が得られるのか? といった疑問だ。十年以上の間、四百社以上の企業と関わった私は、その答えはこのアプローチにあることを学んだ。

◆基本ツール

アカウンタビリティ・チャート、石、ミーティングのリズム、スコアカード、ビジョン・トラクションシートは基本ツールと呼ばれている。これらを会社全体に導入すると、ＥＯＳの効果の八〇％が得られる。基本ツールの利用者を社内全体へと広げる際には、一階層ずつ導入していこう。経営チームの時と同様に一つの階層の全員がツールを理解して受け入れてから、次の階層へと広げることが重要だ。

ＥＯＳを導入するスピードは会社によって異なる。一番早いクライアントは従業員五十人規模の会社で、トップから末端まで半年間で基本ツールを導入した。対照的に、一番遅いクライアントは従業員七十人規模の会社で、三年以上かかった。どちらが良いとも悪いとも言えない――変化を吸収してからでないと前に進めないからだ。一般的には一年くらいが目安となる。また、小さい会社よりも大きい会社の方が時間がかかる。同様に、階層（職階）の多い会社は、階層の少ない会社よりも時間がかかる。これまでのところ、私たちの一番小さいクライアント企業の従業員は三人、一番大きいクライアント企業は一千七百人だ。

複数の拠点を持つ企業には、重要な注意点が一つある。本部から離れた拠点のマネージャーは、各ツールを理解して受け入れてから、自分の拠点の次の階層に導入しよう。経営チームのメンバーは、何度も現場へ足を運んで指導したり、手助けしたり、助言したり、ツールを推進したりする必要がある。そのため、複数の拠点を持つ会社はそれだけプロセスが複雑になる。それがビジネスモデルの現実であり、その現実を受け入れることが解決への第一歩となる。ツールを完全に導入するまで、ある程度の時間を拠点で過ごすことになると想定しておこう。さらに時間が必要なときは、現地への訪問、電話会議、オンラインセミナーでカバーできる。私たちのクライアントはどのやり方でもうまくいったが、一番効果的な方法は各社によって異なる。

◆3ステップ・マニュアル・クリエイター

会社全体に基本ツールを完全に導入し、全員がしっかりと理解して実践するようになったら、次は六番目の主要ツールである3ステップ・マニュアル・クリエイターを使って、「コア・プロセス」を文書化して従業員をトレーニングする。通常このプロセスは、文書化から全員のトレーニングまで六〜十二か月かかる。注意点が一つある。クライアントのなかには、基本ツールをすべて導入する前に3ステップ・マニュアル・クリエイターを導入する人がいる。経験則から言うと、導入済みのツールが順調に機能していて経営チームに余裕があれば、途中から3ステップ・マニュアル・クリエイターを導入しても構わない。このツールで勢いよくスタートを切り、期待以上の成果を上げよう。

◆全員に数字目標を持たせる

七番目にして最後となる主要なツールは、全員に数字目標を持たせることだ。多くのクライアントにとって、これは最後の砦だ。非常に効果的なツールだが、最初の六つの主要なツールが実施されていなければ効果がなくなる。というのも結果責任、規律、管理体制が弱く、成果をしっかりチェックできないからだ。だが、しっかりした基盤を整えたうえで組織の全員が数字目標を持てば、成果を上げられるだろう。

◆ツールの導入と強化の状況を把握する

前述した七つの主要なツールと十二の支援ツールを導入したら、その導入、強化、管理の全体像を知っておくことが重要だ。というのも、一度にすべてのツールを理解するのは困難であり、手に負えなくなることがあるからだ。

その風景はこんな感じだ。前述のツールがすべて導入された状態を想像してみよう。四半期ごとに経営チームは一日かけて四半期セッションを行って、重要な課題をすべて解決し、前四半期の石の進捗をチェックし、次の四半期の石を設定する。その過程は九十日ごとに上達していくだろう。そして、毎年、非常に効果的な二日間の年間計画セッションに参加して、ビジョン・トラクションシートのあらゆる側面を吟味し、来年に向けて堅固な計画を立て、全員が一丸となって取り組む。

あなたはコア・バリューを基準にして、社員を採用し、解雇し、評価し、報酬や表彰を行い、さらにはピープル・アナライザーを使って人事に関する判断を下す。組織が成長するにつれ、アカウンタビリティ・チャートに革新的な修正を加え、常に一番目に構造を、二番目に人材を考慮して、正しい人を正しい席に配置することを心がける。

あなたは経営チームと共に、毎週10点満点ミーティングに参加し、スコアカードのレビューを行ってすべての数字が順調であることを確認する。石をチェックして、すべての優先事項が予定通りに達成していることを確認する。あなたはその週に解決すべき問題をすべて解決する。その結果、チームは物事をうまく実行し、また、各部門も同じようにうまくいく。

九十日おきに、四半期ミーティングを開催する。このミーティングのおかげで、社内の全員が同じビジョンを共有しながらチームとして団結する。一人ひとりが自分の石を設定し、それを達成する。会社は成長し、目標は達成され、すばらしい会社へと進化する。

このイメージは実現可能だ。本章で紹介したように、それぞれのツールを順番に導入していくだけでいい。

行き詰まったときは、遠慮なく日本のＥＯＳインプリメンターに連絡してほしい。

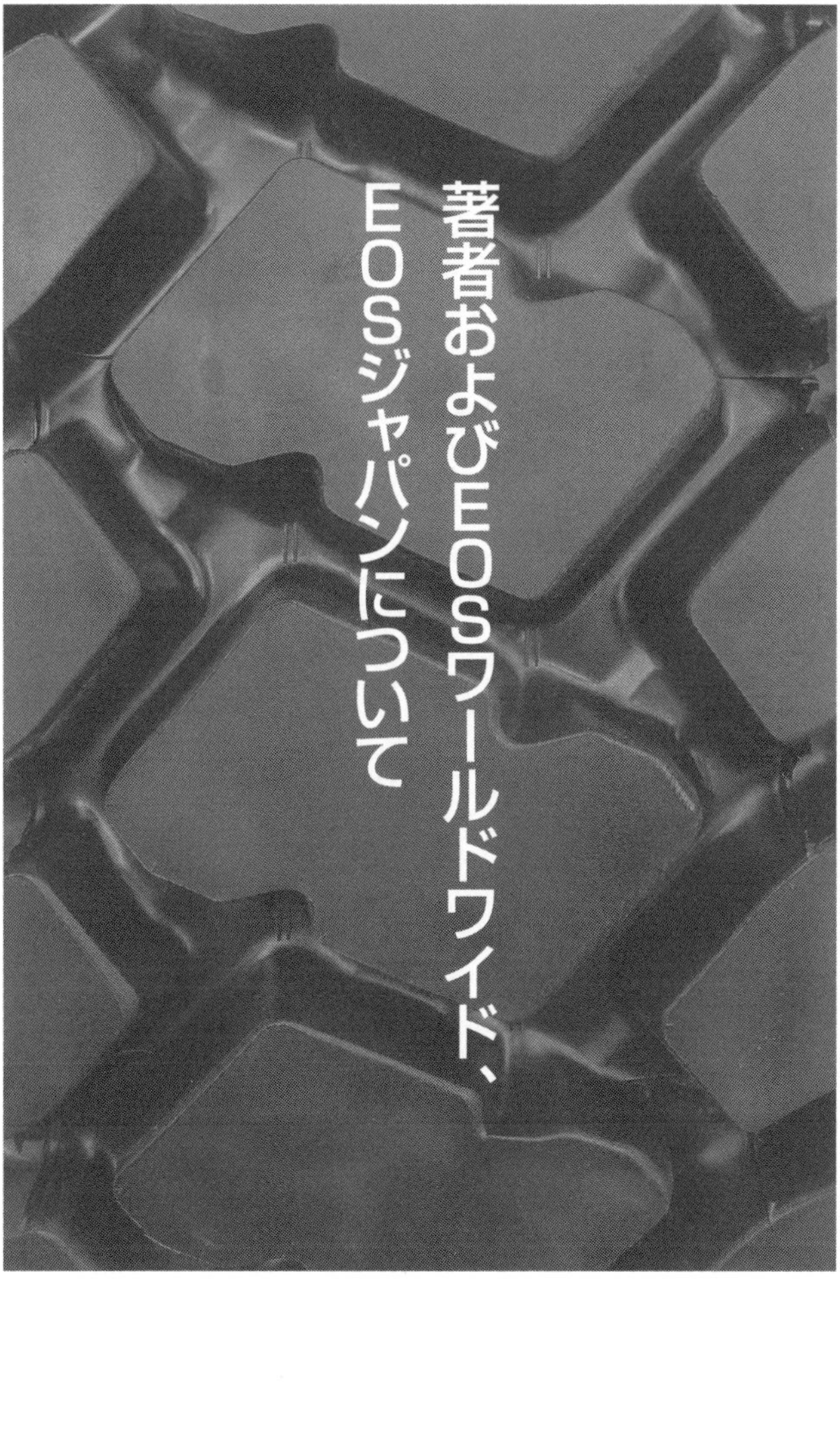

著者およびEOSワールドワイド、EOSジャパンについて

――著者およびEOSワールドワイド、EOSジャパンについて

ジーノ・ウィックマンは、起業家がビジネスから得たいものを得る手助けをすることにやり甲斐を感じている。ジーノが「起業家のための経営メソッド（EOS）」を開発したのは、その情熱を実現するためだ。この包括的なシステムを組織に導入すると、リーダーはよりうまく会社を経営・管理できるようになり、ワーク・ライフ・バランスが改善し、組織の勢いも増すだろう。組織全体も、健全で機能的なチームとなって前進する。多くの時間をEOSインプリメンターとして働くジーノは、中小企業の現場に赴いて、経営チームにEOSの導入をサポートしている。彼が創設したEOSワールドワイドでは、ビジネスのさまざまな背景を持つ成功した起業家たちがEOSインプリメンターとして協力してくれている。こうしてEOSを導入した世界中の人々が、組織的にも個人的にもEOSのあらゆるメリットを体験している。ジーノはワークショップや講演活動も行っている。またEOSジャパンにもジーノの情熱を共有するインプリメンターが生まれ、日本の起業家、経営者のためにEOSの普及活動を推進している。

◆さらなるサポートと情報がほしいときは

私の目標は、あなたがビジネスでの望みをかなえるのをEOSを使って手助けすることです。組織にEOSを完全導入する方法は三つあります。

一．**自分で導入する**――最も有能で献身的なリーダーを選び、その人にEOSプロセスを通じて経営チームを指導し、促進し、コーチングしてもらいます。当社のウェブサイトから無料のツールを

ダウンロードし、本書を参考にしてください。

二．**サポートを受けながら自分で導入する**——月額料金を払ってEOSインプリメンター・コミュニティに参加すれば、当社があなたが選んだリーダーに徹底的なトレーニングとサポートを行って、あなたの組織にEOSを導入するためのエキスパートに育てます。

三．**専門家に導入してもらう**——プロのEOSインプリメンターを雇い、プロの指導を受けながらEOSプロセスを導入できます。

これらの三つのアプローチに関する詳細を知りたいとき、無料ツールをダウンロードしたいとき、定期的に役立つヒントを得るためにブログを購読したいとき、プロの認定EOSインプリメンターになる方法を知りたいとき、講演を依頼したいときは、https://eos-japan.org/ を参照してください。

その他のご質問があるときやサポートが必要なときは、admin@eos-japan.org まで電子メールでご連絡ください。

謝辞

以下の人々の協力と支援がなければ、この本は実現しなかっただろう。私の人生に影響を与えてくれた彼らには感謝しても感謝しきれない。この場を借りて、心からの感謝の気持ちを伝えたい。

家族や友人たち

良い時も悪い時も私を愛し続けてくれる、強くて美しい妻のキャシーへ。数週間かけてこの本を手伝ってくれたことはもちろん、私に起業家になる自由をくれたこと、いつも私を信じてくれたことも感謝している——あなたは私の救世主だ。私は世界一幸せな夫だ。愛しているよ。

賢くて美しい私の娘アレクシスと、機転が利いて常識的な息子のジーノへ。二人は私を謙虚にし、笑わせてくれて、人生とは何かを教えてくれる。おまえたちは私の人生の光だ。個人としてもすばらしく、父親にとって最高の子どもたちだ。二人とも、心から愛しているよ。

私の母、リンダ・ウィックマンへ。私に自立することを教えてくれたこと、あなたの驚くべき静かな強さと知恵、そしていつも私を誇りに思ってくれたことに感謝している。

父であり人生の師匠でもあるフロイド・ウィックマンへ。あなたがいなかったら、この本は存在しなかっただろう。あなたからは、コミュニケーションに関する私の知識のすべて、相手が一人であろうと一千人であろうと誠実に向き合うことの大切さを学んだ。この本のすべての原則を体現している人だ。

義父のニール・パルダンからは、豊かになっても謙虚であり続けることは可能だと教わった。あなたは稀有で特別な人だ。あなたをお手本にして私は変わることができた。

この世で最も優秀なアシスタントのカレン・グルームズへ。私がユニーク・アビリティを発揮できるよう、あらゆることを整理してまとめ、私が集中できる環境を整えてくれてありがとう。きみがいなかったら、私は道を見失っていただろう。

最高のビジネス・パートナーで卓越したEOSインプリメンターでもあるドン・ティニーへ。私以外の人でもEOSで成果を上げられることを証明してくれたことに感謝している。この本について非常に貴重なフィードバックをいただいた。

私の守護天使、マイク・パリンへ。きみはいつも私の人生の節目に私がまさに必要としているものを出してくれる。きみがいなかったら、この本は実現しなかっただろう。きみが次に何を持ち出してくるか、とても楽しみだ。

すばらしい相談役であり、いつも私に刺激をくれる「ブック・クラブ」こと、カート・レイジャーとボブ・シェネフェルトへ。きみたちと毎年登山旅行に行くたびに、私の頭はすっきりして明晰になる。仕事に生きる人たちだ。

私の最初のクライアントのパット・ティアニー、ロブ・タンブリン、ケビン・ブレイディへ。私に任せてくれてありがとう。あなたたちは私に前進する自信を与えてくれた。

「起業家機構」における私のフォーラムメンバーであるジョン・アンダーソン、マイケル・コーリー、ダン・

ドーマン、ブライアン・フェリラ、ダン・グリスキー、マイク・カナン、スコット・ランディ、ポール・パスコー、マーティ・ペッツ、カート・レイジャー、ボブ・シェネフェルト、ジョン・シルヴァーニは優れた相談役であり、偉大な師匠であり、私の腕試しの場となってくれたことに感謝している。

タイラー・スミスは、常に私に刺激をくれて、決して宣伝に惑わされずにいてくれた。その若さで実に賢明だ。あなたの指導と誠実さに感謝の意を表明したい。

私のかつてのビジネス・パートナーであるエド・エスコバルは、私の父に私を強く推薦して、私を父の会社に入れるよう説得してくれた。私がこの道を歩んでいるのは、あなたが私を信じてくれたからだ。

世界で最も「人脈が広い」ジョン・アンダーソンは、私の成功に多大な影響を与えてくれた六人――ヴァーン・ハーニッシュ、パット・レンシオーニ、ダン・サリヴァン、クレイグ・エルリッヒ、ビル・ジトレ、ジョン・ギャラント――を紹介してくれた。あなたほど無欲な人を私は知らない。

メンターや恩師たち

私のビジネスメンターであるサム・カップへ。ビジネスに関する私の知識はすべて、あなたから教わったものだ。あなたの指導がなければ、私は方向転換できなかっただろう。この本を通してあなたが私を誇りに思ってくれることを願う。

ヴァーン・ハーニッシュには、先駆者であること、私をあなたの世界に招き入れてくれたこと、そして私の技術にも居場所があると教えてくれたことに感謝している。あなたの情熱と起業家の世界にあなたが与えた影響から、私は多大な恩恵を受けた。あなたのツールと教えはインスピレーションとなって、本書の多くの内容に反映されている。

パット・レンシオーニへ。あなたの比類のないすばらしい仕事にお礼を言わせてほしい。あなたほど謙虚さと才能を兼ね備えた人に、私は会ったことがない。真に唯一無二の人だ。空港までの道中、知恵にあふれた言葉をくれてありがとう。あの言葉は私の人生を変えてくれた。

ダン・サリヴァンは、私が自分のユニーク・アビリティを発見するのを手伝い、それを柱として人生を築く方法を教えてくれた。あなたは私の人生に大きな影響を与えてくれた。あなたは指導者の鏡だ。

ジム・コリンズへ。あなたの驚異的な仕事、研究、インスピレーションに感謝している。コア・バリュー、ビジョン、適材適所に関するあなたの研究と、世界には「第五水準のリーダー」がいることを証明してくれたおかげで、私の仕事は容易になった。あなたはビジネスの歴史の流れを変えてくれた。

サルキシャン氏、ロング氏、故ラリー・ラフィーバー氏は、若造だった頃の私をまるで一人前の専門家のように扱ってくれた。皆さんから自信をもらったことに、私は永遠に感謝する。


クライアントとこの本に貢献者してくれた人たち

この本の原稿を読んでくれた人たち――カレン・アンドリューズ、トム・バリー、ロン・ブランク、ロブ・デューブ、ダン・イスラエル、ローレンス・ジェルシュ博士、アンディ・クライン、クリス・マッキーストン、パトリック・オリリー、カート・レイジャー、バーニー・ローニッシュ、トッド・ザクセ、ジム・シーハン、ボブ・シェネフェルト、タイラー・スミス、ドン・ティニー、トム・ヴィオランテ、ディヴィッド・ウォーレン、フロイド・ウィックマン。貴重な時間を割いて有益なフィードバックをくれたことに感謝している。

皆さんはずっとこの本の一部であり続ける。

「ソート・リーダーズ・インターナショナル」のゲリー・シンデル、「ハイスポット・インク」のロス・スレイター、ジェニファー・トライブ、スーザン・ハート、そして「ジョン・ペイン・エディトリアル・サービス」のジョン・ペインは、私が自分の意見を主張するのをサポートしてくれたうえに、この本を書くための方向性をくれた。

私に毎日夢を生きる機会を与えてくれたクライアントたちへ。この本は、一緒に仕事をした結果生まれた副産物であり、その内容のほとんどは皆さんからいただいた。皆さんの話を引用することを許可してくれたことにお礼を申し上げたい。皆さんがいなかったら、この本は信頼性を欠くものになっていただろう。

EOSワールドワイド　商標登録用語一覧

10年目標™
3ステップ・マニュアル・クリエーター™
3年イメージ™
90日の世界™
認定EOSインプリメンター™
すっきりブレイク™
コア・フォーカス™
コア・ターゲット™
データのモジュール™
権限委譲してレベルアップする™
起業家のための経営システム®
EOSの基本ツール™
EOSインプリメンター・コミュニティ™
EOSインプリメンター™
EOSモデル™
EOSプロセス™
EOSスコアカード™
EOS®
リーダーシップ5つの能力™
フォーカス・デイ™
GWC™
課題解決トラック(IDS)™
課題のモジュール™
10点満点ミーティング™
LMA™
ミーティングのリズム™
組織のチェックアップ™
ピープル・アナライザー™
人のモジュール™
プロセスのモジュール™
プロフェッショナルEOSインプリメンター™
QCE™
四半期ミーティング™
6つのモジュール™
実行のモジュール™
トラクション《実行力》®
ビジョン・トラクションシート™
ビジョン構築™
ビジョンのモジュール™
ビジョナリーとインテグレーター™

監訳者の言葉　おわりに

私がＥＯＳに興味を持ったのは、ごく個人的な理由からでした。

ＥＯＳがアメリカの中小企業経営者のあいだで定番の経営メソッドになりつつあるからとか、バイブル本たる『TRACTION Get a Grip on Your Business』が75万部も売れているからとか。そういう「キラキラした理由」ではなく、自分が直面していたビジネス（と人生）の問題を解決してくれるかも知れない、と直感したからです。

当時、私は中国の上海で小さなマーケティング・コンサルティングの会社を経営していました。売上の大半を占める大口クライアントに取引終了を予告され、穴を埋めるために奔走していました。同時に「何か」を変えないとまた同じことが起こるかも知れない、いやきっとまた起きてしまう、という危機感もありました。

「何か」というのは自分自身が変わらなければならない、ということでした。新卒で入社した会社でBtoBのマーケティング職に就いてから一貫してマーケティング畑を歩み、上海で起業した会社もマーケティングコンサルが専門。クライアント獲得もＷＥＢマーケティングを駆使して成功しました。クライアントの業績は私たちの会社が提案するマーケティング施策で急拡大させることができました。

なのに、マーケティングだけでは会社の業績を安定させることができなかったのです。取引終了を告げられたクライアントは、私たちのマーケティングが最も成功していた会社でした。

これはたまたま私がマーケティング分野の出身だっただけで、他の分野が専門の経営者にも同じことが言えるのではないでしょうか。商品開発出身なら「良い商品さえ出していれば……」デザイン出身なら「良いデザインさえ提供していれば…」料理人なら「美味しい料理さえ出していれば……」現実にはなかなかそうは行きません。強みを活かすことは大切ですが、強みの一本足打法では良い経営にはならないのでしょう。

経営建て直しの嵐にもまれながら「もうこんな思いは二度としない」と決心しました。それを叶えてくれる手法、考え方、ツールを探しはじめました。そしてこの本のもうひとりの監訳者であるカールさんに出会い、ＥＯＳを教えてもらいました。少しずつ会社にインストールしていくことで嵐は収まっていきました。

「もうこんな思いは二度としない」と書きましたが、カールさんのあとがきにも同じフレーズがあります。別々に書いたまえがきとあとがきで、偶然にも同じ表現になったことは興味深いと思っています。経営者は多かれ少なかれ、同じような思いをしているのかも知れません。あなたもそうなのではないでしょうか。

もしそうだとしたら、本書『トラクション ビジネスの手綱を握り直す 中小企業のシンプルイノベーション』とＥＯＳがお役に立つことを保証します。

表紙に「翻訳が許されなかった禁断の書」とありますがそれはわざわざ禁止したわけではなく、ＥＯＳのグローバル本部であるＥＯＳワールドワイドが「英語圏への展開に集中する」という経営方針を堅持したことによるものです。「集中する」ことの威力は本書を読めばご理解いただけるはずです。

最後に「トラクション」というタイトルについて。英語のTRACTIONは「牽引力」などと翻訳されることが多いですが、それでは本書やEOSが伝えたいリーダーシップの本質が誤解されてしまうと思いました。ＥＯＳにおけるリーダーシップとは健全な「経営チーム」をつくり、育成すること。経営チームのメンバーが自律的に結果責任を果たし、それが会社のすみずみにまで行き渡っている状態をつくることです。「牽引力」では従来型の一人の強力なリーダーが組織を引っ張るイメージになってしまうので、あえて「トラクション」とカタカナで表記することにしました。本書をお読みいただければその意図がご理解いただけるはずです。

Opty.G.K. 代表 久能克也

起業家がビジネスから得たいものを得る手助けをすることに情熱を燃やすコーチ、コンサルタント。EOSR（起業家のための経営システム）の開発者であり、EOSワールドワイドの創始者でもある。起業家・経営者がワーク・ライフ・バランスを保ちながら組織の勢いを増すことができる包括的な経営システムを作り上げた。中小企業の現場に赴いて経営チームがEOSを導入するサポートすることに多くの時間を費やしている。

トラクション
TRACTION ビジネスの手綱を握り直す
Get a Grip on Your Business
中小企業のシンプルイノベーション

2020年12月15日　初版第1刷発行

著者　Gino《ジーノ》 Wickman《ウィックマン》
監訳　Karl《カール》 Pisor《パイザー》／久能克也
翻訳　福井久美子
翻訳コーディネート　株式会社トランネット

発行者　中野進介

発行所　株式会社ビジネス教育出版社

〒102-0074　東京都千代田区九段南4-7-13
TEL 03(3221)5361(代表)／FAX 03(3222)7878
E-mail▶info@bks.co.jp URL▶https://www.bks.co.jp

ブックカバーデザイン／飯田理湖　本文デザイン・DTP／有留　寛
落丁・乱丁はお取替えします。　印刷・製本／中央精版印刷株式会社

ISBN 978-4-8283-0854-8